ZHUZUOQUANFA DIANXING ANLI PINGXI

著作权法

型案例评析

本书由兰州大学『双一流』建设拔尖创新人才培养项目资助出版

■ 王 渊／著

COPYRIGHT

知识产权出版社

全国百佳图书出版单位

——北京——

图书在版编目（CIP）数据

著作权法典型案例评析/王渊著. —北京：知识产权出版社，2021.7（2023.1 重印）

ISBN 978 - 7 - 5130 - 7554 - 1

Ⅰ.①著… Ⅱ.①王… Ⅲ.①著作权法—案例—中国 Ⅳ.①D923.415

中国版本图书馆 CIP 数据核字（2021）第 110583 号

责任编辑：龚 卫　　　　　　　　责任印制：刘译文
封面设计：韩建文

著作权法典型案例评析

王　渊　著

出版发行：	知识产权出版社有限责任公司	网　址：	http://www.ipph.cn
电　话：	010 - 82004826		http://www.laichushu.com
社　址：	北京市海淀区气象路 50 号院	邮　编：	100081
责编电话：	010 - 82000860 转 8120	责编邮箱：	laichushu@cnipr.com
发行电话：	010 - 82000860 转 8101	发行传真：	010 - 82000893
印　刷：	北京中献拓方科技发展有限公司	经　销：	新华书店、各大网上书店及相关专业书店
开　本：	880mm×1230mm　1/32	印　张：	10
版　次：	2021 年 7 月第 1 版	印　次：	2023 年 1 月第 2 次印刷
字　数：	242 千字	定　价：	55.00 元

ISBN 978 - 7 - 5130 - 7554 - 1

目　录

第一章　著作权客体

第一节　什么是作品　　　　　　　　　　　　　/2

第二节　作品的独创性　　　　　　　　　　　　/28

第三节　以一定形式表现　　　　　　　　　　　/51

第四节　作品的类型　　　　　　　　　　　　　/54

第五节　不受法律保护的作品　　　　　　　　　/106

第二章　著作权的内容

第一节　著作人身权　　　　　　　　　　　　　/114

第二节　著作财产权　　　　　　　　　　　　　/122

第三章　著作权人

第一节　作　者　　　　　　　　　　　　　　　/148

第二节　特殊作品的著作权归属　　　　　　　　/151

第四章　邻接权

第一节　表演者权　　　　　　　　　　　　　　　　/170
第二节　录音录像制作者权　　　　　　　　　　　　/180
第三节　广播组织者权　　　　　　　　　　　　　　/185

第五章　著作权的限制

第一节　合理使用　　　　　　　　　　　　　　　　/196
第二节　法定许可　　　　　　　　　　　　　　　　/228

第六章　著作权的转让与许可

第一节　著作权的转让　　　　　　　　　　　　　　/242
第二节　著作权的许可　　　　　　　　　　　　　　/246

第七章　著作权集体管理

第一节　著作权集体管理概述　　　　　　　　　　　/254
第二节　著作权集体管理范围　　　　　　　　　　　/258

第八章　著作权侵权与救济

第一节　著作权直接侵权　　　　　　　　　　　　　　　/264

第二节　著作权间接侵权　　　　　　　　　　　　　　　/268

第三节　著作权侵权救济的程序保障　　　　　　　　　　/292

第四节　侵权诉讼中的举证　　　　　　　　　　　　　　/297

第五节　侵犯著作权的法律责任　　　　　　　　　　　　/306

第一章 著作权客体

第一节　什么是作品

问题与思考

1. 什么是作品？什么是著作权法意义上的作品？

2. 盆景是著作权法意义上的作品吗？

3. 黄河奇石是著作权法意义上的作品吗？

4. 被训练后的狗所作的画是著作权法意义上的作品吗？

5. 健美操、体育赛事是著作权法意义上的作品吗？

6. 赵美的一篇美食文章记录了"红烧大虾"的制作方法，李林按照该文章介绍的方法红烧了一盘虾，李林的行为侵犯赵美的著作权吗？王帅将此篇文章收录到自己所编的《美食大全》书中，王帅的行为侵犯赵美的著作权吗？

7. 赵美准备写一篇关于人工智能创作的诗歌的版权问题方面的文章，他将自己的想法和文章结构的构思告诉了同学王帅。后来，王帅完成了《人工智能生成内容的版权问题研究》的文章并发表，文章结构与赵美所说的一样。赵美诉称王帅侵犯其著作权。赵美告诉王帅的关于写文章的想法和文章结构的构思是作品吗？文章结构是著作权法意义上的作品吗？王帅的行为构成侵权吗？

典型案例

1. 猩猩自拍案[1]

【基本案情】

2011 年，一位英国摄影师大卫·斯雷特（David Slater）在印度尼西亚拍摄大猩猩，与大猩猩相处融洽。一天，他把相机放在大猩猩围绕的三脚架上，一只猩猩无意间按下了快门并不停地按，相机中有了许多该大猩猩的自拍照。后来，大卫·斯雷特整理相机并把此事以及几张比较清晰的大猩猩自拍照发表在网络上（见图一）。维基百科未经大卫·斯雷特允许在网站上刊登了大猩猩的自拍照。大卫·斯雷特将维基百科起诉到法院。

图一　猩猩自拍照

2018 年 4 月，美国加利福尼亚州上诉法院判决大猩猩不能获得知识版权的保护。

---

[1]　腾讯公司．"猩猩自拍照"版权是猩猩的还是摄影师的？终于有定论了 [EB/OL]．（2018 - 04 - 30）[2019 - 12 - 30]．https：//new.qq.com/omn/20180430/20180430A18V4Q.html.

【争议焦点】

维基百科认为自拍照是大猩猩拍的，摄影师大卫·斯雷特没有参与"作品创作"，所以版权不属于摄影师。善待动物组织和许多公众也加入了这场争论，认为自拍照是一只大猩猩拍下的，它应该享有这张照片的版权。

摄影师称，在那只大猩猩按下快门之前，他需要调整照相机以保证曝光和各种参数准确，这说明他参与了几张清晰的大猩猩自拍照的创作，因此自拍照的版权属于自己。

【案例分析】

国际及世界各国的著作权法反映出著作权是法律为了激励作者对作品的创作而赋予作者的专有权利，著作权因作品而存在。所以，在判断某一"作品"归属于谁的时候，首要的是判断该"作品"是否属于著作权法意义的作品。著作权法意义的作品必须是人的思想、情感的智力成果，非人类的成果或者非人类创作的成果不属于著作权法意义的作品。现有法律只保护人创作的成果。

该案中，几张自拍照是一只大猩猩无意中按下相机快门拍下的，创作的主体是大猩猩。但是，依据现有的著作权法律，著作权法保护的作品必须是人类的智力成果，据此，大猩猩自拍照不属于受著作权法保护的作品。

摄影师大卫·斯雷特也不享有自拍照的版权。虽然在大猩猩自拍之前，摄影师对相机进行了调整，以保证曝光和各种参数准确，但是这些工作并不能表明摄影师参与了大猩猩自拍照的创作过程，实则是大猩猩无意中按下相机快门。著作权法律规定作品为人"创作"的智力成果，这里的"创作"强调的是参与者为作品的创作作出了实质性智力贡献。该案中，摄影师只是调整了相机，并没有为"自拍照"的创作作出实质性智力贡献，因此摄影师不享有这些自拍照的著作权。

2. 中国体育报业总社与北京图书大厦有限责任公司、广东音像出版社有限公司、广东豪盛文化传播有限公司著作权权属纠纷、侵犯著作权纠纷案❶

【基本案情】

国家体育总局于 2010 年 11 月正式委托北京体育大学启动中华人民共和国第九套广播体操（以下简称第九套广播体操）的创编工作，约定第九套广播体操的系列产品的著作权属于国家体育总局。2011 年 6 月末，第九套广播体操的动作及伴奏音乐创编完成。2011 年 6 月 27 日，国家体育总局将第九套广播体操系列产品复制、出版、发行和网络信息传播权独家授予了原告中国体育报业总社。

第九套广播体操图解、手册和 DVD、CD（以下简称授权出版物）由人民体育出版社于 2011 年 8 月出版，其中 DVD 的主要内容为第九套广播体操的演示教学片影像，示范员为隋某某等人，CD 的内容为两段第九套广播体操的伴奏音乐，分别为带口令和不带口令各一段。

2012 年 3 月，原告发现被告广东音像出版有限公司侵权出版了第九套广播体操 DVD，内容亦为第九套广播体操的演示教学片影像，使用了第九套广播体操的伴奏音乐（带口令），示范讲解员为李美（字幕显示），另有若干名儿童与其一同演示，演示、讲解的动作与第九套广播体操的动作基本相同，于是原告将广东音像出版有限公司起诉到北京市西城区人民法院。

北京市西城区人民法院审理后认为，第九套广播体操的动作不属于著作权法意义上的作品，但是，第九套广播体操动作的文

❶ 北京市西城区人民法院民事判决书（2012）西民初字第 14070 号。

字说明、图解、配乐作为文字作品和美术、摄影作品以及音乐作品均受著作权法保护，并于 2012 年 12 月 10 日作出了相应判决。

【争议焦点】

广播体操动作是否属于著作权法意义上的作品？

原告认为，自己享有的著作权权利客体包括第九套广播体操的动作、伴奏音乐、口令以及相关录音录像制品，也就是认为第九套广播体操动作属于著作权法意义上的作品。

被告辩称，广播体操是一种有伴音的身体运动，目的是强健身体，提高人的身体素质，因此广播体操本质上属于一种锻炼身体的"方法"。广播体操既不是用于展示人体之美的表演，也不是利用肢体来表达思想情感。所以，广播体操不属于著作权意义上的作品，不应纳入著作权保护的客体。

【案例分析】

（1）广播体操动作是否属于著作权法规定的文学、艺术、科学领域？

文学，是一种用语言或文字作为媒介，表达客观世界和主观认识的方式和手段，它以不同的形式表现内心情感，再现一定时期和一定地域的社会生活。艺术是借助一些手段或媒介，通过塑造形象、营造氛围来反映现实、寄托情感的一种文化。科学是一个可检验的解释和对客观事物的形式、组织等进行预测的有序知识系统，是已系统化和公式化了的知识，其对象是客观现象，内容是形式化的科学理论。可见，文学、艺术都是在展现思想、情感，科学是反映与客观现象有关的理论的。《伯尔尼公约》《与贸易有关的知识产权协定》（以下简称《TRIPS 协定》）等国际公约和我国的著作权法都明确规定了作品必须是文学、艺术、科学领域内的智力成果。文学、艺术、科学领域内的智力成果本质上是通过文字、线条、音符、图形等形式向人们传达思想、情感、理论及知识，形式上是向人们展现文学艺术的感性之美和科学技术的理性之美。只有同时具备本质和形式两方面的文学、艺术、科学领域内的智力成果才能纳入著作权法的保护之中。不具备本质条件——传达思想、情感、系统理论以及形式条件——展现感性之美和理性之美的智力成果，无论其独创性有多高，都不属于著作权法意义的作品。"广播体操是一种具有健身功能的体育运动，由曲伸、举振、转体、平衡、跳跃等一系列简单肢体动作组成，但与同样包含肢体动作的舞蹈作品不同，其并非通过动作表达思想感情，而是以肢体动作产生的运动刺激来提高机体各关节的灵敏性，增强大肌肉群的力量，促进循环系统、呼吸系统和精神传导系统功能的改善。"也就是说，广播体操的动作有强身健体的作用，但是这些动作本身并不能反映动作创编者的某种思想或者情感，因为其既不包含思想、情感、科学理论，也不展现文学艺术之美或者科学之美，故不属于文学、艺术和科学领域内的智力成果。

（2）广播体操动作属于思想范畴还是表达？

著作权法只保护思想的表达，不保护思想。著作权法中的思想是广义的概念，包括思想观念、概念、结构、原理、方案、程序、工艺流程和实用功能等。该案中广播体操动作包含了曲伸、举振、转体、平衡、跳跃等一系列连续肢体动作，是一种具有健身功能的身体练习活动，因此，"广播体操本质上属于一种健身方法、步骤或程序，而方法、步骤和程序均不属于著作权法保护的思想观念范畴"。因此，这些动作不受著作权法保护。2012年12月美国判决的瑜伽案中，法院也认为原告创建的一整套瑜伽动作和练习方法不属于著作权法中规定的作品范畴，而是属于方法、步骤等范畴，所以不受著作权法保护。因而，被告按照原告撰写的书籍中描述的瑜伽动作进行练习或演示不侵犯原告的著作权。可见，锻炼身体类的动作因其包含的是一系列锻炼身体的方法或步骤，属于著作权法广义思想范畴而不予以保护，但是，对这些动作的描述则属于对思想的表达而受著作权法保护，如案件中的《第九套广播体操》手册。

3. 陈喆（琼瑶）与余某等侵犯著作权纠纷案❶

【基本案情】

原告陈喆（笔名琼瑶）于 1992 年 10 月创作完成了电视剧本《梅花烙》，依据该剧本拍摄的电视剧《梅花烙》从 1994 年 4 月 13 日起在中国大陆播出并广为传播。小说《梅花烙》系琼瑶根据剧本《梅花烙》改编，在中国大陆地区公开发表。2012 年至 2013 年，被告余某创作电视剧本《宫锁连城》，电视剧《宫锁连城》根据剧本《宫锁连城》拍摄并于 2014 年在湖南卫视播出。

原告诉称其作品全部核心人物关系与故事情节几乎被完整套用于《宫锁连城》剧，被告侵害了原告作品剧本及小说《梅花烙》的改编权、摄制权，并向法院提供了 21 个相似情节。

被告辩称，原告指控被告侵权的人物关系、所谓"桥段"及"桥段组合"属于特定场景、公有素材或有限表达，不受著作权法保护。这一点已经有了大量案例，不能因为本案原告写过言情戏这样的主题，这样的表达就被原告垄断。本案中这些桥段是原告根据自己的想象归纳出的思想，不是作品的表达。另外，原告主张的作品主题、思想不是著作权法保护的对象。综上，原告主张的人物关系、相关情节、情节整体均不受著作权法保护。

北京市第二中级人民法院在查明事实的基础上，从三个方面对两部作品进行比对：（1）在先作品与被诉作品的人物设置与人物关系的比对；（2）原告列举的作品相似情节比对；（3）整体比

---

❶ 北京市第三中级人民法院民事判决书（2014）三中民初字第 07916 号；北京市高级人民法院民事判决书（2015）高三中民终字第 1039 号。

对。经过比对分析，认为被告侵犯了原告的改编权，同时依据著作权法相关规定，认定被告也侵犯了原告的摄制权，最终于2014年12月25日作出一审判决。被告不服提出上诉，北京市高级人民法院于2015年12月16日作出"驳回上诉，维持原判"的终审判决。

【争议焦点】

该案中人物关系、作品主题、相关情节是否受著作权法保护？

原告认为人物设置、人物关系、列举的21个故事情节都是原告原创，应该受到著作权法保护。

被告则认为人物关系、所谓"桥段"及"桥段组合"属于特定场景、公有素材或有限表达，这些桥段是原告根据自己的想象归纳出的思想，不是作品的表达，不受著作权法保护。

【案例分析】

（1）作品主题是否受著作权法保护？

文学作品的主题是创作者通过作品描绘社会生活所反映的中心思想，主题是文学作品的基本要素。围绕一个主题，选用不同的素材进行排列组合可以创作出无数的作品，如关于爱情的主题有无数的作品。该案原告的许多作品是爱情主题的，另外还有其他许多此类主题的小说，如《飘》《白蛇传》等。文学作品的主题属于思想范畴，不受著作权法的保护。该案被告作品的主题与原告作品的主题一样，都是关于爱情方面的，故不受著作权法保护。

（2）人物设置、人物关系、故事情节等是属于思想还是表达？

在文学作品中，人物设置、人物关系和故事情节是不可缺少的要素，是文学作品展现人物冲突、推动情节发展的重要部分。但是，这些要素属于思想范畴还是表达，不能一概而论。对此，可以采用金字塔抽象法。金字塔由下向上的抽象过程中，被抽象的内容相对于下一层次的可能是思想，相对于上一层次可能是表达。一般而言，抽象的人物特征（爱好、动作、心情等）或者概括性的人物关系（情侣关系、夫妻关系、父子关系等）处于金字塔顶端，属于思想范畴，不受著作权法保护。较为具体的人物设置、人物关系和故事情节往往处于金字塔底端，属于表达。如一部小说以具体的故事情节与人物的互动来呈现个性化、有特色的具体人物关系，人物关系基于特定情节的发展而不再抽象，此时小说中的这种特定人物关系就是作品的表达，受著作权法保护。在虚构的文学作品中，作者具有较大的自由创作空间与创作方向，作者通过对作品情节选择、展开、结构安排进行推演设计，通过一个个的事件推动故事情节从开端、发展到高潮和结局的变换，从而展现人物性格、行为、思想、感情和心理状态，并最终展现作品的主题。这样具体、跌宕起伏的故事情节则属于表达。

　　该案中，原告作品中存在的母女关系、母子关系、父子关系、情侣关系、兄弟关系、主仆关系等属于抽象的人物关系。但是，原告作品不是简单地概括这些关系，而是通过一些故事情节描绘出较为具体而复杂的人物关系。"父亲是王爷而儿子是贝勒但两人并非真父子"，"哥哥是偷换来的贝勒而弟弟是侧福晋的儿子"，"情侣双方是因偷换孩子导致身份颠倒的两个特定人物"。可见，原告作品中的人物关系不再是抽象的父子关系、兄弟关系、情侣关系，相对于抽象人物关系设置而言，原告作品中人物关系的具体设计无疑处于金字塔结构的相对下层，属于表达。为展现这种具体而复杂的人物设置和人物关系，原告作品中穿插了许多特别的事件，如"偷龙转凤""女婴被拾，收为女儿""英雄救美终相识，清歌伴少年""次子告状，亲信遭殃""恶霸强抢，养亲身亡，弃女破庙容身""少年相助，代女葬亲，弃女小院容身""福晋小院会弃女，发觉弃女像福晋""道士做法捉妖"等，这些事件都有发生、发展、高潮、结局等变换的具体过程，最终构成有因果联系的连续性事件（串联整体），因此，上述"桥段"（故事情节）应归类为具体的"情节"。这些具体的情节属于表达。

（3）"桥段"及"桥段组合"是属于特定场景、公有素材或有限表达还是受保护的表达？

著作权法保护表达，但不是所有的表达都受到著作权法保护。当作品中的表达涉及的背景、场景是此类主题作品中常用的背景或场景，依据该场景原则就不受著作权法保护；或者对作品的思想、主题的表达唯一或比较有限，此时的表达与思想合并不受著作权法保护；如果对作品的表达存在于公共领域，该表达也不受著作权法保护。但是，以特定场景、有限表达、公知素材为基础，创作出一个完整的剧情，其中包含人物设置，人物之间的关系、场景、情节、基于故事发展逻辑及排布形成的情节整体等许多要素，可以受著作权法的保护。创作者不能阻止他人使用特定情境、有限表达或公知素材，但可以阻止他人使用其基于特定场景、有限表达或公知素材而独创出来的作品。因此，在考虑使用特定情境、有限表达及公知素材为基础形成的作品及内容是否属于著作权法保护范畴时，应重点判断作者在使用相关素材时是否加入了具有独创性智慧的表达而赋予了相关成果特定的独创意义。如果加入了具有独创性智慧的内容，则加入部分就是表达。

该案中，原告在起诉状附件中列出的被诉作品与原告作品相似的21个情节都是具体的情节，属于表达。但是，这21个情节有的属于公知素材，不受著作权法保护，如情节6"弃女失神，养亲劝慰"、情节14"纳妾"、情节17"福晋询问弃女过往，誓要保护女儿"。原告在作品中对这些情节的描绘是生活中常规做法或者是以往的同类文学作品中常有的情节，原告没有对这些情节进行独创性的描述或安排。因此，法院经过比对后，认为这些情节属于公知素材，不受著作权法保护，从而将其过滤出去。其余

18 个情节，有的是原告独创，有的虽然是特定情境或公知素材，但是原告对特定情境和公知素材进行了特殊设计和安排，将其中人物的神态、动作、语言、心理等刻画得形象、生动，使一个公知的故事变得栩栩如生、引人入胜，这样对特定情境和公知素材的独创性使用而形成的内容属于表达。北京市高级人民法院在判决书中对此作了深入的分析："如果该情节概括到'偷龙转凤'这一标题时，显然已属于思想（公知素材）；如果该情节概括到'福晋无子，侧房施压，为保地位偷龙转凤'，这仍然属于思想部分，但……包含时间、地点、人物、事件起因、经过、结果等细节的情节，则属于著作权保护的表达，且不属于唯一或有限表达以及公知的素材。"

4. 李某诉周某某 《人民的名义》 抄袭案❶

【基本案情】

长期从事检察工作的李某根据自身经历创作完成了小说《生死捍卫》，于 2010 年 11 月在海南出版社出版。2017 年 1 月北京出版集团出版发行了周某某的小说《人民的名义》。李某认为，小说《人民的名义》在破案线索的推进及逻辑编排、角色设置、人物关系、情节、具体描写、语句表达等方面抄袭、剽窃其《生死捍卫》，于 2017 年 11 月 24 日起诉至北京市西城区人民法院。

被告辩称《人民的名义》与原告所述几方面都不存在实质性相似，是独创性作品，不侵权。

北京市西城区人民法院依原告的主张及图书内容进行了梳理总结，认为：（1）在破案线索的推进及逻辑编排方面，对于检察题材的反腐小说，故事情节的推进往往与案件的查办过程紧密相

---

❶ 北京市西城区人民法院民事判决书（2017）京 0102 民初 32282 号，北京知识产权法院民事判决书（2019）京 73 民终 225 号。

连，小说中的人物及人物关系、情节及情节串联等核心要素也往往随着案件的查办过程得以展现和推进。而案件查办过程中，核心案件的设置及破案线索的选择和结构安排等是作者个性化判断和取舍的结果，最能体现作者的独创性。通过比对，在破案线索推进及逻辑编排的整体设计上，两部小说差异明显。（2）人物设置方面，在小说创作中，人物需要通过叙事来刻画，叙事又要以人物为中心。无论是人物的特征，还是人物关系，都是通过相关联的故事情节塑造和体现的。单纯的人物特征，如人物的相貌、外形等，或者单纯的人物关系，如恋人关系、同学关系等，属于公有领域的素材，不属于著作权法保护的对象。一部具有独创性的作品，如果以相应的故事情节及语句赋予"人物"独特的内涵，则这些人物及人物关系可以与故事情节和语句一起成为著作权法所保护的对象。因此，所谓的人物特征、人物关系，以及与之相应的故事情节都不能简单割裂开来，人物和叙事应为有机融合的整体。通过上述对比，法院认为原告主张的人物设置不近似。（3）人物关系方面，在文学作品中，人物关系是否相同或者近似应当结合特定人物所涉及的特定情节进行对比。如果人物关系结合基于特定人物之间发生的故事情节高度相似，则可以认定为人物关系相似。需要强调的是，在人物关系的比对中，不能脱离情节而单独就人物关系进行比较，否则可能会构成在思想层面或者公知素材层面的对比。原告李某主张两部小说中均有师生关系、学长关系、同学兼发小关系、裙带关系、姐妹关系、帮派"山头"关系、秘书关系、家庭关系、情侣关系。但李某并未结合具体情节说明人物关系如何相似，仅在思想层面或者公知素材层面进行了比对。李某主张的所有人物关系，要么属于抽象的人物关系，不受著作权法保护，要么在特定人物所涉及的具体情节与内在表达上与周某某的小说不同，不构成相似。（4）情节方面，经对原告主张的被诉作品与在先作品相似的情节比较，发现两部小说在情节上的具体描述、细节设置及在各自小说中的作用上均存在差异。单以下棋、喝咖啡、内部刊物、拜佛、不雅照片、讲战役、帮派"山头"、回乡省亲、商场购物刷卡、车祸、杀人灭口、家访、宴请、入股分红、行贿、官商勾结等情节而论，属于公知素材，不为某人专有。（5）具体描写方面，也不存在实质性相似。以上五个方面的表达不构成实质性相同或者相似，《人民的名义》不构成对《生死捍卫》的抄袭。

李某不服，向北京知识产权法院提起上诉，认为北京市西城区人民法院查明的事实遗漏了部分其所主张构成实质性相似的具体情节，并在二审审理期间将小说《生死捍卫》与《人民的名义》之间的比对内容进行了调整，体现在故事结构、18 处人物设置、50 处具体情节、78 处文字表达等方面。

北京市知识产权法院按照上诉人李某的主张进行了比对，认为在故事结构、18 处人物设置、50 处具体情节、78 处文字表达等方面均未构成实质性相似，而且存在明显差异性，并不会导致读者对两部小说产生相同或相似的欣赏体验。因此，2020 年 5 月 26 日作出驳回上诉，维持原判的判决。

【争议焦点】

破案线索的推进及逻辑编排、故事结构、角色设置、人物关系、情节属于思想还是表达？

一种观点认为破案线索的推进及逻辑编排、故事结构属于思想；角色设置、人物关系有的情况下属于思想，有的情况下属于表达，该案中角色设置、人物关系属于表达；情节大多属于表达。

另一种观点认为破案线索的推进及逻辑编排、故事结构、角色设置、人物关系、情节都属于表达。

【案例分析】

文学作品从具体的文字到作品的主题思想，是一个由下而上不断抽象和概括的"金字塔"形结构。在"金字塔"底层和顶端之间存在一个分界线，之上是不受著作权法保护的"思想"，之下是受保护的"表达"。文学作品的表达，不仅表现为文字的表达，也包括文字所表述的故事内容。一般而言，抽象的逻辑编排、故事结构、人物设置、人物关系属于金字塔上层的思想范畴。从文学艺术创作规律来看，著作权法允许后来者对在先作品中抽象的逻辑编排、故事结构、人物设置、人物关系等加以借鉴模仿，对于促进文学艺术创作的繁荣发展具有重要意义。文学作品中线索的推进及逻辑编排、故事结构、人物设置、人物关系等，只有具体到一定程度，即文学作品线索的推进及逻辑编排、结构安排、情节选择、人物设置、人物关系设计反映出作者独特的选择、判断、取舍、设计，才能成为著作权法保护的表达。

该案中，两部作品均涉及检察题材的反腐小说，案件的查办过程是主线，引导故事的具体线索推进与逻辑编排，引导着小说中人物的设置与人物关系，同时，情节也是围绕着案件的查办过程来进行选择。在线索设置上，原告在先作品有检察办案线与政治线两条线，被告涉案作品也有这两条线。一般来说，检察办案反腐题材的文学作品也常采用这样两条主副线，所以，原告在先作品的线索不受著作权法保护。但是，线索的推进与线索不同，线索的推进与逻辑安排上，如果涉案作品有作者独特的选择与设计，有具体的细节去展现，这样的线索推进和逻辑安排就属于不同于在先作品的具体表达。该案涉案作品是以检察机关查办案件为线索，但是故事的开始、破案线索的具体设置、情节的铺垫等方面不同于原告在先作品的线索推进与逻辑编排。在故事结构方面，高度概括的开端、发展、高潮、结局的格式结构属于金字塔顶端的思想范畴，不受著作权法的保护。但是，原告的故事结构是包含着线索设置、情节发展、情节描述、人物关系等具体内容的结构，呈现个性化，这样具体而个性化的故事结构属于表达，受著作权法保护。被告的涉案作品，虽然其在线索设置上采用了与原告在先作品的主线检察办案线与副线政治线相同的双重线索，但是，被告作品的故事结构围绕主副线索，由具体的故事发展脉络、故事情节推进、人物关系构成的不同于原告的结构，属于独创性的表达。

关于人物设置、人物关系与情节属于思想范畴还是表达，在琼瑶诉余某案中已有分析，此处不再赘述。

5. 王某某诉北京市朝阳区残疾人综合活动中心著作权侵权纠纷案❶

【基本案情】

王某某与北京市朝阳区残疾人综合活动中心（以下简称活动中心）因舞蹈作品著作权发生纠纷。王某某向北京市朝阳区人民法院诉称，其在活动中心做舞蹈老师志愿者期间，于2004年3月独立创作了《祖国你好》和《锦绣中华》等舞蹈作品，并训练、辅导、指挥残疾演员排练、演出。2004年9月，《锦绣中华》参加北京市"舞动北京"新秧歌电视大赛获奖。之后王某某因要求与活动中心签订劳动合同被拒绝而离开活动中心，但是活动中心一直在使用其作品。活动中心擅自将《祖国你好》和《锦绣中华》改编成新的《祖国你好》并参加了几个电视邀请赛。新的《祖国你好》虽然和王某某编排的《祖国你好》《锦绣中华》存在不同，但在以下方面是相同的：

---

❶ 北京市朝阳区人民法院民事判决书（2006）朝民初字第18906号，北京市第二中级人民法院民事判决书（2007）二中民终字第4765号。

（1）都使用"转圈开扇"动作，且当时的队形结构相似，都是四角各小圈转，中间大圈转；

（2）都使用"前捧后展"动作，且当时队形相同，都是八字形中间是三角形；

（3）都使用"十字大甩绸"动作，且演员相同；

（4）都使用"顿步大抖扇"动作；

（5）都使用"8字绕"动作；

（6）都使用"进退步撩绸甩绸、垫步高摆绸"动作，且在该段均采用领舞、伴舞的形式；

（7）都使用"上抖绸围圈"动作；

（8）都使用"垫步前摆绸"动作；

（9）都使用"单腿跳"动作；

（10）都使用"转身造型、抖绸亮相"结束，且队形相似。

因此，王某某诉称新的《祖国你好》侵犯了其对《祖国你好》和《锦绣中华》享有的修改权、署名权和表演权等著作权。

活动中心辩称，《祖国你好》和《锦绣中华》等舞蹈作品均不是王某某独创的，而是借鉴他人舞蹈动作的作品。王某某在担任志愿者时完成的工作成果，活动中心有权使用。活动中心不存在侵权行为。

北京市朝阳区人民法院比对发现，王某某诉称的10个相同动作在王某某的《祖国你好》或《锦绣中华》中出现的时间先后和时间长短与新的《祖国你好》不同；出现的次数不同；上述相同动作中的（4）（5）（7）在新的《祖国你好》中是作为领舞两旁的群舞部分或伴舞部分出现的，而在王某某的《祖国你好》或《锦绣中华》中相应的动作出现时都不存在领舞部分；上述相同动作中的（6）虽然采用了相同的领舞、伴舞形式，但王某某的《锦绣中华》中领舞演员是男演员，新的《祖国你好》中的领舞演员是女演员，且双方舞蹈中出现的上述相同动作是秧歌舞所必备的基本构成元素。

北京市朝阳区人民法院判决不侵权，驳回诉讼请求。王某某不服，向北京市第二中级人民法院提起上诉，北京市第二中级人民法院审理后驳回上诉，维持原判。

【争议焦点】

10 处相同或相似动作是否属于舞蹈元素？

一种观点认为这些相同的舞蹈动作属于秧歌舞必备的舞蹈元素，而非王某某所独创。而且，双方舞蹈作品的整体编排不同，相同的舞蹈动作在双方舞蹈作品中出现的时间不同，出现的顺序不同，出现时的表现形式也不同。因此，活动中心在新的《祖国你好》中使用与王某某编排的《祖国你好》和《锦绣中华》中相同的舞蹈动作，并未侵犯王某某的著作权。

另一种观点认为新的《祖国你好》与涉案舞蹈作品的相同和相似之处是涉案舞蹈作品在秧歌舞的基本动作上进行的编排和艺术表达，不属于不受保护的秧歌舞必备舞蹈元素，活动中心的行为属于抄袭剽窃的侵权行为。

【案例分析】

司法实践对于著作权侵权案件的判断大多采用"接触 + 实质性相似"步骤。原告在证明了被告有接触原告在先作品可能性之后，就需要证明被告的涉案作品与原告在先作品存在实质性相似。一般而言，法院判定著作权侵权案件时对于实质性相似的证明大多采用"抽象 + 过滤 + 比较"方法。具体做法：首先从两部作品相同或相似部分中抽象概括出属于思想和公有领域的部分，然后将思想和公有领域部分过滤、排除，仅对剩余的相同或相似的表达部分进行比较。

该案涉及的是舞蹈作品，依据著作权法的规定，舞蹈作品是指通过连续的动作、姿势、表情等表现思想情感的作品。可见，舞蹈作品是以人体动作、姿态、表情为基础而展开的表达思想情感的综合性艺术形式。其中，基本的动作、姿态和表情是舞蹈作品的基本构成要素。常规的、基本的舞蹈动作、姿态、表情和舞蹈构思等在著作权法领域属于广义的思想范畴，而将基本的舞蹈动作通过编排以优美、连贯、高难度的舞蹈动作方式展现，以及在动作过程中融入妖娆姿态、面部表情、队形流动、人物情感的发展脉络等多方面综合成为舞蹈作品的表达，受到著作权法的保护。

该案原告诉称被告作品中有 10 个动作与其在先作品相同或类似，法院通过调查了解到，这 10 个动作属于秧歌舞中基本的必备动作，也就是秧歌舞的基本构成元素，属于著作权法理论中的"思想"范畴，不受著作权法保护。况且，以这些相同的舞蹈动作为基础进行编排后的两部舞蹈作品展现出的这些相同或相似的舞蹈动作在出现的时间、顺序、表现形式等方面也不同。这些不同进而综合体现出被告在后作品的整体"表达"不同于原告的在先作品"表达"。因此，原告侵权诉讼不成立。

6. "三国杀" 卡牌游戏规则著作权侵权纠纷案❶

【基本案情】

原告杭州游卡网络技术有限公司（以下简称杭州游卡公司）的关联公司杭州边锋网络技术有限公司、北京游卡桌游文化发展有限公司出版发行的系列卡牌游戏，以三国为背景、以身份为线索、以武将为角色，构建起一个集历史、文学、美术、游戏等元素于一体的桌面游戏世界，目前已经推出纸盒版、PC 网游版和手

---

❶ 上海市浦东新区人民法院民事判决书（2017）沪 0115 民初 27056 号。

游版等多种形式。权利游戏在标准版的基础上陆续推出了一系列新产品。2015 年 12 月 1 日，原告整体受让权利游戏的知识产权，自此成为权利游戏及其衍生品的著作权人。原告发现，被告广州常游信息科技有限公司作为出品人、所有人，被告广州大娱信息科技有限公司（以下简称大娱公司）作为运营方，在有充分的条件与机会接触到原告权利游戏的情况下，共同推出了一款名为《三国 KILL》（后更名为《极略三国》）的游戏并进行推广、宣传和提供下载服务。在该游戏中，两被告不仅使用了与原告游戏人物名称相同的角色姓名、技能名称，还大量使用了与原告独创的人物形象构成实质性相似的武将头像和装备，如夏侯惇、张辽、许褚等人物形象，在说明文字上亦大量雷同，并且在游戏界面的颜色、文字和图标及其组合上与原告的作品构成实质性相似。原告为维护其合法权益，提起诉讼。

被告辩称权利游戏的文字内容不具有独创性，不构成文字作品，游戏中的武将名称、技能描述、战功系统等文字内容属于思想领域的范围，权利游戏与意大利卡牌游戏《BANG!》、日本卡牌游戏《三国志》、国内卡牌游戏《英雄杀》《三国斩》等构成相似，故不受著作权法保护。并且，被告大娱公司运营的《极略三国》游戏有单独的软件著作权，虽然部分文字内容与《三国 KILL》游戏存在重叠，但系不同的游戏软件，《三国 KILL》游戏的研发系借鉴《EXCEL 杀》游戏，被控侵权游戏的内容与权利游戏存在较大差别，不会造成混淆，不构成著作权侵权。

法院将被控侵权游戏《三国 KILL》（含更名后的《极略三国》）与权利游戏文字内容的以下方面进行了比对：（1）武将名称及其技能名称和技能内容；（2）基本牌、锦囊牌、装备牌的名称和内容；（3）权利游戏的战功系统与被控侵权游戏成就系统。又对权利游戏与在先游戏的文字内容进行了比对。比对之后，法院认为，权利游戏标准版游戏手册的"新手上路"部分主要用于说明游戏玩家如何玩此游戏，描述了出牌规则、胜负条件、模式等的文字内容，这些内容属于对游戏玩法规则的概括性、一般性描述，此种概括性的玩法规则作为思想的一部分应当从作品中抽象出来，不受著作权保护。而权利游戏中的人物角色名称及其事迹大多来源于公有领域的《三国演义》《三国志》等，不受著作权法保护。权利游戏的表达与在先游戏不构成相同或相似。最后，法院认定涉案权利游戏的文字内容系根据三国历史故事并结合桌面推理游戏规则创作而成，且有独创性的部分，符合著作权法保护的文字作品特征，应当认定作者对其创作性部分享有著作权。法院于 2019 年 1 月 10 日作出相应判决。

【争议焦点】

权利游戏包括游戏规则在内的文字内容、武将名称、技能描述、战功系统等属于思想范畴还是表达？

一种观点认为这些都属于独创性表达，受著作权法保护。

另一种观点认为权利游戏的文字内容不具有独创性，不构成文字作品，游戏中的武将名称、技能描述、战功系统等文字内容属于思想范畴。

【案例分析】

游戏规则是指导人们如何玩游戏的规则，如跳棋的规则，玩家把某一种颜色的棋子摆放在六角棋盘的一角后，按照一格一格跳和隔一个棋子跳的规则向对角走棋子，谁先占满对角棋盘谁赢。这样的游戏规则是人类智力活动规则，属于思想范畴，人们按此规则进行游戏活动不侵犯著作权。即使用日常用语简介游戏规则，因介绍的规则，一则内容属于游戏规则，二则是惯常表述，这样的游戏规则简介也不受著作权法保护。

涉案权利游戏标准版游戏手册的"新手上路"部分主要用于

说明游戏玩家如何确定身份、挑选武将、分发起始手牌、进行回合流程、武将死亡、奖励与惩罚、游戏结束，并规定当发生规定的一种情况时，游戏立即结束。前述用来描述出牌规则、胜负条件、模式等的文字内容属于对游戏玩法规则的概括性、一般性描述，与当下流行的各种"警匪游戏"等桌面推理游戏的玩法规则大同小异，此种概括性的玩法规则作为思想的一部分应当从作品中抽象出来，不受著作权法保护。

按照著作权法对独创性的要求，作品的表达形式或内容应当是作者独立完成的，且不同于公有领域业已存在或他人的在先作品。该案权利游戏的时代背景为中国古代三国时期，游戏中的人物（武将等）角色及其事迹大多来源于《三国演义》等文学作品、《三国志》等史料及关于三国的民间传说，这些人物及其事迹千百年来已广为流传，并非游戏作者独创，属于公有领域的素材，是社会共同财富，不能为个别人所垄断，任何人都可以在这些素材的基础上进行再创作。故权利游戏中的人物角色名称及其事迹本身不属于著作权法保护的对象，但对这些素材具有独创性的表达可以归入著作权法的保护范畴。

判断权利游戏的表达是否与在先游戏构成相同或相似。通过比对可见，权利游戏的卡牌名称、角色名称等具体文字表达及人物形象不同于在先发表的《BANG!》游戏。不可否认的是，作为同类卡牌游戏，二者的玩法规则相似，但如前所述，此类玩法规则属于思想范围，不受著作权法保护。权利游戏与在先发表的《三国志》游戏除武将名称相同外，武将的技能名称和技能内容、武将形象均存在较大差别，二者对相同历史人物及其事迹的具体表达并不相同。如前所述，任何人都可以在公有领域素材的基础上进行再创作，只要对该素材的表达形式具有独创性，依据该公有素材创作完成的作品都各自享有其著作权，因此不能因权利游戏和《三国志》游戏都有三国人物及其事迹就认为权利游戏抄袭了在先游戏作品。

综上，权利游戏对思想的表达具有独创性，受著作权法保护。

7. 张某某与雷某某等著作权侵权纠纷案[1]

【基本案情】

原告张某某是 1999 年 12 月完成的改编剧本《高原骑兵连》和 2000 年 12 月根据以上剧本拍成的电视连续剧《高原骑兵连》（以下简称"张剧"）的著作权人。被告雷某某作为《高原骑兵连》的名誉制片人参与了该剧的摄制。2009 年 7 月 1 日，张某某从被告山东爱书人音像图书有限公司购得《最后的骑兵》DVD 光盘，发现与"张剧"在主要人物关系、故事情节及其他方面存在相同或近似，《最后的骑兵》（以下简称"雷剧"）为被告雷某某作为第一编剧和实际制片人、被告赵某作为第二编剧拍摄的。原告遂向山东省济南市中级人民法院提起诉讼。被告雷某某辩称，"雷剧"由雷某某根据师永刚的长篇小说《天苍茫》改编，后由赵某参照其小说《骑马挎枪走天涯》重写剧本定稿。而"雷剧""张剧"、《天苍茫》《骑马挎枪走天涯》都是以 20 世纪 80 年代中期部队精简整编过程中骑兵部队撤（缩）编为主线展开的军旅、历史题材作品。"雷剧"与"张剧"相同或相似部分是属于军旅题材作品不可避免地采取的必要场景，况且"雷剧"来源于《天苍茫》《骑马挎枪走天涯》。

山东省济南市中级人民法院于 2011 年 7 月 13 日作出（2010）

---

[1] 山东省济南市中级人民法院民事判决书（2010）济民三初字第 84 号，山东省高级人民法院民事判决书（2011）鲁民三终字第 194 号，最高人民法院（2013）民申字第 1049 号、最高人民法院指导性案例 81 号。

济民三初字第 84 号民事判决，驳回张某某的全部诉讼请求。张某某不服一审判决，向山东省高级人民法院提起上诉，山东省高级人民法院于 2012 年 6 月 14 日作出（2011）鲁民三终字第 194 号民事判决，驳回上诉，维持原判。张某某不服二审判决，向最高人民法院申请再审。最高人民法院于 2014 年 11 月 28 日作出（2013）民申字第 1049 号民事裁定，驳回张某某的再审申请，认为，我国著作权法所保护的是作品中作者具有独创性的表达，即思想或情感的表现形式，不包括作品中所反映的思想或情感本身。"雷剧"与"张剧"具体情节展开不同、描写的侧重点不同、主人公性格不同、结尾不同，二者相同、相似的故事情节在"雷剧"中所占比例极低，且在整个故事情节中处于次要位置，不构成"雷剧"中的主要部分，不会导致读者和观众对两部作品产生相同、相似的欣赏体验，不能得出两部作品实质相似的结论。

【争议焦点】

"雷剧"与"张剧"相同或相似部分是属于军旅题材作品不可避免地采取的必要场景还是原告的独创性的表达？

法院、被告及一些学者认为，著作权法保护的表达不仅指文字、色彩、线条等符号的形式，当作品的内容被用于体现作者的思想、情感时，内容也属于受著作权法保护的表达，但创意、素材或公有领域的信息、创作形式、必要场景或表达唯一或有限等被排除在著作权法的保护范围之外。所谓必要场景，指选择某一类主题进行创作时，不可避免而必须采取某些事件、角色、布局、场景，这种表现特定主题不可或缺的表达不受著作权法保护。"张剧"的表达属于军旅题材作品不可避免地采取的必要场景，不受著作权法保护。

原告及一部分学者认为，在文学作品的创作中，人物需要通过叙事来刻画，叙事又要以人物为中心，无论是人物的特征，还是人物关系，都是通过相关联的故事情节来塑造和体现。一部作品是由作品题材、故事主线、人物设置、人物关系、故事情节及相关语言表达方面组合而成。将任何一部作品的上述几个方面切割开来看，几乎都是取材于公有领域的素材，表达上都缺乏独创性，但是公有领域的素材经过作者的创造性劳动组合在一起就构成了一部完整的作品，受著作权法保护。因此，不应将这部分内容认定为思想范畴而在进行实质性相似判断时予以排除。"雷剧"和"张剧"的题材相同，均反映骑兵部队生活，故事主线也一致，均描写了骑兵部队撤（缩）编背景下男女主人公之间的爱情、工作和生活故事，故"雷剧"与"张剧"构成实质性相似。

【案例分析】

所谓场景原则，是指"必须被采用的场景"，即特定状况下必须出现的场景。美国联邦地区法院将"必要场景"定义为"对于处理一个特定主题而言在实际创作中必不可少或至少是作为标准性的事物、人物或场景"。该定义包括了两方面：一是在特定的情境中所"必须"包括的场景，二是作为某些场景、事物或人物的常用"标准"或"套路"。孙远钊教授认为场景原则包括以下具体情境：（1）共同套路，即所阐述的人物、场景对双方当事人而言是通常或共同都会使用的"套路"，那么这些套路会落入"场景原则"。（2）不可或缺与先天性。此处的"不可或缺"并不是指必须没有其他的替代方式来呈现，而是指没有其他的方式来呈现出相同的满意度。先天性是指虽然人类的头脑可对某个状况、主题或摆设产生各种不同的想象，但如依经验法则，通常只是有限的几个结果会被视为特别具有逻辑性或是自然天成，也会被视为是建构特定作品所必要具备的场景。（3）刻板思维，即某类主题的作品的刻板印象思维或概念不受著作权法的保护。（4）历史情节，包括基于特定历史上的事实所演绎出的推论及以特定时代作为背景所撰写的文学作品等不可避免地必须运用到当时的历史情节，这些历史的素材或情节都属于思想或公有领域的范畴。❶

　　该案中，"张剧""雷剧"及《骑马挎枪走天涯》《天苍茫》四部作品均系以 20 世纪 80 年代中期精简整编中骑兵部队撤（缩）编为主线展开的军旅历史题材作品，除了《骑马挎枪走天涯》受短篇小说篇幅的限制，没有三角恋爱关系或军民关系外，其他三部作品中都包含三角恋爱关系、官兵上下级关系、军民关系等人物设置和人物关系，这样的表现方式属于军旅题材作品不可避免地采取的必要场景，因表达方式有限，应当依据场景原则划入思想范畴。因此，即便"雷剧"与"张剧"题材主线存在一定的相似性，但题材主线不受著作权法保护，不能认定"雷剧"抄袭"张剧"。同样，两部剧的人物设置和人物关系因场景原则而导致相同或相似，在先作品"张剧"的人物设置和人物关系属于思想范畴。

　　除此之外，原告关于"雷剧"与"张剧"语言表达及故事情节相同、相似的主张并不成立。"从语言表达看，如'雷剧'中'做个自由的牧马人'与'张剧'中'做个牧马人'语言表达基本相同，但该语言表达属于特定语境下的惯常用语，非独创性表达。从故事情节看，用于体现作者思想与情感的故事情节属于表达的范畴，具有独创性的故事情节应受著作权法保护。但是，故事情节中仅部分元素相同、相似并不能当然得出故事情节相同、相似的结论。该案涉及的四部作品相同、相似的部分多属于公有领域素材或缺乏独创性的素材，有的仅为故事情节中的部分元素

---

❶　孙远钊. 著作权"必要场景"法则："思想—表达"二分法的析辨与实践 [EB/OL]. （2018 – 03 – 11）［2020 – 05 – 30］. http://www.360doc.com/content/18/0311/13/40280294_ 736103994. shtml.

相同，但情节所展开的具体内容和表达的意义并不相同。"

另外，原告依据"一部作品是由作品题材、故事主线、人物设置、人物关系、故事情节及相关语言表达方面组合而成……只要公有领域的素材经过作者的创造性劳动组合在一起就构成了一部完整的作品，受著作权法保护。"主张自己的作品整体上属于独创性表达，应该受到著作权法保护。最高人民法院认为，"从两部剧的整体而言，'雷剧'与'张剧'具体情节展开不同、描写的侧重点不同、主人公性格不同、结尾不同，二者相同、相似的故事情节在'雷剧'中所占比例极低，且在整个故事情节中处于次要位置，不构成'雷剧'中的主要部分，不会导致读者和观众对两部作品产生相同、相似的欣赏体验，不能得出两部作品实质相似的结论。"也就是说，作者将公有领域的素材进行取舍、选择、安排、设计，经过创造性劳动组合在一起，确实构成了表达，形成受著作权法保护的作品，"张剧"受著作权法保护。但是，由于"雷剧"与"张剧"主题相同而必须采用与"张剧"相同或类似的军旅题材所必须的人物设置、人物关系、故事情节和场景，况且，"雷剧"还是从同主题的其他两部作品改编而来。更为重要的是，"雷剧"虽然采用了与"张剧"相同或相似的必须的人物关系、故事情节和场景，但是"雷剧"也将必要的情节、场景、公知素材等进行了自己的选择、安排、设计，从而导致与"张剧"在具体情节展开、描写的侧重点、主人公性格及结局方面都不同，呈现给公众的是不同于"张剧"的内容和意义的作品。

第二节　作品的独创性

问题与思考

1. 根据他人五线谱歌曲改成的简谱是新作品吗？

2. 张明、王美美分别将（*Gone with the Wind*）翻译为《飘》与《乱世佳人》，《飘》是新作品吗？《乱世佳人》是新作品吗？

3. 甲站在曼哈顿河的船上拍下了世贸大厦及周围建筑物的照片，王帅也在同样位置拍了差不多的照片，该照片在美国是否受版权法保护？在德国是否受著作权法保护？

典型案例

8. 荆门中辰置业发展有限公司、 深圳市建筑设计研究总院有限公司建设工程合同纠纷案❶

【基本案情】

2010 年 5 月 11 日，荆门中辰置业发展有限公司（以下简称中辰公司）委托原告深圳市建筑设计研究总院有限公司（以下简称深圳建筑设计院）为尚品小区工程设计施工图，中辰公司让原告

---

❶ 湖北省高级人民法院民事判决书（2017）鄂民终 64 号；中华人民共和国最高人民法院民事裁定书（2018）最高法民申 1000 号。

深圳建筑设计院参考荆门市天鹅湖公园北侧地块规划设计方案和荆门市天鹅湖公园北侧地块一期建筑设计方案（上述规划设计方案和一期建筑设计方案以下简称京图）。2010 年 5 月 25 日，深圳建筑设计院将设计完成的尚品金恺城一期建筑单体方案设计图发送给中辰公司。2010 年 7 月 23 日，深圳建筑设计院向中辰公司交付涉案建筑施工设计图，图纸名称为尚品金恺城一期项目的建筑施工图，署名设计人深圳建筑设计院。2010 年 9 月 1 日，审图机构建鄂审图公司经复审后为该图出具了审图合格证书，确认深圳设计院交付的尚品金恺城一期设计图（以下简称粤图）合格。2010 年 9 月 7 日，中辰公司致函深圳建筑设计院，要求其对设计中的清真宾馆位置、剪力墙、基础底板、抗锚杆等进行调整和修改。同年 9 月 13 日，深圳建筑设计院以中辰公司修改意见不符合相关建筑法规为由复函拒绝其修改意见。2010 年 9 月 10 日，中辰公司委托湖北建筑设计院就前述尚品金恺城一期工程项目进行设计，并于事后补签了一份委托设计合同，合同中有"修改原设计，取消基础锚杆，优化结构，完善建筑"的条款约定。2010 年 10 月 20 日，湖北建筑设计院完成了该项目的委托设计，并向中辰公司交付其设计图纸（以下简称鄂图），鄂图包括建筑单体设计方案图和建筑施工方案图两部分。2011 年 5 月 23 日，中辰公司通知解除与深圳建筑设计院签订的委托设计合同。2013 年 11 月 20 日，深圳建筑设计院从荆门市城建档案馆获取了湖北建筑设计院设计的涉案项目施工图，委托北京智慧知识产权司法鉴定中心（以下简称智慧鉴定中心）对鄂图与粤图是否具有同一性进行司法鉴定。智慧鉴定中心于 2014 年 3 月 19 日向深圳建筑设计院出具了比对鉴定报告，确认：（1）署名为深圳建筑设计院的粤图设计与署名为湖北建筑设计院的鄂图设计中的建筑施工图、给排水施工图、暖通施工图基本相同，结构施工图、强弱电施工图基本不同；

（2）建筑施工图是整套施工图的核心，结构施工图及其他部分都围绕建筑施工图进行设计，最终图纸应该是建筑与结构两者经过协调配合达成一致。

据此，深圳建筑设计院将中辰公司和湖北建筑设计院起诉到湖北省武汉市中级人民法院。一审判决中辰公司和湖北建筑设计院停止侵权行为、赔礼道歉、消除影响。在上诉审中，湖北省高级人民法院于 2017 年 8 月 10 日判决认为粤图受著作权法保护，湖北建筑设计院和中辰公司对经济损失及维权合理费用的判赔数额承担连带赔偿责任。最高人民法院在 2018 年 5 月 28 日的民事裁定书中仍然认定粤图受著作权法保护，驳回中辰公司的再审申请。

【争议焦点】

该案争议的焦点之一是深圳建筑设计院在前期设计图基础上完成设计的粤图是否具有独创性。

一种观点认为原告设计完成的建筑设计图不具有独创性和审美性，因为两个建筑设计院设计产生相似的主要原因是两院的图纸都是在同一第三方的方案设计基础上作局部调整后完成的施工设计图，并且图纸中基本相同的部分是专业通用性的说明。

另一种观点认为原告设计完成的建筑设计图是在前期设计图基础上设计完成的建筑工程设计图，在建筑单体设计方案中的外立面设计、剖面设计、总图设计、道路设计、景观设计、地形高差处理、设计说明等方面具有独创性。

【案例分析】

住房和城乡建设部《建筑工程设计文件编制深度的规定》(2008 年版) 第 1.0.4 条规定："建筑工程一般应分为方案设计、初步设计和施工图设计三个阶段；对于技术要求相对简单的民用建筑工程，当有关主管部门在初步设计阶段没有审查要求，且合同中没有做初步设计的约定时，可在方案设计审批后直接进入施工图设计。"由此条规定可以看出，建筑工程设计包括方案设计、初步设计和施工图设计三个阶段，这三个阶段是有先后顺序的。也就是说，建筑工程施工图设计必须是在方案设计和初步设计的基础上进行，施工图不得随意改变方案设计和初步设计的内容。方案设计是对整个工程方案可行性的理论验证，包括设计说明书、总平面图等。初步设计是方案设计到建筑施工图的设计过程，是过渡阶段，是一个粗略的概算。而建筑设计图是对方案设计和初步设计的细化，更加具体和具有操作性。大多数情况下，方案设计和初步设计属于思想范畴，建筑施工图是对方案设计和初步设计的图形表达。该案中，粤图虽然是在中辰公司的抽象设计要求和京图上完成的设计，但是，用地规划方案在于用地规划定位，项目建筑方案在于建筑布局定位，其中包括的设计指标及性能都是建筑设计中的方案设计和初步设计，都属于思想范畴，不受著作权法保护。深圳建筑设计院的建筑施工图是按照委托方的项目设计要求完成的符合建筑法规强行性设计规范的具体的施工图，粤图是在用地规划方案和项目建筑方案基础上完成的具体设计，包括了建筑单体方案设计部分和尚品金恺城一期建筑施工设计部分。粤图的建筑单体方案设计图部分包括了具体的文字说明、细致标示的透视图、总平面布置图、剖面设计、道路设计、景观设计、地形高差处理等。建筑施工设计部分包括了："（1）建筑施工设计、结构施工设计、给排水设计、暖通设计、电气设计的设计结构；（2）含有设计总说明、总平面设计、楼层墙体、柱形、外墙、户型、扶梯、空间等的建筑施工图；（3）55 张结构施工图；（6）33 张给排水施工设计图；（7）13 张包含说明的暖通施工设计图；（8）28 张强电图施工设计和 25 张弱电设计的电气施工设计图。"以上建筑单体方案设计图和建筑施工设计图纸是对建筑的图形化的原创性表达，是建筑结构设计方案的具体表达，具有独创性，受著作权法保护。

9. 新浪公司诉天盈九州公司（凤凰网）侵犯著作权及不正当竞争纠纷案❶

【基本案情】

新浪公司经合法授权，获得在授权期限内在门户网站领域独家播放中超联赛视频的权利。新浪公司发现天盈九州公司（凤凰网）未经其许可，在其网站设置中超频道，非法转播2012—2014年两个赛季的中超联赛直播视频（注：凤凰网播放时显示有 BTV、CCTV5 的标识），同时，在该播放页面上方还显示有两个返回入口，即"凤凰体育""乐视体育"。上述两场比赛均有回看、特写、场内、场外、全场、局部的画面，以及有全场解说。新浪公司认为天盈九州公司（凤凰网）侵犯了其享有的以类似摄制电影方式创作的涉案体育赛事节目的作品著作权，故起诉至法院。天盈九州公司（凤凰网）进行了答辩。

2015 年 6 月 30 日，北京市朝阳区人民法院判决涉案体育赛事节目构成作品，被诉行为侵害了新浪公司的著作权，应承担赔偿责任。由于被诉行为已通过著作权法进行了调整，无需再以反不正当竞争法进行规制。

2018 年 3 月 30 日二审北京知识产权法院判决认为，涉案体育赛事节目不构成以类似摄制电影的方法创作的作品（以下简称类电作品），为录像制品，无法认定被上诉人（新浪公司）对

---

❶ 北京市朝阳区人民法院民事判决书（2014）朝民（知）初字第 40334 号；北京知识产权法院民事判决书（2015）京知民终字第 1818 号；北京高级人民法院民事判决书（2020）京民再 128 号。

涉案体育赛事节目享有著作权，故被诉行为未构成对被上诉人著作权的侵犯。2020年9月23日，北京高级人民法院再审后认定体育赛事节目构成类电作品，维持一审判决。

【争议焦点】

体育赛事直播节目是否具备独创性，是类电作品还是录像制品？

一种观点认为体育赛事直播节目具备独创性，是类电作品。

该案中北京市朝阳区人民法院、北京市高级人民法院及许多学者认为，赛事的转播、制作是通过设置不确定的数台或数十台固定的、不固定的录制设备作为基础进行拍摄录制，形成用户、观众看到的最终画面，但固定的机位并不代表形成固定的画面。用户看到的画面与赛事现场并不完全一致，也非完全同步。这说明其转播的制作程序不仅包括对赛事的录制，还包括回看的播放、比赛及球员的特写、场内与场外、球员与观众、全场与局部的画面制作，以及配有的全场点评和解说。而上述画面的形成，是编导通过对镜头的选取得到的，即对多台设备拍摄的多个镜头进行选择、编排的结果。而这个过程中，不同的机位设置、不同的画面取舍、编排、剪切等多种手段会导致不同的最终画面，或者说不同的赛事编导会呈现不同的赛事画面。就此，尽管法律上没有规定独创性的标准，但依据著作权法关于作品的规定，只要具有独创性并符合其他作品构成条件就应该认定为作品，这种独创性表明的是独创性的有无，不是高低。对于体育赛事节目，应当认为对赛事录制镜头的选择、编排，形成可供观赏的新的画面，无疑是一种创作性劳动，且不同的选择、不同的制作会产生不同的画面效果恰恰反映了其独创性。即赛事录制形成的画面构成我国著作权法对作品独创性的要求，应当认定为作品。

　　另一种观点是，特定情况下的体育赛事直播画面不具备独创性，不是以类似摄制电影的方法创作的作品。

　　北京知识产权法院认为，新浪公司主张权利的范围限于公用信号所承载的连续画面。公用信号由专业的直播团队按照组委会统一的理念及制作标准制作而成，通常包括比赛现场的画面及声音、字幕、慢动作回放、集锦等，且仅涉及确定时间段的内容。体育赛事直播追求的是如实呈现比赛进程，不同直播团队对同一事件的直播使公众看到的内容并未呈现不同的故事性，说明其在故事创作上并不具有独创性。答疑解惑类的慢动作是此类镜头所起到的客观功能，而镜头的客观功能显然并非独创性所考虑的对象，因此慢动作的答疑解惑作用与独创性并无直接关系，况且，这些慢动作属于公用信号制作手册中所规定的情形。在特写镜头中，特写对象及素材的选择比较常规，拍摄手法是常见的手法，没有显示出较高的独创性。体育赛事公用信号承载的连续画面因受到若干客观因素限制，通常较难达到电影作品的独创性高度。涉案赛事公用信号所承载的连续画面既不符合电影作品的固定要件，亦未达到电影作品的独创性高度，故其未构成电影作品。尽管北京知识产权法院否定了涉案两场体育赛事公用信号所承载连续画面的作品属性，但这一认定并非否认直播团队在这一过程中所付出的智力劳动。尤其是在有着如此众多客观限制的情况下，直播团队个性的彰显更需要高超的能力及水平。但作品的独创性强调的是可被感知的个性化选择，至于完成这一个性选择所需付出的智力劳动的难度并非独创性判断的考虑因素，其与精确临摹虽然需要很高技巧但却不构成作品是同样的道理。

　　【案例分析】

　　公用信号是体育赛事直播行业的通用术语，其由专业的直播团队按照赛事组委会统一的理念及制作标准制作而成，不同赛事的公用信号制作标准会有所不同。体育赛事公用信号通常几乎包含了体育赛事的所有信息，包括比赛地点、队员出场、双方队伍名称、双方阵容、比分、小节计时、换人信息、犯规次数、技术统计等信息。❶ 体育赛事公用信号直播存在如下客观限制因素：赛事本身的客观情形、赛事直播的实时性、对直播团队水准的要求、观众的需求、公用信号的制作标准等。客观限制因素使得公用信号所承载的连续画面在素材的选择方面基本上并无个性化选择，且在对素材的拍摄、对拍摄画面的选择及编排等方面的个性选择空间也相当有限。

在直播类节目中，对摄制有标准要求的显然要比无此要求的具有更小的个性化选择空间。同时，需要符合观众需求的显然比无需考虑观众需求的具有更小的个性化选择空间。受上述因素限制的体育赛事直播公用信号所承载的画面，在独创性高度上较难符合类电作品的要求。

与体育赛事画面最接近的是电影作品和以类似摄制电影的方法创作的作品。

我国《著作权法实施条例》❷ 第四条中有关于电影作品及类电作品的规定，"电影作品和以类似摄制电影的方法创作的作品，是指摄制在一定介质上，由一系列有伴音或者无伴音的画面组成，并且借助适当装置放映或者以其他方式传播的作品"。而《著作权法实施条例》第五条中规定，"录像制品，是指电影作品和以类似摄制电影的方法创作的作品以外的任何有伴音或者无伴音的

---

❶ 陈一鸣. 大型体育赛事电视公共信号制作与标准化研究分析 [J]. 西部广播电视，2016（18）：229.

❷ 本书如无特殊说明该实施条例是指 2013 年修订的《中华人民共和国著作权法实施条例》。

连续相关形象、图像的录制品"。可见，依据该实施条例的规定，录像制品是除电影作品及类电作品以外的录制品。法律的这种规定，并没有明确判定某个动态影像是电影作品及类电作品还是录像制品的标准。

我国司法实践中对于涉及动态影像的作品属性的判定，在表面上是以独创性的有无来判定作品的构成，但实质有两点：(1) 独创性高低；(2) 以电影和录像之间最直观的区别——制作方式来进行判定。如果根据先行创作的剧本，由导演指导演员进行表演，在现场摄制后进行后期制作，采取这种方式制作的影像就是类电作品。反之，不是根据预先构思的剧本制作，而是对自然现象或社会事件进行直接录制形成的东西就是录像制品。

究竟体育赛事节目直播画面是类电作品还是录像制品，这需要根据不同的情形进行判定。原本只要具备独创性的智力成果就属于著作权法保护的作品，不需要判定独创性高低，但是，由于法律规定了除电影作品及类电作品以外的动态影像属于录像制品，这至少说明类电作品需要的独创性程度比录像制品高。也就是说，只有具备较高程度的独创性的动态影像才能属于类电作品，独创性较低的动态影像只能归入录像制品范畴。北京市高级人民法院认为根据《著作权法实施条例》第二条，应该按照独创性的有无判定体育赛事节目是类电作品还是录像。依据《著作权法实施条例》第二条确能推出：智力成果符合其他作品构成条件后只要具有独创性就是作品，强调的是独创性有无，具有最低限度的创作性就可以了。这是对所有的智力成果的独创性判定的基本标准，如果著作权法没有规定录像制品这一邻接权客体，类电作品的独创性只需要满足《著作权法》❶ 第二条就可以了。但是，我国

---

❶　由于本书选取的案例大都发生在 2020 年新修订的《著作权法》之前，因此在"案例分析"部分没有特殊说明的，适用的仍是 2010 年《著作权法》。

《著作权法》还专门规定了包括类电作品在内的有名称的法定作品类别及包括录像制品在内的邻接权客体。生活经验告诉我们，录像制品的制作者在制作录像时也是有所选择的，对于同一客观活动场面，不同的录制者有自己的选择和距离的远近比较，这样的客观录制，我们称之为录像。如果按照北京市高级人民法院的认识，类电作品的独创性判定是按照独创性有无的标准，那么，这类记录客观活动场面的影像都应该属于类电作品，因为其中包含有录制者的选择、镜头远近、是否特写等。如此这般，还有什么样的影像才是著作权法规定的录像呢？北京市高级人民法院认为："录像制品的个性化选择主要是为了更好地录制影像所做的技术性加工，而不涉及对作品表达层面的个性选择和安排，因此，录像制品形成过程的个性化选择并不能使其具有独创性。"笔者认为，难道说，类电作品的个性化选择没有"为了更好地录制影像而做技术性加工"？录像制品个性化选择和安排都是为了"更好地录制影像所做的技术性加工"？北京市高级人民法院的这个判断是从拍摄者的主观目的角度进行的，而拍摄者的拍摄目的我们无法考证，只能从客观影像去判断。实践中，录制者对客观活动现场进行机械地录制，有时候对某些人进行特写录制形成的影像难道是类电作品，而不是录像？一般而言，如果体育赛事画面的"摄制者在拍摄过程中并非处于主导地位，其对于比赛进程的控制、拍摄内容的选择、解说内容的编排及在机位设置、镜头选择、编导参与等方面，能够按照其意志作出的选择和表达非常有限"，那么，这样的画面所体现的独创性不足以达到构成我国著作权法所规定的以类似摄制电影的方法创作的作品的高度。❶ 该案中，新浪公司主张权利的体育赛事画面为公用信号所承载的连续画面，

---

❶ 央视国际网络有限公司诉被告北京暴风科技股份有限公司侵犯录音录像制作者权纠纷案，北京市石景山区人民法院民事判决书（2015）石民（知）初字第752号。

公用信号的要求限制了摄制者的主观能动性，使摄制者智力发挥的空间极其有限，摄制者拍摄出来的画面并无个性化特征，因此，按照公用信号要求摄制的体育赛事连续画面因独创性较低而不符合类电类作品独创性要求，不能成为类电作品。如果体育赛事画面的拍摄不受到类似公用信号的限制，而是摄制者可以自由选择，可以依照自己的判断进行个性化拍摄形成，且后期编导对镜头进行了选取，那么，不同的机位设置、不同的画面取舍、编排、剪切等多种手段会导致不同的最终画面，或者说不同的赛事编导会呈现不同的赛事画面，或者有的在体育赛事中场休息或者比赛暂停时安排特别的小节目来活跃节目气氛等。这种对赛事摄制的个性化发挥，后期编导对摄制镜头的选择、编排，形成可供观赏的新的画面，无疑是一种创作性劳动，具备独创性。

必须明确的是，录像制品、表演者表演、录音制品等都有一定的个性化表现，如对同一首歌曲《荷塘月色》，不同的歌手演唱感觉不同，但并没有产生新的作品，因此，为保护歌手的个性表达设置了邻接权。同理，对同一体育赛事进行摄制，如果存在特别的要求或者公用信号，那么，即使不同的摄制者摄制时有一定的选择，但大家摄制出来的体育赛事画面也是大同小异。即使编导能够选择，囿于观众的需求、赛事本身的客观情形、赛事直播的实时性等客观限制，其选择的空间也十分有限，这样的动态影像只能是对现场赛事的客观录制，属于录像制品。仅以个性化选择是否存在来判断是作品还是邻接权客体不完全合适，尤其在类电作品与录像制品并存时。虽然我国2020年《著作权法》将"电影作品和以类似摄制电影的方法创作的作品"改为"视听作品"，但是，仍然留有"录像制品"，两者在独创性高低方面的区别仍然是存在的。

10. 洪某某、邓某某诉贵州五福坊食品有限公司、贵州今彩民族文化研发有限公司著作权侵权纠纷案❶

【基本案情】

原告洪某某2003年创作完成《和谐共生十二》作品，发表在2009年8月贵州人民出版社出版的《福远蜡染艺术》一书中。该作品借鉴了传统蜡染艺术的自然纹样和几何纹样的特征，色彩以靛蓝为主，描绘了一幅花鸟共生的和谐图景。原告洪某某曾将涉案作品的使用权（蜡染使用除外）转让给原告邓某某，由邓某某维护著作财产权。被告五福坊公司以促销产品为目的，委托第三人今彩公司进行产品的品牌市场形象策划设计，包括进行产品包装及配套设计、产品平面广告设计、产品创意广告设计及文案编辑、产品手册及促销宣传品的设计等。根据第三人今彩公司的设计服务，被告五福坊公司在其生产销售的贵州辣子鸡、贵州小米渣、贵州猪肉干外包装礼盒的左上角、右下角使用了蜡染花鸟图案和如意图案边框。原告洪某某认为被告五福坊公司使用了其创作的《和谐共生十二》作品，一方面侵犯原告洪某某的署名权，割裂了作者与作品的联系，另一方面侵犯了原告邓某某的著作财产权，包括复制权、发行权和获得报酬权，故诉至贵州省贵阳市中级人民法院。

被告辩称，原告起诉其拥有著作权的作品与今彩文化公司为五福坊公司设计的产品外包装上的部分图案均借鉴了贵州黄平革家传统蜡染图案，原告方主张的作品不具有独创性，被告行为不构成侵权。

---

❶ 贵州省贵阳市中级人民法院民事判决书（2015）筑知民初字第17号，最高人民法院指导案例80号。

法院查明，原告洪某某的《和谐共生十二》画作创作直接来源于传统蜡染艺术黄平革家蜡染背扇图案。被告五福坊公司生产销售的贵州辣子鸡、贵州小米渣、贵州猪肉干外包装礼盒和产品手册上使用的蜡染花鸟图案与原告洪某某创作的《和谐共生十二》作品在鸟与花图形的结构造型、线条的取舍与排列上一致，只是图案的底色和线条的颜色存在差别。法院审理认为，原告洪某某的《和谐共生十二》画作属于传统蜡染艺术作品的衍生作品，是对传统蜡染艺术作品的传承与创新，具有独创性，受著作权法的保护。

【争议焦点】

在已有民间文艺基础上创作的图案是否具有独创性？

一种观点认为在已有民间文艺基础上的创作与民间文艺有一定差别但是创作性不高的不具有独创性。另一种观点认为在已有民间文艺基础上的创作有一定差别，只要能被识别，其创作的程度就符合了独创性的最低创作性要求，就具有独创性。

【案例分析】

独创性包括"独"和"创"两方面，"独"又包括：（1）从无到有的创作；（2）以他人已有的作品为基础进行再创作，由此产生的成果与原作品之间存在着可以被客观识别的、并非太过细微的差别。该案中原告洪某某的《和谐共生十二》画作中两只鸟尾部重合，中间采用铜鼓纹花连接而展示对称的美感，而这些正是传统蜡染艺术的自然纹样和几何纹样的主题特征，这是传统蜡染艺术的表达方式，法院认可该涉案作品源于黄平革家蜡染背扇图案。但涉案作品不是对黄平革家蜡染背扇图案的传统蜡染艺术的复制，只是以传统蜡染艺术——黄平革家蜡染背扇图案为基础进行了再创作，表现为"对鸟的外形进行了补充，对鸟的眼睛、嘴巴丰富了线条，使得鸟图形更加传神，对鸟的脖子、羽毛融入了作者个人的独创，使得鸟图形更为生动，对中间的铜鼓纹花作者也融合了自己的构思而有别于传统的蜡染艺术图案"。这种再创作的图案与传统蜡染艺术——黄平革家蜡染背扇图案之间存在着较为明显的差别，因此，原告洪某某创作的《和谐共生十二》符合"独"的要求。对于"创"的要求，司法实践中往往采用最低限度的创造性，也就是说，只要创作的智力成果区别于已有的作品，暗含着其已经达到了"最低限度的创造性"要求。为了鼓励人们对民间文艺进行传承，在已有的民间文艺的基础上产生的衍生品的"创"只要符合最低限度创造性即可。原告的《和谐共生十二》对原传统蜡染艺术——黄平革家背扇图中鸟的眼睛、嘴巴丰富了线条，从而使得鸟图形更加传神，对鸟的脖子、羽毛融入了作者个人的独特构思，对中间的铜鼓纹花也有明显区别于传统蜡染艺术图案的创造，以上这些增添符合了"创"的要求。因此，原告的《和谐共生十二》具有独创性。

11. 人民文学出版社有限公司诉人民教育出版社有限公司《镜花缘》 专有出版权纠纷案❶

【基本案情】

长篇小说《镜花缘》为清代文人李汝珍所著，该书通行校注本由古典文学专家张友鹤先生校注。张友鹤先生在该书前言中写有如下内容："《镜花缘》现存的版本，大体上较少分歧，主要以北京大学图书馆所藏（马廉隅卿旧藏）'原刊初印本'为底本，并参照别的本子校正了一些文字。由于本书作者引用典故的地方太多，为了减轻读者查阅辞书的麻烦，加了若干注释。注释的标

---

❶ 北京市朝阳区人民法院民事判决书（2019）京 0105 民初 10975 号。

准大略如下：（一）比较不常用到的典故加注，常用的就不注；（二）诗文、谈话中引用典故和小说正文有联系时加注，没有联系的就不注；（三）典故不从正面提出的加注；（四）有些封建迷信的典故，对阅读并没有什么影响的，不注；（五）小说背景是武则天时代，而文字有时引用到那个时代以后的典故，且加以'再过几十年就看见了'等类语句的解释，这些地方，加注；（六）小说中有些对古书发表议论的地方，加注。注释在说明那个议论中所根据的历史记载，而不求旁及他家的议论，或作如何详尽深入的批判研究。上述的标准，自然还不是非常妥善的。而且在具体工作中，有时因为事实上的困难，还不免或有出入，以及取舍、繁简之间，容有未能全面考虑的情形，尚请读者随时给以指正。"张友鹤先生于 1971 年 1 月 4 日去世。原告人民文学出版社享有张友鹤先生校注本的专有出版权。1955 年 4 月，原告首次出版发行了张友鹤校注版《镜花缘》（以下简称文学社版《镜花缘》）。2017 年 7 月，被告人民教育出版社出版发行了校注版《镜花缘》（以下简称人教社版《镜花缘》）。经比对，人教社版《镜花缘》一书的标点、分段全部抄袭自文学社版《镜花缘》；注释或原样或改头换面抄袭了文学社版《镜花缘》。原告向北京市朝阳区人民法院起诉称被告严重侵害原告对文学社版《镜花缘》享有的专有出版权。被告辩称小说《镜花缘》属于公共领域的作品，不受著作权法保护，张友鹤对古籍《镜花缘》句读参照了在先版本，整个点校不受著作权法保护，况且被告的注释与原告版本注释有较大差异。

　　法院经过审理认为：（1）古籍整理是基于整理者个人学识，付出大量劳动的创造性智力成果。尊重、保护古籍整理所具有的著作权，对于传世文献之存亡继绝、化旧翻新的文化使命，具有重要的价值和推动意义。（2）虽然理论上整理者是为最大限度地还原原著，但实践中，整理成果更多地表现为整理者的主观认知水平，在是否真正能够做到还原历史事实和还原事实的程度上，则是仁者见仁，智者见智，难成定论。所谓的还原事实无从确认，实际上亦不可为。（3）点校是以语言文字、符号等形式注释、整理已有作品而产生的作品，以有别于古籍原版且可客观识别的新的点校本或整理本的形式表现出的创造性智力成果，符合演绎作品的特征和形式，属于演绎作品。当然，因标点等形成的演绎作品是对原文本的再整理，不同的整理者都是基于原文本或同一版本进行整理，从形式上看，必然会产生一定的趋同性。但是更应当看到，标点断句实际上是点校者对原文认识理解的非文字性注释，因整理者对知识积累及占有资料的不同，也必然会表现为因不同的个性化判断选择而呈现不同风格的差异化表达方式。甚至不同整理者对同一原文的标点经常不尽相同，原因主要有：一是某些语句的断句、语气虽标点者理解不同，但都可读通；二是原文存在异文、衍文、脱文、错文，导致理解文义时有差异。因此，不能因为存在某些趋同表象，而否定整理成果由于独立原创而具有的演绎作品性质。（4）张友鹤对 50 余万字的章回体小说《镜花缘》一书综合进行标点、分段、注释的过程中有其智力发挥的空间，其智力成果整体产生的新版本作品形成了区别于古籍《镜花缘》版本的独创性表达，构成演绎作品，应受著作权法保护。

【争议焦点】

古籍点校形成的智力成果是否具有独创性而受著作权法保护？

赞同北京市朝阳区法院判决的观点认为简单的古籍点校不具有独创性，不受著作权法保护，但是对于较长或较为复杂的古籍，虽然点校者尽力还原古籍原意，但在点校过程中存在着点校者智力活动空间，且需要点校者较高的文学素养，故这类古籍点校的成果具有独创性，受著作权法保护。

另一种观点认为古籍点校仅为揭示古籍原意这一早已存在的客观事实，揭示客观事实的行为不具有创造性，况且古籍点校是为恢复古籍原貌，会产生"趋同"效果，表达方式有限，不具有独创性，故古籍点校不构成著作权法所保护的作品。

【案例分析】

古籍点校是对古籍进行加标点、划分段落、校勘和注释等工作。对古籍进行点校需要付出智力劳动，古籍点校的成果属于智力成果。但是，这样的智力成果是否具有独创性呢？❶

首先，古籍点校成果是否具备"独创性"的要求。独创性的"独"强调需要存在创作者的新表达，只有存在新表达才符合著作权法的目的——鼓励创新、增加文化多样性。古籍的点校者为让读者理解古籍原意，根据古籍文献的具体内容，进行添加标点符号、划分段落校勘和注释等工作。所加的标点符号，是以现代汉语常用标点符号为主，并辅以古籍整理专用标点符号（如人名、地名、书名等专名线）。校勘，是指古籍整理者在尽量搜集相关重要版本并考订版本源流的基础上，对不同版本的文字详加比较，并参考其他传世及出土文献，综合研判，改正古籍在历代流传过程中出现的各类讹误，以获得相对准确的文本。注释，是指针对古籍文献的疑难之处注音释义，多涉及字词、典故、名物、地理、

---

❶ 中华书局有限公司诉三民书局股份有限公司侵犯点校本《史记》著作权纠纷案中二审法院和葛怀圣与李子成著作权权属、侵权纠纷案中一审、二审和最高人民法院认为点校本具有独创性；而周锡山诉江苏凤凰出版社有限公司侵犯作品《金圣叹全集》著作权纠纷案中，二审法院，即上海市高级人民法院认为点校本不具有独创性不受著作权法保护。具体内容详见北京市高级人民法院民事判决书（2015）高民（知）终字第3456号、山东省潍坊市中级人民法院民事判决书（2011）潍知初字第186号、山东省高级人民法院民事判决书（2014）鲁民三终字第340号、中华人民共和国最高人民法院民事判决书（2016）最高法民再175号、上海市高级人民法院民事判决书（2014）沪高民三（知）终字第10号。

职官、制度等方面。划分段落则是根据全文依据古籍材料的安排方法把古籍分成若干段。专业的点校者进行以上点校工作大多是依据原古籍并尽力还原原古籍，只是对古籍加标点符号、分段落、校勘，并没有改变原古籍的表达。虽然，加标点、分段落、校勘、注释之后的成果与古籍有差异，但是从整体看，差异细微，况且，点校的目的是恢复古籍原貌，点校的结果并没有产生新表达。当然，专业的点校者进行恢复原貌的点校需要个人较高的专业学识，付出大量体力及智力劳动，但是，点校并没有产生与原古籍差异较大的、源于点校者的表达，并没有"呈现不同风格的差异化表达方式"。点校者所运用的仅仅是为进行"恢复原貌"所需要的学识与判断力。"恢复原貌"过程中的技巧、学识和个性化判断选择不能产生独创性。

其次，古籍点校过程中是否符合"创"的要求。古籍点校目的是追求与原古籍一致的结果，古籍点校者在进行标点、分段、校勘等点校工作时，必然要根据古籍作者语气、意思、思想等以及遵照加标点、分段、校勘的原则和要求，通过艰辛的判断、选择等劳动力求找到古籍的客观状态，这些大大限制了点校者智力发挥的空间。同时，由于点校目的和点校方式的专业化要求的限制，即使不同的点校者由于各自专业水平、经验等不同而在点校中存在选择与判断，但是对同一客观存在的古籍进行点校，往往只存在一种或非常有限的表达，这也就是古籍点校"趋同性"存在的原因。这样也就出现了"思想与表达的混同"，这样的混同导致对于有限的表达也不予以保护。

综上，古籍点校的成果因不具有独创性而不应该受著作权法的保护。

当然，因点校者在点校的过程中存在着选择与判断，付出了一定的智力劳动，不予以保护也不利于古籍的传播。因此，需要对古籍点校者点校的成果进行保护。建议可以用邻接权的方式进行保护。

12. 上海视畅信息科技有限公司与广州欢网科技有限公司、重庆有线电视网络有限公司著作权权属、侵权纠纷案❶

【基本案情】

2015 年 12 月 7 日，重庆有线电视网络有限公司（以下简称重庆有线公司）针对智能 EPG 系统建设与数据提供发布招标。2015 年 12 月 8 日，上海视畅信息科技有限公司（以下简称上海视畅公司）和广州欢网科技有限公司（以下简称广州欢网公司）投标，最后，广州欢网公司中标。上海视畅公司发现广州欢网公司中标的由重庆有线公司发标的关于"智能 EPG"的"来点微电视"微信端的界面设计抄袭了视畅公司微信端的"看客影视"的界面设计、网页架构和关于"功能"的一句话说明等具有独创性的表达，在整体视觉效果、布局架构、菜单设置上与上海视畅公司作品基本相同，侵犯了上海视畅公司的著作权。于是，上海视畅公司向重庆市渝北区人民法院提起诉讼。

上海视畅公司的微信公众号"看客影视"首页底端有三个菜单栏，自左向右依次为"功能""微电视"和"看客中心"。点击"功能"的子菜单显示为"云相册""遥控器"和"全网搜索"；点击"微电视"进入标题为"看客影视"页面，导航栏自左向右依次为"推荐""直播""分类""我的"及搜索键，继续点击"推荐"，页面自上而下依次显示一个影视作品的图片及名称、"当前热播""电影""电视剧""动漫""综艺""纪录片"等栏

---

❶ 重庆市渝北区人民法院民事判决书（2017）渝 0102 民初 17495 号，重庆市第一中级人民法院民事判决书（2018）渝 01 民终 470 号。

目，每个栏目下并排显示三个影视作品的图片及名称。点击"直播"，其下又分为"央视""卫视""地方台""电视剧""综艺"和"新闻"栏目。其中，"央视"栏目下显示对应的央视频道并显示该频道的 LOGO 及当前播放的节目名称。

搜索微信公众号"来点微电视"后显示账号主体为重庆有线公司，关注该公众号并进入浏览，该公众号首页底端有三个菜单栏，自左向右依次为"微电视""功能""来点中心"。分别点击三个菜单后，每个菜单弹出的页面中的菜单及布局与"看客影视"的基本相同。

广州欢网公司辩称，微信公众平台的开发需要遵循腾讯公司对微信公众平台的基本设定，如"最多包含三个一级菜单，每个一级菜单最多包含五个二级菜单"，这样的设定限定了微信公众平台的界面设计，并且图形用户界面的构成要素包括菜单、对话框、窗口等，均为软件通用设计中不可缺少的元素，缺乏独创性，文字说明是用于解释软件的使用方法，其表达方式具有局限性，均不受著作权法保护。

重庆市渝北区人民法院审理后认为，一方面，单个菜单是根据功能的需要而设定的，其名称均为单词或词组，是对该菜单功能的高度浓缩介绍，因其思想与表达重合，故单个菜单栏不具有独创性；另一方面，由于手机端屏幕不同于电脑端屏幕，其可供布局的空间有限，故腾讯公司对每级菜单的数量均进行了限制，在每级菜单数量有限的前提下，将多个菜单排列组合也仅仅是一种简单的罗列，不能体现设计者独特的思想，也不具有独创性。点击"搜索"后该公众号推送的内容为"您好，请在聊天对话框中输入搜索关键字，如片名、主演、导演、类型或者片名首字母，即可搜索影片。同时支持微信语音搜索影片。"该语句简短，表达方式有限，不具有独创性。在三网融合的背景下，电视除了直播功能外还有点播功能。各子菜单中的分类属于通常分类标准，故上海视畅公司对上述页面构成要素的选择均具有普遍通用性，不具有独创性。这类公众号均是向消费者提供手机端与电视端互联互通的功能，两者功能相似，用户需求亦相似，页面设计也会相似，上海视畅公司不能禁止他人在设计公众号时使用属于公有领域的表达，否则会违背著作权法的鼓励作品创作和传播的立法目的，从而损害公众的利益。综上，重庆市渝北区人民法院驳回原告诉讼请求。原告不服，向重庆市第一中级人民法院提出上诉，重庆市第一中级人民法院维持原判。

【争议焦点】

微信公众号中菜单栏、消息对话框、界面设计、网页架构是否具有独创性而受著作权法保护？

一种观点认为，微信公众号中菜单、消息对话框的文字、界面设计及网页架构是设计制作者精心设计的，不仅注重技术和实用方面，还注重满足消费者对美的观感需求，所以整个设计及其要素都体现了美的方面，具有个性化特征，满足独创性要求，应该受著作权法保护。

另一种观点认为，菜单属于具有特定功能的微信公众号的必备要素，对话框文字的设置较为简短、常规，界面设计及网页架构都比较常规，故都不具有独创性。整体而言，公众号的界面设计、网页架构都受软件控制并具有实用性，属于思想范畴，不受著作权法保护。

【案例分析】

（1）微信公众号中菜单栏是否具有独创性？

微信公众号中菜单栏内设计的菜单名称和顺序往往依据该公众号的目标用户需求和特定功能而进行设计，菜单名称是高度浓缩的单词或词组，单词或词组往往是人们表达思想感情的基本工具。在特定功能的微信公众号中，这些单词或词组则是此类公众号表达功能的基本工具，没有体现出"创"，因此必须留在公有领域。况且，特定微信公众号的菜单数量受制于腾讯公司对每级菜单数量的限制而非常少，少量的各级菜单组合体现不出独创性。另外，少量菜单的排列组合又受制于用户需求和操作习惯而不具有体现个性化的选择和排列，也就不具有独创性。本案中，"看客影视"微信公众号的首页底端有三个菜单栏，自左向右依次为"功能""微电视""看客中心"。每个菜单下的子菜单为 3 ~ 5 个，排列顺序为常规顺序，菜单词语的简短性、基础性以及菜单排列顺序的常规性使得菜单及菜单栏缺乏独创性。

（2）消息对话框的语句是否具有独创性？

用户图形界面的屏幕显示的消息对话框语句往往是为了满足用户需求而设置的简短的指引语句、通知语句或询问语句。如该案中，点击"看客影视"微信公众号的"搜索"后，该公众号推送的内容为"您好，请在聊天对话框中输入搜索关键字如片名、主演、导演、类型或者片名首字母，即可搜索影片。同时支持微信语音搜索影片。"这样的语句功能性较强，也是特定公众号菜单对话框常用的引导方式，且语句简单，类似功能的语句表达方式有限，不具有独创性。

（3）网页架构与界面设计是否具有独创性？

网页架构是网页制作过程中采用的布局结构，往往包括右框型布局结构、目字型布局结构、POP 布局结构和综合型布局结构。网页制作者无论选用哪一种网页布局结构，都属于思想范畴，不受著作权法保护。

界面设计是对软件的人机交互、操作逻辑、界面美观的整体设计。界面设计遵循简易性、风格与产品一致性、常识性、习惯性、排列有序性、人性化等原则，界面设计是否具有独创性，需要分情况判定。好的界面设计有个性有品位，在界面构成上，设计者精密计算、设计，分割图形界面，安置图形界面自身及其整体中所有图形界面成分，创造出视觉上高度清晰的美的设计；在色彩和色彩光影效果安排上，设计者利用色彩在空间、量与质上的可变化性，按照一定的规律去组合，再创造出适用于图形用户界面的美的色彩效果，在图形上增加光源，使图形具有丰富的层次感，使用户在使用的同时有更好的视觉享受。这样的界面设计汇集文字、图形、线条、色彩、光影等组合而成为有个性且富有美感的界面，具有独创性，应受到著作权法保护。有的界面设计由于受限于特定功能、要求、习惯、屏幕大小等，只能进行常规的设计，形成业界较为常见的界面，这样的界面设计就不具有独创性。该案中的各菜单打开后的界面设计要素简单、排序有限且比较常规，整体设计简单，界面上菜单分类也是通用分类。因此，"看客影视"的界面设计不具有独创性。

（4）页面是否构成汇编作品？

依据我国《著作权法》第十四条（新修订的《著作权法》第十五条）规定："汇编若干作品、作品的片段或者不构成作品的数据或者其他材料，对其内容的选择或者编排体现独创性的作品，为汇编作品。"汇编作品的独创性体现在对内容的选择和编排上。该案中，"看客影视"的各页面中的构成要素均为影视推介行业的通用元素，这些要素组成的页面都要显示在空间有限的手机屏幕上，"看客影视"对内容的取舍、选择及排列并未体现其独创性，因此，"看客影视"的各页面不构成汇编作品。

第三节　以一定形式表现

问题与思考

1. 张飒对一篇论文的构思是否属于著作权法意义上的作品？

2. 刘敏给黄悠悠分析了当前中国股市的情况及未来的发展，边分析边在纸张上演示，结果黄悠悠以刘敏所讲的内容写了一篇论文发表在某一网络平台。刘敏以演示的纸张为证据向法院起诉，称黄悠悠侵犯其对口述作品的著作权。请问：法院能够支持刘敏的主张吗？

典型案例

13. 孙某某与马某某著作权权属、 侵权纠纷案[1]

【基本案情】

孙某某是莘县康宝养鸡专业合作社成员，创作了图形作品《716 预测 817 行情趋势方向图表》（以下简称《图表》）。该作品是对 817 品种鸡苗价格的分析预测。该《图表》的制作过程为：孙某某运用现有的 WPS 表格软件，通过输入每日鸡苗价格，利用软件中的图表功能自动生成鸡苗价格曲折线，21 天、45 天、60

---

[1] 山东省聊城市中级人民法院民事判决书（2015）聊民三初字第 333 号，山东省高级人民法院民事判决书（2016）鲁民终 339 号。

天等移动平均趋势线是通过表格软件选择天数添加完成。孙某某向山东省聊城市中级人民法院诉称，被告马某某与其约定将《图表》拿去使用，营利后将总利润的 10% 付给孙某某，但是，被告营利后没有给孙某某付报酬，被告侵犯了其对数表和数表分析内容的著作权。被告辩称涉案《图表》不受著作权法保护。

一审法院审理过程中，孙某某在法庭的电子计算机上向法官讲解了《图表》和对数据的分析。山东省聊城市中级人民法院审理后认为，《图表》只是孙某某利用现有的表格软件并通过选项选择制作，其中并没有孙某某自己独立构思的内容，体现不出孙某某的创作性，故孙某某主张的《图表》并不构成著作权法意义上的图形作品，不能获得著作权法的保护。著作权法保护的是能够以某种有形形式复制的智力成果，保护的是作品的表现形式，而不保护作品的内容，对图表的数据分析不属于表现形式范畴，故不能获得著作权法保护。孙某某不服一审判决，向山东省高级人民法院提起上诉，诉称《图表》及依据《图表》进行的数据分析具有独创性，依法构成作品。山东省高级人民法院审理后，判决驳回上诉，维持原判。

【争议焦点】

孙某某的《图表》及基于该图形所进行的数据分析是否受著作权法保护?

一种观点认为，《图表》及数据分析具有独创性，受著作权法保护；另一种观点认为，《图表》是按常规方法制作的表格，不具有独创性，而数据分析不属于著作权法保护的表现形式，因此，《图表》不受著作权法保护。

【案例分析】

能够成为著作权法意义上的作品必须满足文学、艺术、科学领域的智力成果、思想情感的表达、独创性和可复制性等条件。涉案《图表》满足文学、艺术、科学领域的智力成果、思想情感的表达条件，是否满足独创性条件？独创性包括"独"和"创"两个方面，这两个方面都是针对作品中的表达而言。涉案《图表》是利用现有的 WPS 表格软件，通过输入每日鸡苗价格，利用软件中的图表功能自动生成几十天内鸡苗价格曲折线，无论谁输入每日鸡苗价格，都能产生相同的价格曲折线，在所谓的创作过程中，没有创作者智力发挥的空间，亦未产生新的独创性内容，且图表也是经表格软件按照已经设定好的函数关系对客观数据自动生成，亦未产生新的图表生成方式，同时，所使用的数据属于公有领域的客观数据。因此，涉案《图表》不构成著作权法意义上的作品，不应获得著作权法的保护。对于孙某某《图表》分析属于作品的主张如何认定？著作权法保护的是作品的表达，并且作品能够以有形形式复制。孙某某对数据的分析仅限于口头表述，尽管口头表述也能够以有形形式复制。孙某某基于数据和图表，结合自己的生活和养殖经验，对图表进行分析的成果应该是具有独创性的，按著作权法的规定，符合作品的构成条件，可以作为口述作品受保护。但是，因其对《图表》的分析没有记载，不同场合的分析可能变化也较大，孙某某在法庭上并未提供记载相关数据分析的载体，法院无法确定作品的内容、表达方式，也无法判断该数据分析是否具有独创性，只能认定以证据证明的事实。基于以上原因，判决孙某某的《图表》及对《图表》的口头分析不属于受著作权法保护的作品。

第四节　作品的类型

问题与思考

1. 某律师按照写好的辩护词在法庭上进行辩护，该口头辩护是作品吗？

2. 图一、图二的建筑是著作权法意义上的作品吗？

图一　　　　　　　　　　　　图二

3. 图三、图四、图五❶是王美美拍摄的照片，这些照片是著作权法意义上的作品吗？王美美若将图五制作成明信片并发行，该雕塑假如建于 2008 年，她的行为是否侵犯该建筑权利人的著作权？

---

❶　图五为西安浐灞国家湿地公园内的雕塑。

图三　　　　　图四　　　　　图五

典型案例

14. 武汉凯路通网络科技有限公司与张某著作权权属纠纷案❶

【基本案情】

张某为武汉凯路通网络科技有限公司（以下简称凯路通公司）的员工。2013年6月至12月，张某使用凯路通公司法定代表人艾凯提供的教材、电脑、耳机、话筒先后录制了11套办公软件操作方面的视频教程。这11套教程的视频中，每段音频均系张某讲解，画面内容为课程课件，片头的音频均为"大家好，欢迎大家收看由Word联盟提供的课程"，片尾的音频均为"本节课程讲解完毕，大家可以登录Word联盟免费观看更多视频教程，我们的网址是××"。课程视频中未出现张某的形象、姓名等信息。凯路

❶　湖北省武汉市江岸区人民法院民事判决书（2017）鄂0102民初1510号，武汉市中级人民法院民事判决书（2017）鄂01民终6368号民事判决书。

通公司法定代表人艾凯持有涉案 11 套课程视频的未剪辑版本和最终上传网络的版本。张某向武汉市江岸区人民法院起诉称，凯路通公司将涉案 11 套视频在网络上播放并在一些平台上销售，未经原告的许可，擅自使用原告的摄影作品，侵犯了原告著作权。被告辩称，涉案 11 套视频为职务作品，著作权属于被告。

武汉市江岸区人民法院审理后认为 11 套涉案视频为口头作品，被告侵犯了原告著作权。凯路通公司不服，提起上诉。武汉市中级人民法院审理后认为，涉案视频为类电作品。

【争议焦点】

张某主张的 11 套视频，是属于口述作品，还是属于类电作品？

一种观点认为，原告张某录制的 11 套视频资料系独立构思并口头创作完成，虽视频画面展示的是相关软件操作的步骤，但授课的重点依旧是讲解的过程，故其内容构成著作权法意义上的口述作品，而非类电作品。

另一种观点认为，原告张某录制的 11 套视频资料是教授办公软件如何操作的教学视频，软件功能的演示和讲解是密不可分的两个部分，不能单以授课的重点为讲解的过程而将涉案视频认定为口述作品，应从技术层面和内容层面综合分析该视频的作品属性。从整体上分析，该视频应认定为类电作品，而非口述作品。

【案例分析】

《著作权法实施条例》第四条第（二）项规定："口述作品，是指即兴的演说、授课、法庭辩论等以口头语言形式表现的作品。"强调作品产生的即兴性和口头性。而第（十一）项规定："电影作品和以类似摄制电影的方法创作的作品，是指摄制在一定介质上，由一系列有伴音或者无伴音的画面组成，并且借助适当装置放映或者以其他方式传播的作品。"类电作品往往是根据先行创作的剧本，由导演指导演员进行表演，在现场摄制后进行后期制作的由一系列有伴音或者无伴音的画面组成的作品。涉案的 11 套视频教程，从技术层面上看是通过特定的拍摄装置录制的由一系列有伴音的操作画面组成的视频，从具体内容上看是张某以教材为蓝本讲解系列办公软件的教授过程，从传播方式上看，该视频可以通过适当装置放映。在判定一个作品属于何种类型时，应综合考量与其相关的所有因素，而不是仅仅考量其中的某个因素。因此，涉案的 11 套视频教程在表达形式上更加符合类电作品的规定，按照新修订后的《著作权法》第三条的规定，涉案 11 套视频教程为视听作品。

15. 北京中科恒业中自技术有限公司、 杭州西湖风景名胜区湖滨管理处与北京中科水景科技有限公司侵犯著作权纠纷案❶

【基本案情】

北京中科水景科技有限公司（以下简称中科水景公司）于 2014 年 4 月 15 日创作完成了《水上花园》——音乐喷泉系列作品，并将其中包括《倾国倾城》和《风居住的街道》等音乐喷泉作品用于"2014 青岛世界园艺博览会"天水喷泉景观实施项目中，中科水景公司为青岛世界园艺博览会天水喷泉中的包括《倾国倾城》《风居住的街道》等音乐喷泉作品的著作权人。中科水景公司发现优酷视频中有包括《倾国倾城》和《风居住的街道》两首音乐喷泉作品的杭州西湖音乐喷泉表演视频，视频的右上角显示有北京中科恒业中自技术有限公司（以下简称中科恒业公司）。于是，中科水景公司将中科恒业公司和杭州西湖风景名胜区湖滨管理处（以下简称西湖管理处）起诉到北京市海淀区人民法

---

❶ 北京市海淀区人民法院民事判决书（2016）京 0108 民初 15322，北京知识产权法院民事判决书（2017）京 73 民终 1404 号。

院，诉称两被告侵犯其对音乐喷泉作品的著作权。中科水景公司提供的著作权登记证书显示其登记的音乐喷泉系列作品的类别为：电影和以类似摄制电影方法创作的作品。中科水景公司、中科恒业公司等曾参加西湖三公园音乐喷泉提升完善项目的招标，最终中科恒业公司中标。中科水景公司用证据证明了西湖管理处从其公司获得包含涉案作品在内的视频、设计图等大量资料并交给中科恒业公司。

北京市海淀区人民法院组织双方当庭将前述优酷网站视频中的西湖音乐喷泉与青岛世界园艺博览会天水喷泉的《倾国倾城》《风居住的街道》音乐喷泉效果进行播放和比对，发现二者在喷泉水流、水形、水柱跑动方向的编排顺序，气爆、水膜、灯光、节奏的变化编排，音乐韵律变化与喷泉动态造型的具体配合及以上喷射效果、意象的整体效果等方面存在较大相似性。北京市海淀区人民法院认为，著作权法规定的具体作品类型中并无音乐喷泉作品或音乐喷泉编曲作品这种作品类别，但这种作品本身确实具有独创性，从而依据《著作权法》第三条的"法律、行政法规规定的其他作品"判定两被告侵权。两被告认为音乐喷泉不是法定作品类型，不符合作品构成条件，不属于"法律、行政法规规定的其他作品"，于是向北京知识产权法院提起上诉。北京知识产权法院审理后认为，涉案音乐喷泉喷射效果的呈现属于著作权法保护的作品的范畴，并且属于美术作品，最终驳回两被告上诉。

【争议焦点】

（1）音乐喷泉是否属于著作权法意义的作品？

（2）如果音乐喷泉是作品，属于哪一类型作品？

围绕争议焦点，有以下 4 种观点：（1）音乐喷泉不符合作品的构成条件，也无音乐喷泉这一类型的作品；（2）音乐喷泉符合作品构成条件，属于电影作品和以类似摄制电影的方法创作的作品；（3）音乐喷泉是作品，属于"法律、行政法规规定的其他作品"；（4）音乐喷泉是作品，属于美术作品。

【案例分析】

（1）音乐喷泉是否属于作品？

音乐喷泉工程包括"乐曲的喷泉编辑""水幕视频""视频综合水舞秀"三部分。我们常说的音乐喷泉是指"乐曲的喷泉编辑"。依据喷泉水景委员会的解释，音乐乐曲的喷泉编辑又称为音乐喷泉编曲、音乐水舞编排等，是指设计师根据乐曲的节奏、旋律、内涵、情感等要素，对音乐喷泉的各种类型的喷头、灯光等装置进行编排，实现设计师所构思的各种喷泉的动态造型、灯光颜色变化等效果。从公众的视角，音乐喷泉是指喷泉随着乐曲的节奏、律动等展现给观众的集音乐、灯光、水形态、色彩等于一体的具有审美意义的动态艺术造型。我国《著作权法实施条例》（以下简称《实施条例》）第二条规定："著作权法所称作品，是指文学、艺术和科学领域内具有独创性并能以某种有形形式复制的智力成果。"新修订的《著作权法》第三条规定："本法所称的作品，是指文学、艺术和科学领域内具有独创性并能以一定形式表现的智力成果。"这些规定表明了作品的构成条件是文学、艺术和科学领域的智力成果，具备独创性，能以某种形式表现。音乐喷泉是设计师根据乐曲的律动和声光电力的科学原理精心设计的具有艺术美感的动态造型，属于艺术和科学领域的智力成果。"设计师通过对喷泉水形、灯光及色彩的变化与音乐情感结合的独特取舍、选择、安排，在音乐高亢时呈现出艳丽的色彩与高喷的水柱，在音乐舒缓时呈现出柔和的光点与缓和的摆动，柔美与高亢交相呼应，使观赏者能够感受到完全不同于简单喷泉喷射效果的表达，具有显著的独创性。"由于设计师和技术人员的合作，音乐喷泉可以反复再现，以一定形式表现出来，具有"可复制性"。

因此，音乐喷泉属于著作权法意义的作品。

（2）如果音乐喷泉是作品，属于哪一类型作品？

该案中，中科水景公司在对自己设计的音乐喷泉进行著作权登记时，登记为类电作品。《实施条例》第四条第（十一）项将类电作品规定为"摄制在一定介质上，由一系列有伴音或者无伴音的画面组成，并且借助适当装置放映或者以其他方式传播的作品。"这一规定明确了类电作品包括三个要件：一是摄制在一定的介质上；二是有动态画面；三是借助适当装置放映或传播。音乐喷泉是现场的动态造型，没有被摄制在某种介质上，这也是该案中被告反驳作为类电作品的理由，因此，音乐喷泉不属于类电作品。

该案一审法院及有些学者认为音乐喷泉可以按"法律、行政法规规定的其他作品"给予保护。《著作权法》第三条在列举八类有名称的作品后以"（九）法律、行政法规规定的其他作品"作为兜底条款。这是因为随着文学、艺术、科学的发展可能出现新的思想、情感的表达方式，以开放的兜底立法技术方式使得新形式的表达可以纳入著作权法的保护范畴当中。但是，这类"其他作品"必须是由"法律、行政法规规定的"。此处的法律、行政法规分别指全国人民代表大会和全国人大常委会制定的狭义法律和国务院制定的行政法规。也就是说，其他类型的作品必须是全国人民代表大会和全国人大常委会制定的法律中有规定或者国务院制定的行政法规中规定的某类作品。除此以外，其他国家机关不得创设作品类型。目前法律和行政法规没有规定音乐喷泉作为一类作品，因此，音乐喷泉不能纳入"法律、行政法规规定的其他作品"中。当然，新修订的《著作权法》在第三条第（九）项规定了"符合作品特征的其他智力成果"。这就适应了艺术形式的发展，给予法官一定的自由裁量权，只要符合作品特征而不能纳入八类有名称作品类别的智力成果，就可以纳入第九类中。

二审法院和一些学者将音乐喷泉解释为美术作品，这在案件审判当时的《著作权法》框架下是认定比较合适的。《著作权法》第三条规定的九类作品都必须是符合作品构成条件的。除此以外，为了进一步明确各类有名称的作品的内涵，《实施条例》界定了大多数有名称的作品概念。《实施条例》第四条第（八）项规定："美术作品，是指绘画、书法、雕塑等以线条、色彩或者其他方式构成的有审美意义的平面或者立体的造型艺术作品。"根据此项规定，"美术作品"在符合作品构成条件下，还包括：第一，美术作品的构成要素可以是线条、色彩或者其他方式，其他方式包括形状、空间、纹理等及这些要素的组合；第二，美术作品必须具有审美意义，是一种具有美感的艺术性表达。这是美术作品区别于其他智力成果的根本特征，也是美术作品的独创性体现，即美术作品的独创性体现为"作者在美学领域的独特创造力和观念"；❶ 第三，美术作品可以是平面造型，也可以是立体造型；第四，美术作品是造型艺术。造型艺术是一种空间、静态视觉艺术。音乐喷泉是由优美的水柱线条、斑斓的色彩、绚丽的灯光、水线条的排列、迷幻的空间等组合而成的具有审美意义的立体艺术造型，基本符合美术作品的要求。只是，美术作品作为造型艺术作品，强调的是一种空间、静态的视觉艺术。音乐喷泉是一种具有空间感的视觉艺术，但不是静态的视觉艺术，如果严格按照美术作品必须是一种造型艺术，那么，音乐喷泉是不完全符合的。《伯尔尼公约》第二条第一款规定："'文学和艺术作品'一词包括文学、科学和艺术领域内的一切成果，不论其表现形式或方式如何，诸如书籍、小册子和其他文字作品；讲课、演讲、讲道和其他同类性质作品；戏剧或音乐戏剧作品；舞蹈艺术作品和哑剧；配词

---

❶ 王迁. 著作权法 [M]. 北京：中国人民大学出版社，2015：89.

或未配词的乐曲；电影作品和以类似摄制电影的方法表现的作品；图画、油画、建筑、雕塑、雕刻和版画作品；摄影作品和以类似摄影的方法表现的作品；实用艺术作品；与地理、地形、建筑或科学有关的插图、地图、设计图、草图和立体作品。"可以看出，《伯尔尼公约》的规定属于开放式的，只要属于"文学、科学和艺术领域内的一切成果"，无论其表现形式是什么，都是受保护的文学和艺术作品。这一规定表明，该公约指导成员国可以将属于"文学、科学和艺术领域内的一切成果"纳入版权法的保护之中。我国虽然遵循了《伯尔尼公约》的规定，采用了兜底性条款，但是，给"其他作品"加上了限定——必须由"法律、行政法规规定"。这样的限定使许多新形式的文学、科学、艺术成果暂时不能被及时纳入著作权法的保护中。这样的规定不完全符合《伯尔尼公约》，也不利于新的艺术形式的发展，不符合《著作权法》"促进社会主义文化和科学事业的发展与繁荣"的目的。因此，新修订的《著作权法》将"法律、行政法规规定的其他作品"修改为"符合作品特征的其他智力成果"。如果按照新修订的《著作权法》的规定，音乐喷泉可以属于"符合作品特征的其他智力成果"这一类别。

16. 深圳市飞鹏达精品制造有限公司与北京中航智成科技有限公司侵犯著作权纠纷案❶

【基本案情】

成都飞机设计研究所（以下简称成飞所）是"歼十飞机"项

---

❶ 北京市第一中级人民法院民事判决书（2013）一中民初字第7号，北京市高级人民法院民事判决书（2014）高民（知）终字第3451号；中华人民共和国最高人民法院民事判决书（2017）最高法民再353号。

目的承担者即设计、研发单位，早在 1990 年 2 月之前成飞所就通过图纸、模型构思设计歼十飞机，之后经过近百个图纸和模型的修改，最终按照确定的一个图纸和模型制成了 1998 年首飞的歼十飞机。2007 年 1 月 5 日，成飞所制作了该歼十飞机的等比例缩小模型。2007 年 11 月 16 日，成飞所授予北京中航智成科技有限公司（以下简称中航智成公司）根据成飞所提供的原始设计图纸及歼十飞机设计方案等比例缩小歼十飞机模型的专有制造、销售权，并授权中航智成公司可在侵权行为发生后以其自己的名义向侵权方提起权利主张或诉讼。2011 年 9 月中航智成公司发现深圳市飞鹏达精品制造有限公司（以下简称飞鹏达公司）未经其许可制作、销售歼十飞机模型。中航智成公司认为飞鹏达公司侵犯了其对歼十飞机的设计图纸、模型及飞机本身分别享有的图形作品、美术作品或模型作品的复制权及发行权，遂向北京市第一中级人民法院起诉。

飞鹏达公司辩称歼十飞机、模型及设计图纸均不构成著作权法意义上的作品，其制作歼十飞机模型的行为不侵权。北京市第一中级人民法院审理判决后驳回中航智成公司的全部诉讼请求，中航智成公司不服，向北京市高级人民法院提起上诉。

北京市第一中级人民法院、北京市高级人民法院审理后均认为：由于歼十战斗机的特殊造型主要是由飞机的性能即实用功能决定的，其艺术成分与实用成分在物理上、观念上均无法分离，对其进行保护会导致对实用功能的垄断，歼十飞机本身并不能作为实用艺术作品或美术作品受到保护。然而一审、二审法院对于中航智成公司按照歼十飞机制作的等比例缩小模型能否作为"模型作品"受到著作权法的保护，持有截然相反的观点。一审法院认为其不构成作品，二审法院则认为其构成作品。一审法院认定歼十飞机图纸为图形作品，飞鹏达公司按照图纸所蕴含的技术方案制作歼十飞机模型不属于复制行为，故不侵犯复制权。最高人民法院于 2017 年对本案进行再审，支持了一审法院的观点，即歼十飞机模型不构成作品，不受著作权法保护。

【争议焦点】

该案的争议焦点：（1）歼十飞机是否构成著作权法意义上的作品，并属于美术作品？（2）歼十飞机图纸是否为图形作品？（3）歼十飞机的等比例缩小模型是否构成模型作品？（4）飞鹏达公司制造歼十飞机模型的行为是否侵犯了中航智成公司享有的复制权？

第一种观点认为，歼十飞机不是美术作品（飞鹏达公司、一审、二审、再审法院都持此观点），歼十飞机模型不构成著作权法意义上的作品（一审法院、再审法院和一些学者持此观点），歼十飞机图纸是图形作品，但是按照该图纸制作歼十飞机模型的行为不是复制。对于歼十飞机模型不构成作品，一审法院的理由为：中航智成公司所主张的歼十飞机模型是由中航智成公司根据歼十飞机等比例缩小制作而成，其所主张的飞机模型属于对歼十飞机的精确复制，并非由中航智成公司独立创作而成，不符合著作权法关于作品之"独创性"的要求，故其不属于著作权法意义上的作品。即便中航智成公司所主张的飞机模型早于歼十飞机产生，其亦无法获得著作权法的保护，原因在于，歼十飞机本身艺术性与实用性无法分离而难以获得著作权法的保护，对于等比例制作而成的歼十飞机模型，无论其产生早于歼十飞机还是晚于歼十飞机，均属于同一表达的不同表达方式，若对飞机模型提供著作权法的保护，实质上亦等同于对歼十飞机予以著作权法的保护，故基于与歼十飞机不能获得著作权保护之相同理由，歼十飞机模型亦不能获得著作权法的保护。再审法院的理由为：在判断是否构成受我国著作权法保护的模型作品时，首先要判断该模型是否同时具备《实施条例》第二条规定的三要件，而不能将《实施条例》第四条第（十三）项的规定与《实施条例》第二条的规定割裂开来适用。即仅仅满足《实施条例》第四条第（十三）项的规定，在不能同时满足上述三要件的情况下，尚不能认定构成受我国著作权法保护的模型作品。中航智成公司一审起诉要求保护的歼十飞机模型作品是歼十飞机的等比例缩小模型，与歼十飞机相比，除材质、大小不同外，外观造型完全相同。因此，无论中航智成公司在将歼十飞机等比例缩小的过程中付出多么艰辛的劳动，中航智成公司均未经过自己的选择、取舍、安排、设计、综合、描述，创作出新的点、线、面和几何结构，其等比例缩小的过程仅仅只是在另一载体上精确地再现了歼十飞机原有的外观造型，没有带来新的表达，该过程仍然是复制，产生的歼十飞机模型属于歼十飞机的复制件，不构成受我国著作权法保护的模型作品。即便中航智成公司制造、销售的歼十飞机模型是对成飞所完成的歼十飞机模型的复制，因二审法院认定由成飞所完成的歼十飞机模型亦为歼十飞机的等比例缩小，基于与上述同样的理由，成飞所完成的模型亦不具有独创性，不受我国著作权法的保护。

第二种观点认为歼十飞机及其图纸都是受著作权法保护的作品，分别为美术作品和图形作品，如中航智成公司坚持此观点。歼十飞机模型属于模型作品，如中航智成公司和二审法院持此观点。二审法院认为：根据《实施条例》第四条第（十三）项的规定，模型作品是指为展示、试验或者观测等用途，根据物体的形状和结构，按照一定比例制成的立体作品。据此，模型作品是根据物体的一定比例放大或缩小而成。为了实现展示、试验或者观测等目的，模型与原物的近似程度越高或者越满足实际需要，其独创性越高。对模型作品的界定，应当从《实施条例》的相关规定及其目的出发，依法作出合理的解释，不能脱离现有法律规定。

该案中，成飞所完成的歼十飞机模型于 2007 年 1 月 5 日已公开发布。虽然该模型是歼十飞机造型的等比例缩小，但已如上述，根据《实施条例》的相关规定，该模型的独创性恰恰体现于此，其已构成模型作品，应当受到著作权法的保护。

【案例分析】

（1）歼十飞机是否属于美术作品？

任何类型的作品首先必须满足作品的构成条件，在此基础上再判定其属于哪类作品类型。《实施条例》第四条第（八）项规定："美术作品，是指绘画、书法、雕塑等以线条、色彩或者其他方式构成的有审美意义的平面或者立体的造型艺术作品。"据此规定，美术作品的独创性体现在必须具有"审美意义"，只有具有美感的艺术性表达才可能成为美术作品。歼十飞机作为具有实用功能的实物，要判断其是否属于美术作品，涉及的是实用艺术品。实用艺术品在著作权法中不是法定作品类型，但是司法实践中往往将其解释为美术作品予以保护。实用艺术品被当作美术作品保护，是因为其除了具有实用功能以外，还具有艺术性美感，具有"审美意义"，并且其艺术性方面能够与实用功能分离。如果不能分离，则实用功能属于广义思想范畴，不受著作权法保护；依据思想与表达混同原则，其艺术性表达方面因与实用功能混同而不能受著作权法保护。判断实物的艺术性表达与实用功能是否能够分离，往往要看两者能否物理分离或观念分离。分离的关键点是如果将实物的艺术性表达去掉是否会影响实用功能的发挥，如果影响则该实物不能成为实用艺术品从而当作美术作品受著作权法保护，反之则能够受到著作权法保护。

该案中，关于歼十飞机是否具有美感的问题，人们认识不一样。如果歼十飞机不具有美感，仅具有实用功能，则其不能成为著作权法意义的作品。如果承认中航智成公司的主张——歼十飞机具有美感，那么，歼十飞机是否属于实用艺术品呢？一审法院认为，"在设计、研发过程中，科研人员需要进行风洞试验等不同的科学测试并根据测试结果不断地作出相应的实质性改进，以实现飞机性能的最优。飞机设计完成后所产生的'艺术'方面仅为其设计过程中的附带产物，且其必然体现了相应的实用功能，而该'艺术'方面的改变亦必然影响相应实用功能的实现，即在'歼十飞机'中其'艺术'方面与'实用'方面并非相互独立"。这种认识是正确的，涉及国家高科技和军用实物往往很少注重艺术方面，即使有艺术性方面，也是为了其实用功能的发挥而不能与实用功能分离。因此，依据思想与表达混同原则，歼十飞机不能成为实用艺术品而作为美术作品受著作权法保护。

（2）歼十飞机图纸是否属于图形作品？

《实施条例》第四条第（十二）项规定，图形作品，是指为施工、生产绘制的工程设计图、产品设计图，以及反映地理现象、说明事物原理或者结构的地图、示意图等作品。图形作品属于科学领域的作品，目的是施工、生产具有实用功能的工程或产品，或反映地理现象、事物原理，包含着实用功能。但是，著作权法保护图形作品不是因为其有实用功能，而是因为图形本身由点、线、面和各种几何图形组成，包含着简洁明了、和谐对称的科学之美，正因为图形本身具有科学美感从而具有独创性。至于按照图形作品制造或生产出工程或产品实物后，这个工程或产品实物美与不美、是否受保护，都不影响工程设计图、产品设计图作为图形作品受著作权法保护。该案中，歼十飞机图形是为了制造歼十飞机而进行设计的图形，图形本身就具有了科学之美，属于图形作品，受著作权法保护。

（3）歼十飞机模型是否受著作权法的保护？

笔者认为，歼十飞机模型符合著作权法对"模型作品"的定义，但不符合《著作权法》及《实施条例》中规定的作品。

①歼十飞机模型符合《实施条例》对模型作品的定义。

根据《实施条例》第四条第（十三）项的规定，模型作品，是指为展示、试验或者观测等用途，根据物体的形状和结构，按照一定比例制成的立体作品。根据该项规定的字面含义理解，模型作品属于对现有的"物体的形状和结构"按照一定的比例制成的立体作品，且其目的在于展示、试验或者观测等，这要求制作的模型与原物高度近似。

原告在审判过程中明确指出歼十飞机模型是以歼十飞机为原型等比例缩小后制成的，除尺寸与材料外，其与歼十飞机在外观上别无二致，按照上述标准，歼十飞机模型完全符合模型作品的构成要件。一审法院在判决书中指出："根据现有的证据，足以证明原告的飞机模型是对原型机精确复制的结果。"二审法院在判决书中亦依照该规定作出如下判决："模型作品是根据物体的一定比例放大或缩小而成。为了实现展示、试验或者观测等目的，模型与原物的近似程度越高或者越满足实际需要，其独创性越高。"❶认为"其已构成模型作品，应当受到《著作权法》的保护"。

②歼十飞机模型不符合《著作权法》及《实施条例》中规定的"作品"。

根据著作权法的一般原理，独创性是作品的构成要件之一。但是根据《著作权法》及《实施条例》对模型作品的定义来看，歼十飞机的模型似乎并不能有效满足"独创性"这一构成要件，歼十飞机模型仅系对歼十飞机原物的缩小，缺乏作品所应当具有的最低限度的独创性。

对于歼十飞机模型而言，其造型外观与歼十飞机原物除尺寸

---

❶ 北京市高级人民法院民事判决书（2014）高民（知）终字第3451号。

外别无二致。歼十飞机模型是对歼十飞机的等比例缩小，因此歼
十飞机模型的制作实际上就是对歼十飞机的精确临摹，如同以高
超的技术手段对一幅名画进行精确临摹。这要求该模型必须能反
映和体现出歼十飞机机身的精密结构、线条的平滑流畅、色彩填
充的独特性和整体上的气势磅礴，不可否认，这要求模型制造者
具有极其精湛的制作技术和足够的时间、精力的投入。但也正因
为歼十飞机模型需要满足对歼十飞机实物展示、试验和观测的目
的，该模型还必须达到精确临摹的程度，即必须与真实飞机保持
高度近似。因此，这种制造过程并未也不可能给模型制作者预留
出足够的个性化选择和表达空间，无论模型制作者投入了多少时
间和精力，该战斗机模型都无法体现出制作者本人的独立构思，
不具有最低限度的创造性，同时由著作权的一般原理可知，模型
与实物的相似程度越高，其所具有的独创性就越弱。同时，歼十
飞机不属于美术作品，因此，由于歼十飞机模型与真实的歼十飞
机除尺寸外在外观和结构上高度近似，是歼十飞机原型等比例缩
小后的一般劳动成果，不能作为具有独创性的模型作品受著作权
法保护。如王迁教授所说，进行等比例的精确放大或缩小是一个
技术过程，不能体现、也无从体现模型制作者的个性。由此制成
的模型均为复制件，无著作权可言。❶

③ "模型作品"同作品构成条件存在冲突的原因：错误理解
《伯尔尼公约》中 "model" 的含义。

由以上分析可以看出，《实施条例》中对模型作品的定义与
《著作权法》规定的一般作品概念之间存在冲突，《实施条例》似
乎更为强调模型作品与原型之间存在一定比例关系而不是模型作
品自身的独创性。正是由于这一冲突的存在，导致我国在司法实

---

❶ 王迁. 论等比例模型在著作权法中的定性——兼评 "首例飞机模型著作权侵
权案" [J]. 中国版权，2015（4）：5 - 8.

践中出现了许多法律适用上的问题。对于"模型作品"概念与作品构成条件的冲突问题，王迁教授已经分析得很清楚，这种立法上的冲突之所以存在是因为错误地将《伯尔尼公约》第二条第七款规定"应由本联盟成员国自行决定其立法适用于实用艺术作品、工业设计和'models'的范围，以及保护条件。"中的"models"直译为"模型"。❶ 世界知识产权组织编写的《著作权与邻接权法律术语汇编》中对"model"的解释：在物质载体上，对艺术作品或商品的外观作出的立体造型设计。使用更为简洁通俗的译法，即以"原型"体现的造型设计。而《实施条例》中对"模型作品"的定义则直接来源于《现代汉语词典》中"模型"的释义："照实物的形状和结构按比例制成的物品，多用来展览或实验"，并用汉语中"模型"的通常含义代替了"model"在著作权法中的应有之义，因此出现了立法冲突的现象。

综上所述，对"模型作品"的定义应当还原《伯尔尼公约》中"model"的含义——对作品和物品的立体造型设计。著作权法对于这种立体造型设计的保护意义在于：创作过程中，由于作者所作"立体造型"尚未完成，在其未经许可被利用时，权利人无法通过主张该立体造型构成作品而受到著作权法保护。此时通过保护"模型"而对尚未完成的立体造型进行与作品等同的保护，能够有效保护著作权人的权利和利益。

④是否构成作品评判标准应当以作品构成要件为准。

《著作权法》对作品类型采用有限列举方式说明，而《实施条例》又对各类作品进行了界定，当出现作品类型不符合作品的一般定义，或者出现著作权法中已有作品类型无法涵摄的新型作品时，特定对象是否受著作权法保护应以是否构成作品要件为准，

---

❶ 王迁."模型作品"定义重构 [J]. 华东政法大学学报，2011 (3)：16 - 24.

还是需要进一步考虑其他因素？

当前司法实践中，我国著作权法虽然未规定实用艺术品类别，但法院在认定符合独创性、可复制性等作品构成条件的基础上，将其解释为美术作品加以保护。判断一项智力成果是否可以作为著作权法保护的对象首先关注其是否符合作品的构成条件而非是否属于著作权法规定的某一类型作品。一审法院和再审法院在该案中便是坚持这一原则。

具体到该案来说，是否应对歼十飞机模型予以著作权法意义上的保护，应当首先判断其是否符合作品的构成条件而非单单考察其是否满足模型作品的构成要件。简言之，即使其不满足模型作品的构成要件，但符合作品构成条件，仍然应可以将其解释为某类法定作品而受到著作权法保护，但若仅满足模型作品的构成要件而不符合著作权法意义上作品的构成条件，其也无法寻求著作权法上的保护。

（4）飞鹏达公司制造歼十飞机模型的行为是否侵犯了中航智成公司享有的复制权？

飞鹏达公司制造歼十飞机模型的依据有三种：按照已有的歼十飞机外观制造、按照已有的中航智成公司歼十飞机模型制造及按照歼十飞机图纸制造。2020 年新修订《著作权法》第十条第（五）项规定："复制权，即以印刷、复印、拓印、录音、录像、翻录、翻拍等方式将作品制作一份或者多份的权利。"可见，复制权所控制的复制是在有形载体上持久地再现作品。由于著作权法保护的是对思想的表达，而不保护思想，那么，著作权法的复制权控制的就是对作品表达的再现。从上文分析可知歼十飞机和歼十飞机模型都不属于著作权法保护的作品。按照歼十飞机图纸制造歼十飞机模型是不是复制行为呢？歼十飞机图纸是图形作品，按照图形作品制造歼十飞机是采用了图纸中的实用功能部分，而实用功能不受著作权法保护，犹如按照受著作权法保护的诸多菜单做了六道菜，制作菜肴的过程实际上使用了菜单中各种菜的制作方法，但是制作方法属于思想范畴，不受著作权法保护。更为重要的是，歼十飞机模型不属于作品，所以，按照歼十飞机图纸制造出歼十飞机模型的行为不是著作权法意义的复制。因而，飞鹏达公司制造歼十飞机模型的行为没有侵犯中航智成公司的复制权。

17. 雅斯·埃内西有限公司（轩尼诗公司）与广东卡拉尔酒业有限公司、梅州中法拔兰地有限公司侵犯著作权案❶

【基本案情】

法国雅斯·埃内西有限公司，又称轩尼诗公司，该公司于2001年4月在法国申请了百乐廷"Paradis"酒瓶外观设计专利并获授权，之后，其在全球销售"Paradis"瓶装的酒，2015年1月15日在中国国家版权局对"Paradis"酒瓶以美术作品登记备案。轩尼诗公司发现广东卡拉尔酒业有限公司（以下简称卡拉尔公司）的 JOHNNYS BLUE 尊尼蓝牌卡爵 XO 白兰地酒瓶与"Paradis"酒瓶非常相似，于是起诉到广州知识产权法院，诉称被告侵犯其美术作品著作权。卡拉尔公司辩称涉案"Paradis"酒瓶作品没有创意，不具有独创性，不受著作权法保护。

广州知识产权法院审理认为"Paradis"酒瓶属于实用艺术品，但轩尼诗公司不是该酒瓶的著作权人。原告不服，上诉至广东省高级人民法院，广东省高级人民法院于2020年7月底作出终审判决，撤销一审判决，认定"Paradis"酒瓶属于实用艺术品，轩尼

---

❶　广州知识产权法院民事判决书（2017）粤73民初3414号；广东省高级人民法院民事判决书（2019）粤民终1665号。

诗公司是该酒瓶的著作权人。

图一 "Paradis"酒瓶　　　图二 卡拉尔公司酒瓶

【争议焦点】

"Paradis"酒瓶是否为实用艺术品?

一种观点认为,"Paradis"酒瓶没有创意,不具有独创性,不是实用艺术品。

另一种观点认为,"Paradis"酒瓶是实用艺术品。

【案例分析】

《伯尔尼公约》第二条的文学艺术作品中列举了实用艺术作品。我国《著作权法》没有专门规定对实用艺术品的保护。但是,国务院《实施国际著作权条约的规定》第六条规定:"对外国实用艺术作品的保护期,为自该作品完成起二十五年。"司法实践中,法院往往按照美术作品的要求来判断实用物品是否受到著作权法的保护。实用艺术品的判断标准首先是该物品属于著作权法意义的作品,然后再判断是否符合以下条件:(1)其实用功能和艺术美感能够相互独立,即实用艺术品的艺术成分能够在物理或观念上独立于其实用功能而存在;(2)能够独立存在的艺术设计具有独创性;(3)实用艺术品应当达到较高水准的艺术创作高度。

该案中,"Paradis"酒瓶由瓶盖和瓶身两部分组成。瓶盖像倒立的类梯形酒杯,瓶身形如扁平的葫芦,线条流畅,不同于一般常见的瓶子，有艺术性。"Paradis"酒瓶是人工设计的具有艺术性的智力成果，能够被复制，其实用性方面为瓶口和立体瓶身用于装酒的功能，艺术性方面为空透典雅的扁平葫芦造型。

该酒瓶是否属于受著作权法保护的实用艺术品，需要从以下三个方面判断。

（1）其实用功能和艺术美感是否能够相互独立。观察可以发现，"Paradis"酒瓶的葫芦状艺术造型无法通过物理分割方式与酒瓶的实用功能相分离。其艺术性造型与实用性在观念上是否能够分离？作为装酒的瓶子必须有瓶口和立体空间的瓶身，这是为了装酒而必须具有的实用功能方面，但是瓶口和整体瓶身可以有很大的智力创造空间，可以进行各种色彩、图案、轮廓等艺术造型设计，有的是一般常见的圆柱体瓶子，有的瓶子造型奇特，如花瓶状、公鸡状、打火机状、虾状等，色彩、图案也是多种多样。如果把"Paradis"酒瓶的扁平葫芦外形去掉，或者说不设计成扁平葫芦状，或者去掉瓶盖倒立的类梯形酒杯形状，都不会影响酒瓶的装酒的实用功能，因此，该酒瓶的艺术性方面能够与实用性功能在观念上相分离。

（2）艺术性表达部分是否具有独创性。该酒瓶瓶身外形不同于一般的瓶身，也不同于常见的葫芦，是创作者独立构思的扁平葫芦形状，具有独创性。瓶盖为倒立梯形酒杯形状，在日常生活中这种瓶盖比较常见，不具备独创性，但是该部分在整个酒瓶造型中只占非常小的部分，酒瓶的整体因瓶身独特而具有了独创性。

（3）实用艺术品应当达到较高水准的艺术创作高度。实用艺术品因为其实用性方面与艺术性结合达到专利法规定的外观设计保护条件时，还可以申请外观设计专利，从而受专利法保护。外观设计专利条件中的"富有美感"要求不高，只需要有美感则可。如果将艺术性不高的实用物品也作为实用艺术品给予著作权法保护，这将会导致两种法律保护的冲突。另外，著作权法对美术作品的保护期相对于专利法对外观设计专利的保护期限要长，如果对艺术性不高的实用物品允许著作权法保护，那么，很多设计人将会采取用著作权法来保护其实用物品，则外观设计专利制度就有可能形同虚设。所以，实用艺术品需要在其艺术性方面达到较高水准。该案中，"Paradis"酒瓶形状设计为扁平葫芦立体造型，形状独特；"整体轮廓设计线条流畅，瓶身表面没有任何装饰图案或雕刻设计，造型简洁大方；尤其是沿着瓶身两侧薄薄的带状棱边使得整个酒瓶体态轻盈，与瓶身弧线形的轮廓设计结合，"整体空透典雅，具有了较高的艺术独创性。

综上，"Paradis"酒瓶属于实用艺术品。

18. 北京金羽杰服装有限公司与波司登羽绒服装有限公司、北京市波司登贸易有限公司侵犯著作权及不正当竞争纠纷案[1]

【基本案情】

北京金羽杰服装有限公司（以下简称金羽杰公司）拥有款号为594723和款号为644402的羽绒服及该款服装的设计图和服装样板图，两款服装设计师为彭瑶，两个服装样板图由张永完成。彭瑶、张永都是金羽杰公司员工，均出具《说明》，该说明上载明各自完成的594723款、644402款羽绒服设计图、服装样板图均归属金羽杰公司。这两款羽绒服分别于2015年9月29日和2016年9月13日在淘宝网金羽杰公司的店铺销售。波司登公司款号为B1601332H和款号为B1601250的羽绒服于2016年9月23日在淘

---

[1] 北京市西城区人民法院民事判决书（2018）京0102民初33515号，北京知识产权法院民事判决书（2020）京73民终87号。

宝网波司登公司的店铺上架销售。金羽杰公司向北京市西城区人民法院起诉，诉称波司登公司款号为 B1601332H 的羽绒服涉嫌侵犯其款号为 594723 的羽绒服著作权，波司登公司款号为 B1601250 的羽绒服涉嫌侵犯其款号为 644402 的羽绒服著作权。金羽杰公司认为服装样板图是图形作品，设计图是美术作品，羽绒服是美术作品。北京市西城区人民法院认定金羽杰公司的两款涉案羽绒服不属于美术作品，相应的服装设计图和样板图都是图形作品。金羽杰公司不服，向北京知识产权法院提起上诉。北京知识产权法院于 2020 年 9 月 9 日审理后，判决驳回上诉，维持原判。

【争议焦点】

（1）金羽杰公司主张权利的款号为 594723、644402 的羽绒服是否构成美术作品？

一种观点认为金羽杰公司的涉案两款羽绒服与常见的羽绒服有差别，具有一定的美感，因此构成美术作品。另一种观点认为金羽杰公司的涉案两款羽绒服虽然具有一定的美感，但是美的方面设计是为了特有功能的发挥，两者不能分离，因此不能成为实用艺术品，也就不能作为美术作品受著作权法保护。

（2）相应的设计图是否构成美术作品，相应的服装样板图是否属于图形作品？

一种观点认为相应的设计图是具有审美意义的平面图，属于美术作品，而相应的服装样板图是为了生产羽绒服而设计的产品设计图，属于图形作品。另一种观点认为两者都是为了生产羽绒服而制作的设计图，属于图形作品。

【案例分析】

（1）金羽杰公司主张权利的款号为 594723、644402 的羽绒服是否构成美术作品？

在我国司法实践中，如果某物品是实用艺术品，则按照美术作品予以保护。实用艺术品的判断标准首先是该物品属于著作权法意义上的作品，然后再判断相关条件。

著作权法意义上的作品必须满足三个构成条件，尤其是独创性。该案中，涉案羽绒服能够满足其他两个条件，关键在独创性方面。一审法院认为，"无论是594723款中的帽子设计、口袋拉链设计、口袋倾斜且右口袋卜配以图形和标识等，还是644402款中的燕尾设计、拉链设计、口袋设计，均为服装常用的惯常设计和组合，并非原告所独创"。由此，金羽杰公司的涉案两款羽绒服的独创性已经有所欠缺。同时，一审法院认为整体上涉案两款羽绒服具有一定的美感，但是，"金羽杰公司主张权利的服装成衣上的设计多是为实现方便穿脱、轻便保暖、便于使用等服装的基本功能而存在，服装成衣之上的艺术美感无法与其功能性进行分离"。可见，金羽杰公司的涉案两款羽绒服的美感是为了其功能的发挥而设计，不能从物理上或观念上与其实用功能相分离，因此，不能成为实用艺术品，故而不能作为美术作品受著作权法保护。

（2）相应的设计图是否构成美术作品，相应的服装样板图是否属于图形作品？

《著作权法实施条例》第四条第（八）项规定："美术作品，是指绘画、书法、雕塑等以线条、色彩或者其他方式构成的有审美意义的平面或者立体的造型艺术作品。"该条第（十二）项规定："图形作品，是指为施工、生产绘制的工程设计图、产品设计图，以及反映地理现象、说明事物原理或者结构的地图、示意图等作品。"判断是否属于著作权法规定的有名称作品，首先需要判断其是否属于著作权法意义的作品，然后再判断是否符合特定有名称作品的要求。一审法院认为服装设计图"是为了进行服装生产而绘制，主要功能不在于通过图形本身带给人美的享受，故均属于图形作品。"对此，笔者不认同。服装设计图是设计师按照人体结构根据构思为制作成衣而绘制的效果图、平面图，这样的图虽然是为了制作成衣而设计，但是没有严格的尺寸标准要求，可以夸张形象，强调效果，也就是具有一定的审美意义，给人以美的享受，是设计师个性化设计的体现，见图三。因此，服装设计图应该属于美术作品。而服装样板图是制板者按照服装设计图，对服装结构从平面角度进行拆解而完成的平面剪裁图，这种图形要清楚地标明各部位的名称、尺寸、工艺细节等，使样衣师能够看懂并制作出样衣，见图四。服装制板图中的点、线、面的选择和排列组合，体现出样板师个性化的选择和安排，具有独创性，属于作品。图形作品属于科学领域，用途在于生产、建造具有实用功能的工程或产品，主要服务于实用功能。该案金羽杰公司主张权利的两款服装样板图是为了进行服装生产而绘制，属于图形作品。

 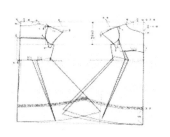

图三　服装设计图　　　　图四　服装样板图

19. 斯平玛斯特有限公司诉闲牛玩具实业有限公司等著作权侵权纠纷案❶

【基本案情】

斯平玛斯特有限公司（以下简称斯平玛斯特公司）是一家成立于 1994 年的国际有名的加拿大玩具生产公司，2012 年 10 月 1 日创作完成名为 "Robotic Dalmatian Dog and Robotic Pink Dalmatian Dog" 的玩具（以下简称 Zoomer 机器狗），2014 年 6 月 18 日在我国国家版权局登记备案。斯平玛斯特公司发现汕头市澄海区广益金光玩具厂（以下简称金光玩具厂）和汕头市闲牛玩具实业有限公司（以下简称闲牛玩具公司）生产、销售的机器狗玩具与 Zoomer 机器狗十分相似，遂起诉到广东省汕头市中级人民法院。两被告辩称机器狗独创性不足，不足以构成著作权法意义上的作品，即使能够构成作品，其著作权保护范围在剔除公有领域、在先表达后仅限于头部、缩小的腰部、球形尾巴端部，其他整体造型、身上斑点等均为公有领域和已有在先表达。在此范围内与被诉侵权产品进行对比，两者不相同也不实质相同。

广东省汕头市中级人民法院审理后认为，Zoomer 机器狗关节连接块和球形滚轮是为了实现肢体的活动性和地面行走功能而采用的技术性设计，不应获得保护。Zoomer 机器狗所具有的大长脑袋、方形的双眼等相关细节设计以及搭配黑色或粉色斑点等使其与自然界的斑点狗相比具有明显区别，具有独创性，属于美术作品。但是被诉侵权机器狗与 Zoomer 机器狗有较大差异，如狗的头部、面部、尾巴的设计元素均不同。两者虽然整体类似，但是两

---

❶ 广东省汕头市中级人民法院民事判决书（2016）粤 05 民初 700 号，广东省高级人民法院民事判决书（2018）粤民终 361 号。

者构思都源于斑点狗，斑点狗的整体结构是公共领域的素材，色彩与图案也源于斑点狗客观的色彩和图案，因此，两者实质不相似。原告不服，向广东省高级人民法院提起上诉。

广东省高级人民法院认为，Zoomer 机器狗形象虽然取材于自然界的斑点狗，但在取材基础上进行了卡通造型加工，在线条、色彩方面进行的取舍、安排、设计具有创造性，属于美术作品。关节和球形滚轮是为了实现肢体活动性和地面行走功能而采用的技术性设计，这种功能对表达有一定的限制，但是限制程度并不是太高，"在如何设计关节的形状、大小和滚轮的大小、立体形状、色彩、具体位置以及与整体风格的匹配等方面，仍然有不小的表达的空间。"Zoomer 机器狗的滚轮设计独创性高，也应该受著作权法保护。而被控侵权机器狗在形象、滚轮的表达方面都与Zoomer 机器狗实质性相似。

【争议焦点】

（1）Zoomer 机器狗是否属于实用艺术品，尤其是关节与滚轮设计是否受著作权法保护？（2）被控侵权机器狗与 Zoomer 机器狗是否构成实质性相似？

对上述争议焦点有三种认识：第一种观点认为 Zoomer 机器狗去除公有领域、在先表达部分后无独创性，不属于实用艺术品。第二种观点认为 Zoomer 机器狗属于实用艺术品，但是关节与滚轮设计属于技术性表达，不应该受著作权法保护；对相似部分去除公有领域、在先表达部分后，二者差异较大，故不存在实质性相似。第三种观点认为 Zoomer 机器狗属于实用艺术品，关节与滚轮的设计是技术性表达，但是这种表达不是很少的几种，有表达的创作性空间，对相似部分去除公有领域、在先表达部分后，二者构成实质性相似。

【案例分析】

（1）Zoomer 机器狗是否属于实用艺术品，尤其是关节与滚轮设计是否受著作权法保护？

实用艺术品必须是具有实用功能并具有审美意义的平面或立体造型的艺术品。判断是否为实用艺术品，往往要把握以下三方面：①其实用功能和艺术美感能够相互独立，即实用艺术品的艺术成分能够在物理或观念上独立于其实用功能而存在；②能够独立存在的艺术设计具有独创性；③实用艺术品应当达到较高水准的艺术创作高度。

Zoomer 机器狗的实用功能和艺术美感是否能够相互独立？Zoomer 机器狗是玩具类工业产品，具有供孩子们作为玩具使用的实用性，这种玩具狗，发挥其玩具实用功能的原因是其形状如真实的狗一样，并且还能够走动，从而能够吸引孩子们的兴趣。发挥这样功能的玩具狗可以采用线条、色彩、图案等设计为各种各样的形象。该案中，在 Zoomer 机器狗形象上，斯平玛斯特公司通过线条、色彩和图案、形状等设计为萌萌的卡通斑点狗样子，不是很逼真的斑点狗，艺术感非常强。我们没有办法通过物理分割方式将 Zoomer 机器狗的艺术设计与其实用功能分离。但是，如果去掉 Zoomer 机器狗萌萌的形象艺术设计，如采用常见的逼真的斑点狗的形象，不会影响玩具狗作为玩具的实用功能的发挥。因此，Zoomer 机器狗的实用功能和艺术美感从观念上能够分离。Zoomer 机器狗内部还有发挥实用功能的关节连接块和滚轮。关节连接块起到连接机器狗身体各部分的作用，滚轮能够使机器狗走动，都是具有实用功能的部分。Zoomer 机器狗的关节连接块和滚轮是否具有艺术性？通过观察 Zoomer 机器狗可以发现，其关节连接块采用黑色及适宜各关节形状的块状物，块状物线条流畅，与各部分搭配协调。其滚轮更是设计独特，"由黑色圆环嵌套白色半圆组成，黑白色彩搭配以及圆球形状与斑点狗主题和 Zoomer 机器狗圆润的整体风格保持一致。"可见，该机器狗的关节和滚轮都具有艺术性。如果将 Zoomer 机器狗的关节连接块的艺术设计换成普通的长条或方块，将滚轮换成常见的车轮样子，不影响机器狗的实用功能发挥，所以，关节连接块和滚轮的艺术设计与实用功能从观念上能够分离。

Zoomer 机器狗能够独立存在的艺术设计是否具有独创性？上面已经提及，在 Zoomer 机器狗形象方面，斯平玛斯特公司采用流畅的线条、圆润的身体部位构造、眼部的大块黑斑、胸部的对称斑点等色彩设计出萌萌的斑点狗，具有独创性；在关节连接块和滚轮设计方面，不同于常规的关节连接块和车轮样，虽然关节连接块和滚轮具有实用功能，但是其可以采用的设计表达并不是唯一或少数几种。对于功能性、技术性设计，并不能如一审法院所说"关节和球形滚轮，系为了实现肢体的活动性和地面行走功能而采用的技术性设计，不应获得保护"，而是要判定功能性、技术性设计是否存在艺术性，并且该艺术性表达是否只有一种或少数几种有限的表达。正如二审法院的认识"因功能性设计导致的表达有限性程度越高，能够个性化取舍、选择、安排、设计等创造的空间就越小，'创作性'就越低。反之，表达有限程度越低，则可以进行个性化取舍、选择、安排、设计等创造空间就越大，对思想表达的形式和内容就可以更加具体、丰富，思想和表达的区分就更清晰，也就更容易剥离。"机器狗的关节连接块和滚轮可以有较多的设计空间。Zoomer 机器狗采用了黑色及适宜各关节形状的块状物，块状物线条流畅，与各部分搭配协调。其滚轮"由黑色圆环嵌套白色半圆组成，黑白色彩搭配以及圆球形状与斑点狗主题和 Zoomer 机器狗圆润的整体风格保持一致。"非常具有特色，具有独创性。

Zoomer 机器狗是否达到较高水准的艺术创作高度？在形象方面，二审法院认定 Zoomer 机器狗"在取材基础上进行了卡通造型加工，用简洁的几何线条勾勒出机器狗的整体结构，脑袋大长，耳朵椭圆，胸部结实，腰部细收，臀部宽厚，四肢粗短，爪子圆大，尾巴上翘，再配以眼部的大块黑斑、胸部的对称斑点等色彩，整体体现流畅、圆润特点，呈现出富有现代感的机智、憨萌形象"。虽然 Zoomer 机器狗形象源自生活中的斑点狗，但是斯平玛斯特公司通过线条勾勒、色彩搭配、身体各部位形状设计构造出萌萌的 Zoomer 机器狗，又不同于现实中的斑点狗，萌味十足，喜感十足，其艺术性远高于现实中的斑点狗。这只机器狗也是所谓艺术来源于生活而高于生活的完美诠释。在关节连接块和滚轮方面，虽然采用了块状和滚轮的圆形，这些属于思想范畴，但是，其块状是由黑色和适宜各部位连接处的形状组成的流畅的线条之美与色彩之美融入整个机器狗中；其滚轮不仅"由黑色圆环嵌套白色半圆组成，黑白色彩搭配以及圆球形状与斑点狗主题和 Zoomer 机器狗圆润的整体风格保持一致"，而且符合了整个机器狗的憨萌状。斯平玛斯特公司对自然元素进行了富有个性化的艺术加工，使 Zoomer 机器狗达到了较高水准的艺术创作高度。

（2）被控侵权机器狗与 Zoomer 机器狗是否构成实质性相似？

二审法院将被诉侵权玩具狗与 Zoomer 机器狗进行对比，认定"两者机器狗的脑袋均为近椭圆的长条体，耳朵呈纯黑近椭圆形，胸部呈圆弧形，腰部细收，臀部宽厚，四肢粗短，滚轮位于腿部外侧，尾巴上翘，前述各主要部位的造型及比例大小近似，整体均体现流畅、圆润特点"。虽然 Zoomer 机器狗形象来源于生活中的斑点狗，但是去除斑点狗的样子后，在脑袋为近椭圆的长条体、眼睛近方形、下巴如勺子样、腰部细收、尾巴上翘且末梢黑圆球等方面以及流畅的线条勾勒出萌萌的样子等方面是非常具有特色的，滚轮的设计也是独具匠心，是斯平玛斯特公司的个性化艺术加工。被诉侵权方还称 Zoomer 机器狗是"已有在先表达"，但是其没有提供已有的类似 Zoomer 机器狗的玩具狗证据。将 Zoomer 机器狗属于公有领域的表达去除后，被诉侵权玩具狗仍然存在许多与 Zoomer 机器狗相同或类似的表达。因此，二审法院认定的"被诉侵权玩具狗再现了 Zoomer 机器狗富有独创性的审美表达细节以及整体视觉形象。虽然被诉侵权玩具狗在嘴部舌头、斑点具体位置分布、眼睛形状等细节部分与 Zoomer 机器狗存在差异，但该差异占整体表达内容的比例较小，也未造成整体审美风格的变化"是正确的，被诉侵权玩具狗与 Zoomer 机器狗构成实质性相似。

20. 上海灿星文化传媒股份有限公司与广州市新聚点娱乐有限公司著作权权属、 侵权纠纷案❶

【基本案情】

上海灿星文化传播有限公司（以下简称灿星公司）为《中国好歌曲》第三季第一期音乐电视的著作权人，其发现被告广州市新聚点娱乐有限公司（以下简称新聚点公司）KTV 通过卡拉点播系统放映设备公开播放《中国好歌曲》第二季第五期内的 7 首歌曲，播放的视频包括 7 首歌曲及其现场录影场景，如导师听歌时的表现、导师与歌手见面的形式、导师与歌手的交流、现场灯光与音乐的配合、乐队的演奏等，于是起诉到广东省广州市海珠区人民法院。法院作出判决，认定被告的行为已侵害了原告对涉案音乐作品享有的著作权中的放映权。被告不服，上诉到广州知识

---

❶ 广东省广州市海珠区人民法院民事判决书（2017）粤 0105 民初 8457 号，广州知识产权法院民事判决书（2018）粤 73 民终 1521 号。

产权法院，称一审判决没有查明被诉侵权作品是类电作品还是录像制品。灿星公司辩称，本案涉案作品为以类似摄制电影的方法创作的作品。广州知识产权法院判决涉案作品属于以类似摄制电影的创作方法创作的作品，新聚点公司的行为侵犯了灿星公司对涉案作品享有的复制权和放映权。新聚点公司向广东省高级人民法院提起再审申请，称涉案音乐作品属于录音录像制品，原判决没有对涉案音乐作品作出类电作品的叙述，也没有作出种类区分的叙述。再审法院于 2019 年 3 月 7 日判决涉案作品属于类电作品，驳回再审申请。

【争议焦点】

音乐电视节目属于类电作品还是录像制品？

一种观点认为音乐电视是以机械的方式，对歌手在舞台上演唱歌曲的歌声过程摄制的作品，演唱歌手对原有词曲作品没有独创性，所以该类作品属于录音录像制品。另一种观点认为音乐电视节目属于类电作品。

【案例分析】

音乐电视属于类电作品还是录像制品是有一定争议的问题。之所以实践中一些民事主体为此发生争议，主要原因在于不同的归类会导致对作品享有的权利和权利行使方式不一样。如果是类电作品，则影像制作者享有著作权，可以就音乐电视的复制、放映等主张权利，而音乐的词曲作者不能就音乐电视主张权利；如果为录像制品，音乐电视的制作者享有复制权、发行权、出租权和信息网络传播权，而不享有放映权；音乐作品作者可以就音乐作品的表演权、复制权等主张权利。司法实践中，对于音乐电视属于类电作品还是录像制品认识不一。依据《著作权法》和《著作权法实施条例》的规定，构成作品首先必须满足最低限度的独创性要求，在此基础上，因为法律规定了类电作品和录像制品的并存，如前文在体育赛事节目案例中分析的那样，独创性较高的影像属于类电作品，独创性低的影像属于录像制品。一些音乐电视的背景画面含有故事或情节或专门的编导，反映了导演独特的表现手法，具有较大的独创性，属于类电作品。还有一些音乐电视的背景画面简单或者是演唱会现场影像，也可能有一定的独创性，但是独创性较低，属于录像制品。

该案中，新聚点公司在其 KTV 中播放的是包括音乐作品和其现场录影场景在内的音乐电视，而不仅仅是音乐作品。同时，播放的现场录影场景包括了导师听歌时的表现、导师与歌手见面的形式、导师与歌手的交流、现场灯光与音乐的配合、乐队的演奏等内容这些内容有导演的指导、安排，从而使"歌手的表演、画面、音乐等元素融合为一个整体，形成完整的表达"，二审法院和再审法院都认为涉案音乐电视"体现出导演的个性化特征，达到著作权法对作品所要求的独创性要求，应认定为属于著作权法规定的以类似摄制电影的创作方法创作的作品。"这是合理的。当然，按照新修订的《著作权法》的规定，此类音乐电视就属于视听作品。

21. 广州网易计算机系统有限公司与上诉人广州华多网络科技有限公司侵犯著作权及不正当竞争纠纷案❶

【基本案情】

原告广州网易计算机系统有限公司（以下简称网易公司）发现广州华多网络科技有限公司（以下简称华多公司）通过 YY 游戏直播网站等平台直播、录播、转播网易公司享有著作权的"梦

---

❶ 广州知识产权法院民事判决书（2015）粤知法著民初字第 16 号，广东省高级人民法院民事判决书（2018）粤民终 137 号。

幻西游2"游戏内容，经交涉无果向广州知识产权法院起诉。网易公司诉称，涉案游戏"梦幻西游2"属计算机软件作品，游戏运行过程中呈现的人物、场景、道具属美术作品，游戏过程中的音乐属音乐作品，游戏的剧情设计、解读说明、活动方案属文字作品，游戏运行过程中呈现的连续动态画面属于类电作品，被告华多公司在其平台直播"梦幻西游2"游戏画面侵犯了原告著作权。被告辩称，涉案游戏不属于著作权法保护的作品。广州知识产权法院审理后认为涉案游戏整体画面属于类电作品。双方均不服，向广东省高级人民法院上诉。网易公司因一审法院判赔过低而上诉。华多公司上诉称涉案游戏连续动态画面不满足"独创性"和"可复制性"要件，不构成作品，一审法院将涉案游戏的直播画面认定为类电作品，没有任何事实和法律依据。广东省高级人民法院于2019年12月10日审理后将连续游戏动态画面和游戏直播画面做了区分，认为游戏连续动态画面受著作权法保护，可认定为类电作品，被诉游戏直播行为难以产生新的独创性表达或者构成新的作品。

【争议焦点】

游戏连续动态画面及游戏直播画面是否受著作权法保护，是否为类电作品？

一种观点认为游戏连续动态画面不满足"独创性"和"可复制性"要件，不构成作品；另一种观点认为游戏连续动态画面受著作权法保护，可归入类电作品，而游戏直播画面由于"独创性"不足而不受著作权法保护。

【案例分析】

（1）游戏连续动态画面是否受著作权法保护？如果保护，是否属于类电作品？

游戏连续动态画面是当玩家在玩游戏时在终端屏幕上呈现的

一系列有伴音或无伴音的游戏画面组成的集合或整体，与静态、单幅游戏画面相区别。网络游戏实质上是计算机软件程序，技术层面包括程序库和资源库。资源库是程序员以函数编制的视觉元素和游戏逻辑，视觉元素如各种文字片段、美术图片、音乐音效、技能动画等元素，程序员通过编程设计不同类型游戏的故事情节。当玩家开始游戏时，程序库和资源库同时运行，运行的结果是在终端屏幕上动态呈现出可供感知的综合视听表达。著作权法意义的作品需要满足：①文学、艺术、科学领域的人类智力成果；②独创性；③可复制性（新修订的《著作权法》规定为"以一定形式表现"）。涉案游戏连续动态画面很明显是文学、艺术领域的人类智力成果。涉案游戏是以《西游记》取经故事为背景而设置的"人、仙、魔"三界各门派争斗、合作、发展的虚拟武侠故事。在终端设备上呈现的连续动态画面有融入故事情节的对话、塑造的个性鲜明的人物角色形象、多姿多彩的场景图画、游戏装备、背景音乐音效等，最为重要的是随着玩家过关升级，故事情节逐渐展开，最终形成较为完整的故事。游戏整体画面体现了游戏开发者对于游戏故事体系情节、主题思想、具体玩法规则及整体艺术风格的综合考虑，其中的故事、故事情节、个性鲜明的人物角色形象、场景画面、游戏装备、背景音乐等都是游戏开发者富有个性的选择和安排，具有独创性。游戏连续画面呈现的人物形象、场景画面、背景音乐、故事情节都已经以一定形式表现出来，是可以被复制，能够被用户或玩家客观感知的。所以，涉案游戏连续画面符合作品的构成条件，受著作权法保护。必须明确的是，游戏类别诸多，并不是所有的游戏动态画面都受著作权法保护，需要进行个案分析。

《著作权法实施条例》第四条规定："电影作品和以类似摄制电影的方法创作的作品，是指摄制在一定介质上，由一系列有伴音或者无伴音的画面组成，并且借助适当装置放映或者以其他方式传播的作品。"类电作品有三个要件：①由一系列有伴音或无伴音的画面组成；②能够借助适当装置放映或以其他方式传播；③摄制在一定的介质上。涉案游戏连续动态画面是由一系列有伴音或者无伴音的画面组成具有故事情节的整体，且可以借助适当装置放映或者以其他方式传播。至于是否类电作品都必须以"摄制"完成创作，二审法院作出如下分析：①从著作权法立法本意与产业技术发展情况来看，涉案游戏连续动态画面满足著作权法对类电作品"摄制在一定介质上"的要求。因为构成涉案游戏连续画面的元素固定在计算机内，"摄制"是对作品创作通常手段的确认，随着产业技术发展，不少电影不再是"摄制"，而是在计算机中绘制、编辑、合成，如动画片，况且，《伯尔尼公约》第二条第一款指出文学艺术作品包括"以类似摄制电影的方法表现的作品"，我国作为成员国，应尽量作出与公约规定一致的理解，不宜对"摄制"作字面文义的狭义解释。②从涉案游戏制作过程、表现形式来看，其整体以类似摄制电影的方法制作和表现。③从游戏玩家的操作贡献来看，其交互性操作不影响对涉案游戏连续动态画面整体构成类电作品的判断。玩家对游戏画面的智力贡献非常小，对游戏动态画面没有实质性的智力贡献。涉案游戏与传统认知上的电影作品或类电作品相比，确实存在"交互性"差异。但是，著作权法对于类电作品并未排斥交互性。因此，涉案游戏连续动态画面构成了类电作品。至于其中出现的文字片段、美术形象、背景音乐等游戏素材本身可能具有独创性因而构成文字作品、美术作品、音乐作品等，这些作品的作者可以参照类电作品的法律规定而单独使用其享有著作权的作品。需要说明的是，新修订的《著作权法》将电影作品和类电作品改为视听作品。

（2）游戏直播画面是否受著作权法保护？

游戏直播画面是将游戏玩家操作游戏的过程通过终端设备呈现的画面，目的是使公众了解游戏的过程。游戏直播画面是以游戏连续动态画面为基础，既包括游戏运行过程中呈现的游戏连续动态画面，也包括在游戏连续动态画面基础上添加、融合的如主播声音、菜单、弹幕、互动等内容。游戏直播是以游戏连续动态画面为主的内容传播行为。判断游戏直播画面是否受著作权法保护，仍然需要按照作品的三个构成要件来判断，尤其是是否符合独创性要求。如果直播画面主要是被播放的游戏画面，则无疑是对游戏画面的复制；如果直播画面添加了一些元素，如主播边玩边播放时加入声音、弹幕、互动等，添加的元素过于简单，缺乏独创性，则这类游戏直播画面不能成为新的作品；如果直播画面添加了另外一些元素，如主播对游戏画面的生动而富有个性的解说或直播室加入表演节目等，此时的主播画面不仅是游戏连续动态画面，而且还有独创性的表达融入其中，这样的直播画面就是一部新的改编作品，可归入类电作品（新修订《著作权法》的"视听作品"）。该案中，二审法院认定"被诉游戏直播画面以涉案游戏整体画面为主，以主播口头解说为辅。涉案游戏整体画面位于屏幕正中偏左并占据了大部分直播画面，剩下的小部分直播画面展示了文字留言对话框，部分直播画面角落还有小窗口显示主播实时个人图像。"因此，被诉直播画面在已有的游戏连续动态画面基础上添加的元素少、独创性低而不符合作品构成条件，仅是对游戏连续动态画面的传播，不受著作权法保护。

22. 董某某与桂林市犀灵文化传播广告有限公司、李某某侵犯著作权纠纷案❶

【基本案情】

董某某于 2004 年 8 月 12 日利用计算机绘图软件完成了《阳朔旅游示意图》(2004 年版)，2012 年 1 月 18 日董某某将该图向国家版权局申请著作权登记。2011 年，犀灵文化传播广告有限公司（以下简称犀灵公司）和李某某设计并绘画的包括《从阳朔县城出发》旅游示意图在内的《阳朔之旅》由华夏出版社出版发行。董某某 2012 年 12 月 7 日向桂林市叠彩区人民法院起诉称，其创作的《阳朔旅游示意图》(2004 年版) 选取了在阳朔地区有代表性的地理元素，以不统一的比例尺将选取的阳朔地区地理元素绘制在同一个平面载体上，并将阳朔县城相关地理元素压缩变形后加入其中，最终形成了阳朔县城城区与阳朔地区周边主要乡镇、旅游景区的相关地理元素信息在同一版面展现的旅游示意图作品，犀灵公司、李某某设计、绘制的《阳朔之旅》(2011 年版) 中的《从阳朔县城出发》手绘旅游图中"阳朔县城内外道路连接成一个整体"的核心部分抄袭了董某某的作品，犀灵公司、李某某的行为侵犯了董某某对其作品享有的著作权。犀灵公司、李某某辩称阳朔的自然地理、行政区域、旅游线路等地图元素是客观存在的，这些元素属于公有领域的范畴，其表达形式是相似的，任何人均可在自己的作品中绘制，不属于董某某独创部分；《从阳朔县城出发》(2011 年版)"阳朔县城内外道路连接成一个整体"

❶ 桂林市叠彩区人民法院民事判决书（2013）叠民初第 144 号，桂林市中级人民法院民事判决书（2013）桂市民三终字第 189 号，广西壮族自治区高级人民法院民事判决书（2015）桂民提字第 118 号。

是思想范畴，不受著作权法保护。此案经历了一审、二审和再审。

　　将《从阳朔县城出发》（2011 年版）与《阳朔旅游示意图》（2004 年版）进行对比，一审法院桂林市叠彩区人民法院认定的两图的相同或相似之处在于：①两图的制图区域范围、图示、对漓江主流的绘制形态、沿江景点选取、对村寨及主要旅游景点的选取、旅游线路、对阳朔城区与周边各乡镇的连接绘制上基本相同；②阳朔城区内的道路选取及布局、对城区内各主干道、公园、酒店、宾馆、银行、商场、车站、政府机关等地理要素的选取及图示基本相同。再审广西壮族自治区高级人民法院认定的相同为：①两图都是以不统一的比例尺将阳朔县城滨江路与蟠桃路形成的夹角之间的主城区与包括漓江、遇龙河沿江（河）景点在内的阳朔县主要旅游景区以及县城周边乡镇绘制在同一版面上，制图区域范围大致相同；②相比标准测绘地图，标准测绘地图，漓江由北向南、321 国道由西北向东南在阳朔县城形成一个"V"形夹角，而涉案两图则将 321 国道白沙镇至县城这段路线向外（西南方向）拉弯，使 321 国道与漓江之间由"V"形夹角变形为"U"形形状；同时将阳朔县城蟠桃路、抗战路与 321 国道（荆凤路段）之间形成的三角形地带压扁，使蟠桃路与 321 国道（荆凤路段）大部路段呈平行状态。涉案两图将阳朔县城滨江路与蟠桃路形成夹角之间的主城区以不同于周边地区的大比例尺放到 321 国道白沙镇至县城段与漓江之间形成的"U"形底部；③321 国道杨堤路口——普益乡的路段道路及漓江、遇龙河大部分河段的走向、弯度基本相似；④阳朔城区蟠桃路与江滨路形成夹角之间的主城区道路的选取、布局基本一致，政府机关、公园、医院及部分宾馆、酒店的标注大部分相同；⑤《阳朔旅游示意图》（2004 年版）对漓江沿岸有 36 个标注点，有 25 个标注点二图相同。《阳朔旅游示意图》（2004 年版）对遇龙河沿岸有 36 个标注点，有 32 个标注点二图相同；⑥二者有相同的标记错误，二图都将"龙头山码头"和"阳朔码头"中"码头"的英文错误地标注为"Qauy"，正确的应为"Quay"；⑦两图都将漓江下游的一个景点标注为"九马归巢"，而非"九马归槽"。

《从阳朔县城出发》（2011 年版）不同于《阳朔旅游示意图》（2004 年版）的有八处，如色彩不同，各著名景点处插入了山水、人物等水墨绘画而形成一种立体效果，整图呈现近似桃形的构图，多标注 12 条支线道路等。

一审桂林市叠彩区人民法院判定《阳朔旅游示意图》（2004 年版）"将阳朔县城区内的地理面貌与漓江及阳朔县城周边各乡镇直接连接成一体"属于思想范畴，不受著作权法保护，《从阳朔县城出发》（2011 年版）与董某某的作品不构成实质性相似。

二审桂林市中级人民法院判定"将阳朔县城区内的地理面貌与漓江及阳朔县城周边各乡镇直接连接成一体"是创意构思，属于思想范畴。但是，二审法院进一步分析认为，对这种创意采用了"把阳朔地区的地理元素以不统一的比例尺的方法进行了安排和设计，同时把阳朔县城相关地理元素压缩变形后加入其中，将其选取的地理元素绘制在了同一个平面上。董某某的作品是其对阳朔地区自然地理、行政区域、旅游线路的地图元素选择、取舍、安排、设计、综合的结果，具有独创性，依法应受著作权法保护。"李某某的涉案作品与上诉人的作品在整体、组成部分及细节的处理上存在实质性相似。

再审广西壮族自治区高级人民法院判定董某某的作品具有独创性，认为两部作品"在构图上有部分相似，但视觉效果差异明显，在选取地理要素的安排上也有部分相同，而在地理信息表达和个性化标识方面两图差异十分明显。被诉侵权作品《从阳朔县城出发》（2011 年版）整个作品独有的个性表达非常突出，因此尽管两图有局部相似或相同，但个性差异明显，从作品整体上看，不构成实质性相似"。

【争议焦点】

（1）《阳朔旅游示意图》（2004年版）是否构成地图、示意图类图形作品？

一种观点认为《阳朔旅游示意图》（2004年版）是将阳朔城乡客观事物反映在示意图上，著作权法不保护客观事实，因此，该示意图不属于著作权法意义上的作品，也就不属于地图、示意图类图形作品。另一种观点认为《阳朔旅游示意图》（2004年版）虽然标示了阳朔城乡客观事实，但是该图对客观事实的标示有其个性化选择和标示，具有独创性，且反映的是阳朔城乡旅游相关的地理现象和景区位置等，故属于示意图类图形作品。

（2）《从阳朔县城出发》（2011年版）是否与《阳朔旅游示意图》（2004年版）实质性相似？

一种观点认为有的相似处属于思想范畴，有的相似处属于公共领域，两图差异明显，《从阳朔县城出发》（2011年版）具有独创性，因此两图不构成实质性相似。另一种观点认为《阳朔旅游示意图》（2004年版）对属于思想的部分进行了个性化表述和标示，《从阳朔县城出发》（2011年版）在整体、组成部分及细节的处理上都与《阳朔旅游示意图》（2004年版）构成实质性相似。

【案例分析】

（1）《阳朔旅游示意图》（2004年版）是否构成地图、示意图类图形作品？

《著作权法》第三条第（七）项以及《实施条例》第四条第（十二）规定了地图、示意图等图形作品。地图作品是依照一定的数字法则和地理制图原则反映地理现象及空间分布的图形作品；

而示意图作品是为了说明地理现象、内容较复杂的事物原理或结构而绘制的图形作品。地图作品往往按照一定的地理制图规则和比例尺进行绘制，而示意图不需要严格遵循地理制图规则和比例尺规则。该案中的《阳朔旅游示意图》（2004 年版）没有严格按照地理制图规则绘制，属于示意图范畴。地图、示意图因必须反映客观存在的地理现象、位置、空间信息等，绘制者受到的限制比较多，与已有的地图、示意图相比稍有些变化就体现出独创性。董某某在构图时，将以往地图中城乡道路不在同一版块的绘图改变为将阳朔县城内的道路与县城外的道路直接连成一个有机整体，这种将城乡道路连成一个整体并绘制在同一版块上的创意属于思想范畴，不受著作权法保护。如同再审法院所说"将按同一标准比例不可能同时展现在同一制图范围内的地理要素或地理信息，通过不同比例将所需要的地理要素或地理信息'伸缩变形'后，使其同时展现在一定制图范围内的同一版面上，是学过制图知识的人都知道的一种制图方法"。这种制图方法仍属于思想范畴。为达到为旅游者提供旅游路线和旅游信息的目的，绘图中必然涉及地理元素、地理信息及地理元素相互之间的空间位置，这些是客观存在的，属于事实部分，处于公共领域，不是绘制者的独创性表现。但是，笔者认为，董某某在按照城乡结合的构思采用"伸缩变形"的方法以及利用公共地理元素、信息进行创作时，对地理元素、地理信息进行了选择，并对这些地理元素和信息进行了不同于以往地图、示意图的安排，其在标记方面，采用黄色表示建筑物、蓝色为河流、橙色为公路、白色为主城区的街道、红色标注主要景点及重要地点、褐色标注地名，在图形构造方面"其以经过局部拉伸弯曲整体呈弧形的 321 国道与整体近垂直局部为折线的福利镇至草坪乡公路形成一个'U'形而上口略收的整体构图"，经过以上这些选择、安排与处理等，形成了一个不同于以往地图、示意图具有清晰指示功能的示意图，董某某对地理元素、信息的选择、安排、绘图方面的处理以及形成的示意图整体效果具有独创性，其作品构成示意图类图形作品。

（2）《从阳朔县城出发》（2011 年版）是否与《阳朔旅游示意图》（2004 年版）实质性相似？

著作权法没有规定实质性相似的判断方法，司法实践中，实质性相似的判断大多采用的是抽象—过滤—比较以及整体观察法。抽象—过滤—比较法是将两部作品相同部分中的方法、步骤、事实等思想部分抽象出来，然后过滤掉，同时，将属于公有领域的表达去除掉，对剩下的表达进行比较，判断表达的相似部分有多少，有时候根据情况在抽象—过滤—比较之后还会对两部作品在整体方面综合判断相似性。

在一审法院认定的相似部分中，将阳朔城区与周边各乡镇的连接绘制在一个版块属于思想范畴予以过滤掉，区域范围、地理要素、对漓江的绘制形态、沿江景点、阳朔乡镇的村寨、旅游景点、阳朔城区的道路及布局等地理要素或信息是客观事实，城区内各主干道、公园、酒店、宾馆、银行、商场、车站、政府机关等地理位置及空间布局也是事实，都应该过滤掉。但是，对漓江沿江景点的选取、对村寨的选取、对乡镇中景点的选取、对阳朔城区的道路、主干道、公园、酒店、宾馆、银行、商场、车站、政府机关的选取以及旅游线路等都属于表达范畴。其中，阳朔城区的道路、主干道、车站、政府机关等数量少且确定，绘图时选取的空间有限，属于表达的有限，予以过滤。其他地理元素相对较多，绘制者依据自己认为的重要性、可观性等有很大的选择空间，标出哪些景点、公园、宾馆、银行、商场，哪几个不标出，绘制者完全可以选择，旅游线路设计安排的空间也非常大。被诉作品在这些地理元素的选择上以及旅游线路的安排上却与董某某的作品基本相同，应该构成实质性相似。一审法院认为"在制图区域范围、图示、地理要素、对漓江主流的绘制形态、沿江景点的选取、对阳朔乡镇的村、寨、主要旅游景点等地理要素的选取基本相同，但在旅游示意图中，上述地理要素都是客观存在的。"所以，其认定被诉作品的使用是合理的。地图、示意图因是对客观事实的反映，其与以往作品相比很少的一些变化就能体现其独创性，这样的独创性作品是应该保护的。一审法院却把对地理要素的选取笼统地和地理要素一起认定为客观事实，这是不合适的，二审法院纠正了这种认识。一审法院没有细致地按照抽象—过滤—比较方法对两部作品进行比较，而是笼统地比较，从整体观察方法上得出被诉作品在"在绘制风格、版面色彩、配图方面与董某某作品有明显不同"，具有独创性，因此不侵犯董某某的在先作品的著作权。笔者认为，一审法院的整体观察法应用没有问题，但是由此得出被诉作品具有独创性因而不侵权的思考方式存在问题。被诉作品的独创性与其是否侵犯在先作品权利人的著作权没有直接关系，被诉作品如果在在先作品的基础上进行了创新表达，也是有独创性的，但是其部分表达仍然与在先作品存在实质性相似，侵犯的是在先作品著作权人的改编权。判断被诉作品是否侵权重点就是比较其与在先作品是否实质性相似。

再审法院认为，判断两幅反映相同地域范围的旅游示意图作品是否构成实质性相似，应当把作品中公有领域方面的构图元素以及按照客观地理状态对公有领域构图元素进行安排组合得到的图形效果排除在比对之外，从体现作品独创性表达的整体图形效果、地理要素安排、地理信息表达和个性化标识四个方面对比考察其异同。

再审法院认定在构图上有部分相似，但视觉效果差异明显，在选取地理要素的安排上也有部分相同，而在地理信息表达和个性化标识方面两图差异十分明显。被诉侵权作品《从阳朔县城出发》（2011 年版）整个作品独有的个性表达非常突出，因此尽管两图有局部相似或相同，但个性差异明显，从作品整体上看，不构成实质性相似。对于再审法院的认定，笔者认为，有以下几方面值得商榷：①地理要素选择与安排方面，再审法院对地理要素的选择在整个判决书分析中没有提及，在地理要素的安排上强调地理要素安排不是地理要素选择，而仅是对地理要素的空间位置安排。地图、示意图的地理要素的选择恰恰是这类作品体现独创性的一方面，但是再审法院没有提及。在地理要素空间安排方面，再审法院认为"只有明显异于标准测绘地图或已有作品的空间位置安排的才能视为创作者对地理要素的自主安排"。但是，笔者认为，地图、示意图等反映客观事实的作品只要有一点能够被客观识别的变化就既符合了"独"又符合了"创"，具备了最低限度的独创性，不需要与已有的地图、示意图等存在特别明显的不同。再审法院认定的"改变蟠桃路与 321 国道（荆凤路段）大部路段使之呈平行状态"具有独创性，这个绘图与已有道路之间的空间状态相比差别很大，可见，再审法院认定的示意图的"创"要求很高，如果把示意图对地理要素的个性化选择不作为独创性的一个方面，对地理要素的空间安排的独创性要求又非常高，那么，什么样的示意图才能被承认为作品？难道是他人的示意图与此相似才能是实质性相似？如果这样认定，恐怕就没有受著作权法保护的地图、示意图作品了。②个性化标识方面，再审法院对于被诉侵权作品错误之处与董某某的错误一样的解释有些牵强。③在再审法院最后的总结方面，在构图上有部分相似，但视觉效果差异明显，在选取地理要素的安排上也有部分相同，而在地理信息表达和个性化标识方面两图差异十分明显。被诉侵权作品《从阳朔县城出发》（2011 年版）整个作品独有的个性表达非常突出，因此尽管两图有局部相似或相同，但个性差异明显，从作品整体上看，不构成实质性相似。笔者认为，一方面，在构图、选取的地理要素以及被选地理要素安排上在部分相同的情况下，因为被诉侵权作品有其他不同且具有独创性而认定与董某某的作品不实质性相似。这一认识忽视了改编作品，改编作品就是在已有在先作品的表达基础上进行了独创性表达，改编作品一部分表达是与被改编的作品实质性相似的，更何况，被诉侵权作品与董某某作品在地理要素选择与安排方面、个性化标识方面、错误方面都还存在实质性相似部分。另一方面，再审法院认为被诉侵权作品《从阳朔县城出发》（2011 年版）整个作品独有的个性表达非常突出，尽管两图有局部相似或相同，但个性差异明显，从作品整体上看，不构成实质性相似。这种认识实际上强调虽然被诉侵权作品与在先作品有相似或相同处，但是其具有独创性，所以与在先作品不实质性相似。笔者认为，在著作权法中，独创性是判定某智力成果是否是作品的要件，不是侵权抗辩的理由，也不是否定实质性相似的理由，只是影响侵犯哪一种权利的判断。

　　总之，对于反映客观事实的地图、示意图的独创性要求不能太高，否则就没有必要在《著作权法》中规定地图、示意图类作品了。我们既要对有最低限度独创性的地图、示意图进行保护，以激励人们的图形创作，又要把握适度，对于属于事实、受空间限制的表达、公有领域的表达以及无独创性的选择处理等不能予以保护，给予社会公众创作的空间，以促进文化、科学的繁荣。

23. 李某某与北京搜狐互联网信息服务有限公司等侵犯著作权纠纷案❶

【基本案情】

李某某是歌曲《一封家书》词、曲的著作权人，他发现云南俊发公司在其微信公众号"昆明俊发城"中发布了以歌曲《一封家书》为背景制作的视频，用于宣传促进楼盘销售，并在北京搜狐互联网信息服务有限公司的搜狐视频上传播。李某某将云南俊发公司和北京搜狐互联网信息服务有限公司起诉到北京市海淀区人民法院，称被告侵犯了其对歌曲《一封家书》词曲享有的署名权、修改权、保护作品完整权、改编权、信息网络传播权、表演权、摄制权。被告云南俊发公司辩称：（1）"一封家书"是生活一般用语，作品名称不构成侵权；歌词为写信常用语，不是李某某的专有词汇；涉案视频与歌曲《一封家书》创作的时代、背景、传达的情感、曲谱等不同，故涉案视频不构成侵权；（2）云南俊发公司转发涉案视频时间不长，仅9天，影响范围有限，且涉案视频是免费播放，云南俊发公司未获利。北京搜狐互联网信息服务有限公司辩称涉案视频是个人用户上传的，且于2018年1月24日已经被该上传用户删除，其不应该承担侵权责任。

北京市海淀区人民法院将涉案视频《一封家书》与歌曲《一封家书》比对后，认为涉案视频是对歌曲《一封家书》的改编，为改编作品，被告侵犯了李某某就歌曲《一封家书》词曲享有的署名权、改编权和信息网络传播权。

---

❶ 北京市海淀区人民法院民事判决书（2018）京0108民初11116号。

表 1　涉案歌曲对比表

歌曲《一封家书》	涉案视频《一封家书》
亲爱的爸爸妈妈，你们好吗，	亲爱的爸爸妈妈，你们好吗，
现在工作很忙吗，	好像听说那边下雪啦，
身体好吗，	身体好吧，
我现在广州挺好的，	我现在昆明挺好的，
爸爸妈妈不要太牵挂，	爸爸妈妈不要太牵挂，
虽然我很少写信，其实我很想家，	我找了份很好的工作，换了更大的家，我
爸爸每天都上班吗，	买了新的手机给妈妈，
管得不严就不要去了，	让妹妹教你们微信吧，
干了一辈子革命工作，	……
也该歇歇了，	把照片发给你们，
买了一件毛衣给妈妈，	看看吧，
别舍不得穿上吧，	（小时候说谎为了自己，长大了说谎是为
以前儿子不太听话，	了爸妈）。
现在懂事长大了，	亲爱的爸爸妈妈，你们好吗，
哥哥姐姐常回来吧，	最终的测试通过啦，明年就能参加比赛
替我问候他们吧，	啦，……成功的路漫长的等待，
什么活儿就让他们干，	我相信实现的那天它总会来，
自己孩子有什么客气的，	（生活可以平凡，不能没有梦想）。
爸爸妈妈多保重身体，	亲爱的爸爸妈妈，你们好吗，
不要让儿子放心不下，	女儿睡了吗，你们早点睡吧，
今年春节我一定回家，	……
好了就写到这吧，	多想陪在你们身旁，
此致敬礼，此致那个敬礼，	此致敬礼，
此致敬礼，此致那个敬礼，	此致敬礼，
此致敬礼，此致那个敬礼，	此致敬礼，
此致敬礼，此致那个敬礼，	此致敬礼，
此致敬礼，此致那个敬礼，	（我们每天都在赶时间，不如给时间一点
此致敬礼，此致那个敬礼。	时间）
注：时长 03：34	注：时长 05：52

【争议焦点】

视频《一封家书》是原创新作品还是改编作品？

一种观点认为视频《一封家书》的歌词在开头、结尾上虽与歌曲《一封家书》相同或相似，但是这是书信常用语，属于公有领域，歌词其余部分两者不同，所以视频《一封家书》是原创新作品。

另一种观点认为歌曲《一封家书》歌词独创性的重要体现就是将家书形式与歌词结合起来用于音乐的表达，表达出朴素真诚的思乡情怀，而涉案视频歌词亦采用了这种独特表达形式，表达的情感亦相似，且在歌曲《一封家书》歌词基础上作了较大改变，曲谱也在歌曲《一封家书》基础上作了一些改变，并加入说唱部分，因此涉案视频是改编作品。

【案例分析】

《著作权法实施条例》第四条第（三）项规定："音乐作品，是指歌曲、交响乐等能够演唱或者演奏的带词或者不带词的作品。"音乐作品的独创性主要体现在对旋律、音调等音乐要素的表达及其效果方面。生活中，我们听到的音乐作品有的是原创作品，有的是在已有作品基础上的改编作品。依据《著作权法》第十条第（十四）项"改编权，即改变作品，创作出具有独创性的新作品的权利"的规定，可知，改编作品即改变作品，创作的具有独创性的新作品。改编作品往往是在使用已有作品表达的基础上有了创作者的新表达。改编作品不同于复制，改编作品与原作品在一部分表达上存在相同或相似性，同时在表达上又有不同于原作品的一些表达。复制则是在后成果与被复制作品在表达上存在相同或相似，再现了被复制作品。复制存在完全相同、字面相似与非字面相似三种。完全相同是复制成果与被复制作品一模一样；字面相似是在后成果对原作品稍加修改，基本表达没有改变，比较容易判断；非字面相似是结构性的抄袭，字面上看不出一样，但在整体表达上没有变化。非字面相似与改编作品比较难区分，但是只要把握住非字面相似情形的两部作品表达是否相同或相似，改编作品则是一部分表达相同或相似，还有一部分表达不同或不相似。

一首音乐作品独创性体现在：在曲谱方面，音高、音节、音色、节奏、旋律与歌曲的和声等都是可以表达的部分，如节奏的忽快忽慢，跌宕起伏、强弱变换等就是表达的独创性体现；在歌词方面，歌词内容上以文字反映时代或某种情感，表现上真实、真挚，字词上有独特选择和安排，以体现一定的韵调或配合曲谱体现某种情感；在整体效果方面，音乐作品通过词和曲谱的选择与安排展现出引起听者共鸣的效果，这也是音乐作品独创性的表现。音乐作品是复制还是改编，在音乐界存在着"8 小节"相同即是复制这种认识，即如果两部音乐作品在节奏、旋律及和声方面有连续的 8 个小节是相同的即可判定复制，或者主和弦基本相同，主和弦有 60% 的相似也可以认定为复制。但是，这并不是绝对的标准，司法实践中，还有连续 4 小节节奏、旋律等相同，整体效果相同或近似也被认定为复制的。音乐作品的复制需要综合判断。

涉案视频中歌曲《一封家书》在曲谱、歌词与效果方面与歌曲《一封家书》有相同、相似之处，但是又有许多不同。

在曲谱方面，法院认定"起音、落音、骨干音以及旋律均基本相似，歌曲风格、旋律走向亦相似；不同之处体现在整体时长、表演方式、过门旋律不同，部分语句旋律有一定相似之处，但也存在明显差别，且加入了说唱形式"。法院认定中没有发现涉案视频中歌曲存在"8 小节连续"或"4 小节连续"或"主和弦相同，主和弦有 60% 的相似"等情形。但是，笔者认为，涉案视频中的歌曲在曲谱上存在一些与原歌曲相同或相似的表达，同时又有较多新表达。

在歌词方面，"均采用了家书的格式，开头和结尾处部分歌词相同"，"不同之处体现在：在中间叙事部分，歌曲《一封家书》歌词以家常问候为主，涉案视频歌词结合时代背景，分别围绕三个主题讲述了三个故事。"原歌曲在歌词上以家书的方式问候父母，挑选了告知父母自己的状况、关心父母身体、自己不能伺候父母的愧疚等内容以简单的词句进行安排，配合曲谱韵律十足，情感丰富，表达了对父母的思念之情。涉案视频歌词亦采用了家书的表达形式，表达了对父母问候与思念的相同情感，但是，这种表达方式和情感的相同属于思想范畴，并不是表达方面，两部作品在此方面相同，不构成在后涉案歌曲与在先原歌曲的表达相似。法院认为"而涉案视频歌词亦采用了这种独特表达形式，表达的情感亦相似，且在歌曲《一封家书》歌词基础上，……加入了具有独创性的表达内容……形成了新的表达"的表述，暗含着家书表达方式和对父母思念的情感属于表达方面，但是这种认识是有欠缺的。开头、结尾的歌词虽然是常见的家书问候语，但是创作者在安排上有特色，开头以常用问候语"亲爱的爸爸妈妈，你们好吗，现在工作很忙吗，身体好吗"引入告诉父母自己的情况，结尾处虽然是"此致敬礼，此致那个敬礼"常见的结尾语，但是，在安排上采用了反复，使人感觉到游子恋恋不舍、不愿放下写信的笔的样子，这些表达都具有独创性。涉案视频歌曲在开头、结尾的安排上与原歌曲基本相同。但是，中间部分的表达上除了歌词谐音安排相同外，其余与原歌曲不同。另外，涉案歌曲还在开始每一个主题讲述每一个故事之前采用"亲爱的爸爸妈妈，你们好吗"来引导，反复了三遍。以上这些不同是涉案视频歌曲在歌词方面不同于原歌曲的独创性表达，"因此涉案视频歌词是在使用了歌曲《一封家书》歌词独创性表达的基础上，形成了新的表达，构成对歌曲《一封家书》歌词的改编。"法院这一判断正确。

在整体效果上，两首歌曲名称相同，都会唱哭许多在外的游子，使游子的思乡思家之情油然而生，泪水溢满眼眶。

综上，涉案视频歌曲有一部分表达与原歌曲相同或相似，但是又有其新的表达，构成了改编作品。

24. 重庆鸿巨网络科技有限公司与重庆三九互联科技有限公司侵犯作品汇编权纠纷案❶

【基本案情】

重庆鸿巨网络科技有限公司（以下简称鸿巨公司）发现重庆三九互联科技有限公司（以下简称三九公司）审核通过时间为2019年6月21日的网站网页抄袭了自己的网站页面，自己的网页创作完成于2017年6月，于是起诉。被告辩称网站网页的对比本质上是一种操作方法，无法体现作者的智力创作，不符合作品独创性的要求。一审重庆市第五中级人民法院审理后认为原告的网页具有独创性，为汇编作品，但因为原告网页发布时间不明确，不能证明被告有接触的可能，判决被告不侵权。原告不服，提起上诉，二审重庆市高级人民法院维持原判。

【争议焦点】

网页是否具有独创性，能否成为汇编作品？

一种观点认为网页中要素是公共元素，也是操作方法，不具有独创性，不能成为汇编作品。另一种观点认为网页制作需要对

---

❶ 重庆市第五中级人民法院民事判决书（2019）渝05民初1477号，重庆市高级人民法院民事判决书（2020）渝民终468号。

公共元素进行选择、排列，从而编成视觉效果舒服的整体页面，具有独创性，构成著作权法意义的汇编作品。

【案例分析】

网页是否具有独创性，是不是汇编作品，需要根据不同情况依据著作权法进行判断。《著作权法》第十条第一款第（十六）项规定："汇编权，即将作品或者作品的片段通过选择或者编排，汇集成新作品的权利。"网页是由文字作品、图片、视频、导航栏、交互式表单、按钮等作品及不构成作品的元素组成。有的网页采用公共元素，布局简单，缺乏富有特色的编排，则不具有独创性。鸿巨公司的网页首页以淡蓝色和深蓝色作底色，零星的暗几何体嵌在其中。首页页面正中间为白框边的倒正三角形，三角形内从上往下为小字体的鸿巨网络科技有限公司英文名称，中间为大字体的"HONGJU NETWORK"，下面为"鸿巨网络"，网页页面最上端左边为中英文公司简称及其标示，右边为导航栏。整体显示出宁静和谐之美。虽然淡蓝色、深蓝色、几何体等是公共元素，但是网页制作者将挑选的这些公共元素信息进行整合和排列，营造出宁静和谐的视觉感，具有独创性，属于对一些材料的汇编，形成汇编作品。

第五节   不受法律保护的作品

问题与思考

1. 法院判决书受我国著作权法保护吗？
2. 王美翻译的《英国版权法》受我国著作权法保护吗？

3. 国家版权局组织王美、刘敏等专家翻译的《英国版权法》受我国著作权法保护吗？

4. 国家版权局讨论通过的王美、刘敏等专家翻译的《英国版权法》公布，该《英国版权法》（中文版）受我国著作权法保护吗？

5. 新浪新闻中心网页在 2020 年 10 月 8 日刊登了标题为"美国诗人路易丝·格鲁克获得 2020 年诺贝尔文学奖"的新闻，内容为："瑞典文学院 8 日宣布，将 2020 年诺贝尔文学奖授予美国诗人路易丝·格鲁克（Louise Glück）。"另外，还有路易丝·格鲁克个人简介和其诗的特点介绍。这则新闻报道受著作权法保护吗？

典型案例

25. 佛山珠江传媒信息有限公司与乔某某侵犯作品发表权纠纷案❶

【基本案情】

解放军报社的高级记者乔某某发现佛山珠江传媒信息有限公司（以下简称珠江传媒公司）的广佛都市网站在刊载的文字说明为"东风-21 丙常规导弹方队"中的两幅图片、文字说明为"第 8 届中国国际航空航天博览会"上的三幅图片以及其他文字说明的网页中共使用其 74 幅摄影作品，这 74 幅作品为其在工作期间拍摄，配合文字以新闻形式刊登在其所在报社的报纸上。2014 年

---

❶ 广东省佛山市禅城区人民法院民事判决书（2014）佛城法知民初字第 76 号；广东省佛山市中级人民法院民事判决书（2014）佛中法知终字第 93 号。

4月10日，乔某某向法院起诉珠江传媒公司侵犯其著作权。被告珠江传媒公司称其为报道时事新闻而插入了这些照片，况且乔某某拍摄的照片是新闻性图片，属于《中华人民共和国著作权法》第五条第（二）项中规定的"时事新闻"，不受法律保护。

一审广东省佛山市禅城区人民法院认为这些摄影作品具有独创性，不属于新闻部分，受著作权法保护。广东省佛山市中级人民法院认同一审法院的判决。

【争议焦点】

在新闻中使用的照片属于"时事新闻"（新修订的《著作权法》规定为"单纯事实消息"）吗？

被告认为在新闻中使用的照片属于"时事新闻"，原告及该案的审理法院均不认同。

【案例分析】

时事新闻是指单纯的事实消息，是对事件发生时间、地点、人物、起因、经过和结果等客观的记录。因时事新闻内容是客观事实，属于思想范畴，同时也不具有独创性，不受著作权法保护。但是，时事新闻报道中具有独创性的文字或照片仍受著作权法保护。

在我国，摄影作品是单独的一类法定作品。司法实践中摄影作品的独创要求一般是具有最低限度创作性，拍摄者拍摄照片时都有个性化选择的空间，因此在我国，照片几乎都是著作权法保护的作品。即使为报道时事新闻而插入一些摄影作品，插入的目的是使报道的事实更形象，也不能因此而认为新闻报道中的摄影作品属于时事新闻的一部分。因为报道新闻时不插入摄影作品，也一样能够将发生的客观事实报道清楚，摄影作品只是起到锦上添花的作用，除非确属必要。该案中，乔某某拍摄的照片"体现了乔某某对取景、构图、聚焦等摄影创作的智力投入，具有独创性，因此属于著作权法中所述的摄影作品"，即使涉案摄影作品插入时事新闻中，也不能因此否认其独创性。所以，涉案摄影作品不属于时事新闻。另外，《著作权法》第二十二条第一款第（三）项规定，为报道时事新闻，在报纸、期刊、广播电台、电视台等媒体中不可避免地再现或者引用已经发表的作品，可以不经著作权人许可，不向其支付报酬，但应当指明作者姓名、作品名称，并且不得侵犯著作权人依照本法享有的其他权利。这是关于"报道新闻的合理使用"。《著作权法实施条例》第二十一条规定，依照著作权法的有关规定，使用可以不经著作权人许可的已经发表的作品的，不得影响该作品的正常使用，也不得不合理地损害著作权人的合法利益。可见，合理使用需要满足"三步检验法"的三个条件。《著作权法》第二十二条的规定为使用的特殊情形。如果特殊情形不满足，也就不需要考虑其他两个条件。该"新闻报道的合理使用"特别强调"不可避免"，意味着报道新闻如果缺乏在新闻现场出现的某一作品，新闻的内容不完整，使观众没有"身临其境"的感觉，影响了客观信息的报道，此时在新闻报道中使用某一作品，才能是"不可避免"。该案中，摄影作品的使用不是"不可避免"，这些作品不属于新闻现场出现的作品，完全可以不用这些涉案摄影作品，所以，被告使用的涉案摄影作品既不属于新闻事实的一部分，其使用也不符合合理使用规定，属于侵犯著作权的行为。

26. 喀什利文教育装备有限公司、 杨某某与新疆轩艺广告装饰设计有限公司侵犯作品复制权、 发行权纠纷案❶

【基本案情】

杨某某创作完成了"三本一册——学生考勤本""三本一册——教师业务学习本""三本一册——班主任手册""三本一册——教案本",并分别进行了著作权登记。2018 年 2 月 15 日,杨某某将以上四份"三本一册"作品的版权及相关生产、经营权利授权给喀什利文教育装备有限公司(以下简称利文公司)。之后,利文公司发现新疆轩艺广告装饰设计有限公司(以下简称轩艺公司)提供给疏勒县教育局、吉沙县教育与科学技术局的教案本、班主任手册、业务工作学习本、学生考勤本与自己享有著作使用权的"三本一册"一样,遂和杨某某一起起诉到法院,诉称"三本一册"因表格不同功能之间的排序以及独特文字表述而具有独创性,应受著作权法保护,被告侵犯了其复制权、发行权。被告轩艺公司辩称,自己是按照采购方提供的"三本一册"各项"印刷参数"要求制作的"三本一册",原告方的"三本一册"也是按照定作方的参数要求制作的,不具有独创性,不能因为版权登记了就受著作权法保护。

一审新疆维吾尔自治区喀什地区中级人民法院认为"三本一册"不具有独创性,不受著作权法保护。二审新疆维吾尔自治区高级人民法院审理后认定,表格不同功能之间的排序是通用表格排序,不受著作权法保护,"三本一册——教案本"有关"新课程备课基本内容和要求"具有独创性,受著作权法保护,并于

---

❶ 新疆维吾尔自治区喀什地区中级人民法院民事判决书 (2018) 新 31 民初 79 号,新疆维吾尔自治区高级人民法院民事判决书 (2019) 新民终 399 号。

2019 年 11 月 11 日作出了相应判决。

【争议焦点】

按照教育部门同一标准制作的由横线、竖线组成的表格是否属于著作权法保护的范围？

一种观点认为这种表格因功能不同而在排序上能够体现独创性，应受著作权法保护。

另一种观点认为这样的表格属于教育系统通用表格，不应该受到著作权法保护。

【案例分析】

通用表格是某个行业或领域常用的表格，如会计常用的通用报表、个人简历的通用表格等，因其表达唯一或受限，而出现思想与表达的混同，所以《著作权法》第五条第（三）项规定，通用数表、通用表格不受著作权法的保护。该案中，学生考勤本、教师业务学习本、班主任手册、教案本由横线与竖线组成，其中添加如序号、姓名、班级、日期、事项等少量文字说明，这些横竖线和常见文字组成的表格是学校日常管理活动常见的表格，况且，该案中相关教育系统对"三本一册"的技术参数及要求都做了明确约定，涉案被控侵权的"三本一册"都是按照此要求和顺序制作，因此，这种学校日常管理所使用的表格表达受限，属于著作权中的"通用表格"，不具有独创性，不受著作权法保护。

第二章

著作权的内容

第一节　著作人身权

问题与思考

1. 张林与王美既是高中同学又是大学同学，张林喜欢王美，为了向同学和朋友宣传和赞扬王美，将王美刚写完的一篇《秋之韵》散文发到朋友圈和高中、大学同学微信群。张林的行为侵犯王美的著作权吗？如果侵犯，则侵犯了哪些权利？

2. 刘平是摄影爱好者，其挑选了自己拍摄的136张精美风景照和自己写的三篇关于拍摄感悟的文章汇编在一起，交由美好文艺出版社出版。美好文艺出版社如期完成出版，当刘平拿到著作时，发现有38张照片被大幅度裁减。美好文艺出版社的行为侵犯刘平的著作权吗？如果侵犯，则侵犯了哪些权利？

典型案例

27. 张某某与梦想者电影（北京）有限公司等著作权权属案❶

【基本案情】

原告张某某，笔名"天下霸唱"，系我国著名作家，创作了

---

❶ 北京市西城区人民法院民事判决书（2016）京0102民初83号，北京知识产权法院民事判决书（2016）京73民终587号。

《鬼吹灯》系列文字作品（共两部八卷，其中第一部为《鬼吹灯（盗墓者的经历）》，包括《精绝古城》《龙岭迷窟》《云南虫谷》《昆仑神宫》四卷）。原告向北京市西城区人民法院起诉称，被告中国电影股份有限公司、梦想者电影（北京）有限公司和乐视影业（北京）有限公司等通过合同从原告处取得了《鬼吹灯（盗墓者的经历）》除人身权以外的财产权之后，将《鬼吹灯（盗墓者的经历）》中的《鬼吹灯之精绝古城》改编拍摄成电影，并于2015年9月23日以《九层妖塔》之名在全国各大影院上线放映。但是，电影《九层妖塔》没有给原告署名，侵犯了原告的署名权。电影的内容对原著歪曲、篡改严重，在人物设置、故事情节、故事背景等方面均与原著差别巨大，侵犯了原告的保护作品完整权。被告辩称：（1）《九层妖塔》已在片头以"根据《鬼吹灯》小说系列之《精绝古城》改编"方式标注说明了作者身份。（2）根据相关法律，侵犯保护作品完整权应当符合下列要素：使作品丑化、贬损；造成作者人格、尊严及声誉受损。二者应当并存才可以认定侵权。原告的小说并未遭到歪曲、篡改，且原告人格尊严、声誉并没有因电影的公映而遭到损害，故没有侵犯作者的保护作品完整权。

小说《精绝古城》以一本家传的秘书残卷为引，讲述三位当代摸金校尉，为揭开部族消失的千古之谜，利用风水秘术，解读天下大山大川的脉搏，寻找一处处失落在大地深处的龙楼宝殿。电影内容主要改编自小说的第三部分"参军"中的昆仑山经历、第四部分"重逢"及第六部分"考古"。电影在年代设定、主人公身份背景、主人公（胡八一、Shirley杨、王凯旋、陈教授、杨教授等人）名称、基本人物关系设定方面均尊重保留了小说内容，但影片故事主要描述鬼怪、外星势力，而原著写的则是中国古代玄学墓葬文化，二者完全不同。

　　一审北京市西城区人民法院首先认为标明作品名称并不等同于为作者署名，然后对是否侵犯保护作品完整权进行分析。一审法院从使用作品的权限和方式、原著的发表情况及被诉作品的具体类型等方面分析后，认为在判断电影《九层妖塔》是否侵犯原告的保护作品完整权时，不能简单依据电影"是否违背作者在原著中表达的原意"这一标准进行判断，应当以是否损害原著作者的声誉为标准。原告提供的证据不能证明涉案电影的改编、摄制行为损害了小说作者的声誉，因此，电影不构成对原告保护作品完整权的侵犯。一审法院还特别指出，本案在考虑保护作品完整权的边界时，应当结合著作权法的立法宗旨，在充分尊重、维护小说作者人格尊严和声誉的前提下，充分尊重合法改编者的创作自由和电影作品的艺术规律，促进文化的发展与繁荣。

　　一审判决后，原告不服一审法院关于被告没有侵犯原告的保护作品完整权的判决，向北京知识产权法院提起上诉。北京知识产权法院认为判断是否侵犯保护作品完整权，首先要界定我国著作权法关于保护作品完整权的一般规定，再分析改编电影作品在保护作品完整权方面有哪些特殊规定，最后结合本案具体情况判断涉案电影是否对涉案小说构成歪曲、篡改。北京知识产权法院认为依据我国《著作权法》的规定，"作者的名誉、声誉是否受损并不是侵害保护作品完整权的要件"，在获得对原作品改编权的情况下，改编作品所作改动亦应当符合必要限度，如果改动的结果导致作者在原作品中要表达的思想情感被曲解，则这种改动就构成对原作品的歪曲、篡改。北京知识产权法院认定两部作品在创作意图、题材、人物设定、人物性格、人物关系、故事情节等方面都不一样，"涉案小说与涉案电影只有开头昆仑山部分的内容具有一定的相似性，两部作品其余部分的内容除了人名相同以外均是截然不同的"。因此，"涉案电影中改动的部分偏离原作品太远，且对作者在原作品中表达的观点和情感做了本质上的改变，构成对原作品的歪曲、篡改"。

【争议焦点】

该案存在两个焦点问题。

（1）标明作品名称是否等同于为作者署名？

一种观点认为在新作品中标明所用的他人作品名称可以视为为作者署名；另一种观点认为对于使用他人作品的行为，法律将标明作品名称和署名往往并列要求，所以，在新作品上标明所用的他人作品名称不等同于为作者署名。

（2）电影《九层妖塔》的著作权人是否侵犯了《鬼吹灯之精绝古城》作者张某某的保护作品完整权？

一种观点认为由于《九层妖塔》使用了《鬼吹灯之精绝古城》中的人物名字，主题、内容上却完全不同于《鬼吹灯之精绝古城》，是对《鬼吹灯之精绝古城》的歪曲、篡改，侵犯了《鬼吹灯之精绝古城》作者张某某的保护作品完整权。

另一种观点认为《九层妖塔》使用了《鬼吹灯之精绝古城》中的人物名字，虽然主题、内容完全不同于《鬼吹灯之精绝古城》，但不是对《鬼吹灯之精绝古城》的歪曲和篡改，也没有损害该作品作者张某某的声誉，因此《九层妖塔》的著作权人没有侵犯《鬼吹灯之精绝古城》作者张某某的保护作品完整权。

【案例分析】

（1）标明作品名称是否等同于为作者署名？

《著作权法》第十条第一款第（二）项规定："署名权，即表明作者身份，在作品上署名的权利。"新修订的《著作权法》第十三条规定："改编、翻译、注释、整理已有作品而产生的作品，其著作权由改编、翻译、注释、整理人享有，但行使著作权时不得侵犯原作品的著作权。"可见，改编作品的著作权由改编人享有，但是不得侵犯原作品的包括署名权在内的著作权。著作权法对于合理使用、法定许可情形的使用都要求使用者指明被使用作品的作者姓名以及作品名称，那么对于不属于合理使用、法定许可的改编行为，当然也需要指明被改编作品的作者姓名及作品名称。《著作权法实施条例》第十九条也明确规定："使用他人作品的，应当指明作者姓名、作品名称；但是，当事人另有约定或者由于作品使用方式的特性无法指明的除外。"著作权法的这些规定中明确了使用他人作品需要指明两个事项：作者姓名和作品名称，两者是并列关系，不能用标明作品名称代替指明作者姓名，在使用他人作品时标明作品名称不等同于为作者署名。

（2）电影《九层妖塔》是否侵犯了原告张某某的保护作品完整权？

我国是《伯尔尼公约》的成员国，需要遵守公约的规定。《伯尔尼公约》第六条之二第一款规定，不受作者经济权利的影响，甚至在上述经济权利转让之后，作者仍保有要求其作品作者身份的权利，并有权反对对其作品的任何有损其声誉的歪曲、割裂或其他更改，或其他损害行为。此条规定说明作者的这项权利同时包括两个方面：一是客观行为方面，即歪曲、割裂、其他更改、其他损害作者作品的行为发生；二是结果方面，即上述行为使作者的声誉受损。客观行为方面的行为方式是歪曲、割裂、其他更改、其他损害，这些行为都与更改作品相关，破坏了作品的完整性。结果是破坏作品完整的行为必须达到损害了作者的声誉的程度。这两个方面缺一不可，否则不构成侵犯此项权利。《著作权法》第十条第一款第（四）项的规定"保护作品完整权，即保护作品不受歪曲、篡改的权利"便是遵守《伯尔尼公约》的体现。与《伯尔尼公约》比较，我国著作权法的表述删除了"损害了作者声誉"之行为后果的描述和限定，意味着只要"歪曲、篡改了作品"就构成了侵犯作者保护作品完整权，不需要达到损害作者声誉的后果。我国对作者精神权利的保护比《伯尔尼公约》的要求更严格。我国保护作品完整权的构成要件就是"歪曲""篡改"作品这一客观行为，不需要有"损害作者声誉"的结果。"歪曲"和"篡改"意味着是在改变作品过程中的"歪曲"和"篡改"，都是需要改变作品。《著作权法》第十条第一款第（十四）项规定改编权，即改变作品，创作出具有独创性的新作品的权利。改编权所控制的也是改变作品的行为。改变作品到"歪曲""篡改"的程度后，就属于保护作品完整权控制的范围，改变作品没有"歪曲""篡改"则是改编权控制的行为，属于行使改编权。可见，保护作品完整权是以改编为前提的。

电影《九层妖塔》是否侵犯了原告张某某的保护作品完整权？二审法院认为判断改变作品是否"歪曲"和"篡改"，应该坚持单独行为要件，改动是必要的，同时又在一定限度之内。超出必要的限度就是"歪曲""篡改"，就侵犯了保护作品完整权。这是严格按照著作权法关于保护作品完整权的规定和《著作权法实施条例》第十条的规定得出的结论。《著作权法实施条例》第十条规定："著作权人许可他人将其作品摄制成电影作品和以类似摄制电影的方法创作的作品的，视为已同意对其作品进行必要的改动，但是这种改动不得歪曲篡改原作品。"该条强调了将作品改编为电影作品或类电作品（新修订的《著作权法》规定为"视听作品"）时必须遵循的限度，即不得"歪曲""篡改"原作品。二审法院从电影作品对原作品改动的"必要"和"限度"两个方面进行分析，认为必要性有两个方面：一是技术上的，如果不改动就无法拍成电影；二是合法性的，如果不改动就不符合电影审查制度。在限度方面，以小说为例，对其中的核心表达要素如主要人物设定、故事背景、主要情节等进行根本性改动就超出限度。

虽然改动是必要的，但是超出限度的改动就侵犯了原作品作者的保护作品完整权。因该案《九层妖塔》在主要人物设定、故事背景、主要情节等方面与原作品完全不一样，因此侵犯了原作品的保护作品完整权。

一审法院和一些学者对改变作品达到"歪曲""篡改"作品的程度是以"损害作者声誉"为标准。理由是：（1）《伯尔尼公约》规定了改动或歪曲作品以至于"有损作者声誉"的为侵犯保护作品完整权；（2）既要充分尊重、维护小说作者人格尊严和声誉，也要考虑到电影行业上百年的改编历史和电影产业当下的发展现实，应充分尊重合法改编者的创作自由和电影作品的艺术规律，促进文化的发展与繁荣，满足社会公众的多元化文化需求。基于这些理由，一审法院认为不能简单依据电影"是否违背作者在原著中表达的原意"这一标准进行判断，而重点应判定《九层妖塔》是否"损害了作者声誉"。"损害声誉"如何判断，这是一个比较具有主观性的问题。一审法院认为，"关于涉案电影是否损害了原著作者的声誉，应当结合具体作品，参照一般公众的评价进行具体分析"。而原告提供的观众的证据主要是对涉案电影的评价，不影响原告的声誉。涉案电影的改编、摄制行为并未损害原著作者的声誉，不构成对张某某保护作品完整权的侵犯。

一审、二审法院之所以出现同案不同判，关键在于对改变作品到什么程度就是"歪曲""篡改"的认识不同。两份判决的认识都有道理，但是两份判决都忽略了一个问题，即《九层妖塔》没有对原作品进行改变。《九层妖塔》只有一些人物名称与原作品相同，也有探险、人碰到动物后自燃，但是具体情节和安排上都不相同；原作品是盗墓小说，内容全都与盗墓相关，而《九层妖塔》只有"杨教授在昆仑山遇险后不知怎么掉到古墓里"这句话和"羿王子保护此族后裔而死的人的古墓"出现的一点情节与墓有关，此外再没有与古墓有关的情节或内容。张某某与二审法院都认定两部作品在创作意图、题材、主题、时代背景、人物设定、人物性格、人物关系、故事情节等方面不一样，可见，《九层妖塔》只是借鉴了原作品的人物名称以及探险、自燃的人、墓这样的观念，并没有改变作品，也就谈不上"歪曲"和"篡改"了作品。《九层妖塔》著作权人的这种创作行为并不会挤占原作者的创作空间，一味加以禁止，反而不利于文学创作的自由和繁荣。

另外，互联网上许多看过原作的"粉丝"说，《九层妖塔》的导演可能连原著都没有看完，导演可能完全是自己编的影片，影片与原著没有任何关系。正如一审法院所认为的，"这些评论批评的对象明确指向涉案电影，而不是涉案小说"。网上批评《九层妖塔》的人是原著迷。由于《九层妖塔》宣传时说是原小说的改编，原作品"粉丝"抱着看电影版的原著的心理去观看电影，却发现与原著完全不一样，非常失望。很多没有看原著而仅仅看了电影《九层妖塔》的观众就觉得电影很好。所以，《九层妖塔》不存在"歪曲""篡改"原小说的情形，与原小说没有关系，是新创作，对《九层妖塔》的批评也没有损害原作品作者张某某的声誉。

既然《九层妖塔》是新作品，与原作品没有关系，没有改变原作品，也就不存在侵犯原作品作者的署名权和保护作品完整权问题了。

第二节　著作财产权

问题与思考

1. 以下属于复制行为的有：

A. 甲未经许可公开演唱王丽的歌曲

B. 乙将甲的演唱录制下来

C. 按某一建筑设计图、产品设计图进行建造、制造

D. 将雕塑拍成照片

2. 某出版社在和甲约定的出版 1 万册书售完后，又出版 3 千册销售给乙书店，后被甲发现，甲诉称出版社和乙侵权，出版社和乙侵权吗？

3. 张明作为批发商在某出版社购买大量书籍后未经书籍著作权人许可销售这些书籍，张明是否侵权？

4. 批发商购买盗版书籍销售是否侵权？李林若购买了 5 本盗版书籍，再转手卖给他的同学，他的行为是否侵权？

5. 王美家住在街道边的一楼，王美在家播放了凤凰传奇的专辑，路人都能听到，有的路人还驻足倾听，那么，王美的播放行为是否侵犯凤凰传奇的表演权？

6. 商场播放背景音乐是否侵权？侵犯谁的权利？侵犯什么权利？

7. 某大学在学生活动中心播放从电脑上下载的电影《白鹿原》的行为是否侵权？如果侵权，侵犯的是谁的什么权利？

8. 张平平在自己的"平平法律咨询"微信公众号上发布了一

篇王迁老师的《论汇编作品的著作权保护》文章，张平平的行为是否侵犯王迁老师的权利？如果侵犯，侵犯的是什么权利？

典型案例

28. 乐玩新大地（北京）科技有限公司与金刚时代文化传播（北京）有限公司等侵犯著作权及不正当竞争纠纷案❶

【基本案情】

经日本 SNK 公司授权，原告乐玩新大地（北京）科技有限公司（以下简称乐玩公司）享有《拳皇》97 版和 98 版游戏（以下简称涉案游戏）以及涉案游戏的人物角色等在中国大陆地区的相关著作权及以自己的名义依法维权的权利。原告发现，被告金刚时代文化传播（北京）有限公司（以下简称金刚时代公司）、被告北京威驰克国际数码科技有限公司（以下简称威驰克公司）、被告上海湃拉影视文化传媒工作室（以下简称湃拉工作室）未经许可，在制作、发行的电影《三流女侠》（以下简称涉案电影）中使用了涉案游戏的经典人物形象"不知火舞""蔡宝奇""陈国汉""二阶堂红丸"，于是，以被告侵犯了乐玩公司享有的复制权、改编权、摄制权及信息网络传播权为由起诉到北京市海淀区人民法院。被告辩称，乐玩公司主张的角色形象作品不属于我国著作权法保护的范畴，涉案电影中的人物形象与乐玩公司主张的游戏角色形象不仅存在明显差异，且权利的载体和媒介亦完全不同，不存在侵权的前提。北京市海淀区人民法院于 2020 年 6 月 1

---

❶ 北京海淀区法院民事判决书（2018）京 0108 民初 64742 号。

日审理后认定涉案游戏的人物角色形象属于著作权法保护的美术作品，涉案电影中的人物形象与涉案游戏中的角色形象存在实质性相似，侵犯了涉案游戏权利人的摄制权、信息网络传播权，没有侵犯改编权，因摄制权、信息网络传播权中已经涵盖了复制行为并足以进行规制，无须再行适用复制权这一规制一般复制行为的权项对此进行评判。

【争议焦点】

被告摄制、发行使用了涉案游戏人物角色形象的涉案电影行为是否侵犯了原告的复制权、改编权、摄制权及信息网络传播权？

一种观点认为被告摄制、发行使用了涉案游戏人物角色形象的涉案电影行为侵犯了原告的复制权、改编权、摄制权及信息网络传播权；另一种观点认为被告侵犯原告的摄制权和信息网络传播权，复制权已经被摄制权和信息网络传播权涵盖。

【案例分析】

按照判断著作权侵权的步骤，其中一步是确定原告的作品是否受著作权法保护，该案就是判断涉案游戏人物角色形象是否受著作权法保护。涉案游戏的四个角色形象都是以线条和色彩搭配而成的各具特色的游戏角色形象，每个角色有着各自不同的容貌、身材、发型、神情、饰品及风格迥异的服饰，不同于日常的人物或角色形象，具有鲜明的个性化特色，是典型的平面造型艺术，具有一定的审美意义和独创性，属于著作权法保护的美术作品。

复制权不同于改编权，复制权控制的是对作品表达物质载体的持久再现，复制后成果中没有新的独创性表达。复制包括精确复制和非精确复制。精确复制是指对原作品未作任何改变，一模一样地在物质载体上再现原作品；非精确复制是指对原作品有一些改变，但是该改变没有发展为不同于原作品表达的新表达，仍然是将原作品的实质性表达再现在载体上。改编权控制的是对作品的改变，改变后的新作品中包含着新的独创性表达，同时还有被改编作品的一部分表达。在涉及侵犯复制权和改编权时，往往只会涉及其中一个权利，要么侵犯复制权，要么侵犯改编权，不会出现同时侵犯复制权和改编权的情况。另外，如果被告不但复制，还将复制的成果进行后续使用，往往有些后续的使用行为已经包含了复制，在此种情况下，法院只需确定被告的行为侵犯后一种权利即可。但是，后续的使用行为涵盖不了改编，如果被告未经许可改编了作品并且使用了改编作品，则既侵犯了原作品作者的改编权又可能侵犯其他权利。被告的行为是否侵犯原告的复制权或者改编权，法院按照是否实质性相似的判断方法进行判断，先要将涉案侵权作品与原告在先作品进行比较，将原告作品中属于思想、公有领域表达等抽象过滤，仅对剩余的表达相似方面进行比较。该案中，法院经过比较，认定涉案电影中人物无论是整体造型、色彩搭配等视觉效果，还是诸多局部细节特征，均与涉案游戏角色形象具有高度相似性。尽管涉案电影人物与涉案游戏角色在个别细节方面有所不同，但这些不同是少量的、非实质性的差异，并不能形成具有独创性的新表达，涉案电影的人物形象再现了涉案游戏作为美术作品的独创性表达，与涉案游戏角色形象在整体上构成实质性相似。也就是说，涉案电影的人物形象不是对涉案游戏角色形象的改编，而是复制，被告侵犯了原告的复制权，没有侵犯改编权。但是，由于被告以摄制电影的方法将原告享有权利的游戏角色形象固定在了相应载体上，构成了对摄制权的侵犯。涉案电影在爱奇艺网站上传播，"必然使其中所包含的涉案游戏中的四个角色形象一同被以有线或者无线方式向公众提供，使公众可以在其个人选定的时间和地点获得，故构成对信息网络传播权的侵害。"由于摄制权和信息网络传播权所控制的"摄制""在网络上上传、用户下载"都是复制的方式，这两种权利已经涵盖了复制权，所以，法院仅判定被告侵犯原告的摄制权和信息网络传播权，无须再判侵犯复制权。

29. 北京四月星空网络技术有限公司、 天津仙山文化传播有限公司与上海美术电影制片厂有限公司等著作权权属案❶

【基本案情】

上海美术电影制片厂有限公司（以下简称美影厂）在 1986—1987 年创作完成《葫芦兄弟》动画片第一集至第十三集的内容，并先后通过电视台播出和在电影院公映。美影厂自 2012—2017 年因与他人发生纠纷，先后通过诉讼确认了葫芦娃、蛇精、爷爷等 10 个动漫角色美术作品著作权归其所有。❷ 美影厂发现在搜狐、腾讯等平台上播放的动画片《十万个冷笑话》（第一季）中的《福禄·篇》与《葫芦兄弟》动画片的故事脉络中的开端、发展相似，《福禄·篇》中的六个福禄娃、爷爷、穿山甲、蛇精、蛤蟆精动漫形象也与《葫芦兄弟》对应的动漫形象相同或相似，于是，将《十万个冷笑话》（第一季）著作权人北京四月星空网络技术有限公司（以下简称四月星空公司）、使用人天津仙山文化传播有限公司（以下简称仙山公司）、播放平台搜狐公司起诉到上海市杨浦区人民法院，诉称被告侵犯其对动画片《葫芦兄弟》及其 10 个动漫角色的著作权。被告辩称福禄娃和葫芦娃不构成实

---

❶ 上海市杨浦区人民法院民事判决书（2018）沪 0110 民初 11985 号，上海知识产权法院民事判决书（2019）沪 73 民终 391 号。

❷ 上海市第二中级人民法院（2011）沪二中民五（知）终字第 62 号民事判决书终审认定："葫芦娃"动漫角色美术作品属于美影厂，2015 年 5 月 19 日，湖南省长沙市中级人民法院（2014）长中民五初字第 00375 号民事判决书认定：美影厂享有《葫芦兄弟》动画片中蛇精动漫角色美术作品著作权。2017 年 11 月 23 日，广东省广州市南沙区人民法院（2017）粤 0115 民初 4026 号民事判决书认定：美影厂公司是《葫芦兄弟》动画片中蛇精、爷爷动漫角色美术作品的著作权人。

质性相似，双方作品较少的相似部分仅为葫芦冠及葫芦叶样式、坎肩肩部设计、葫芦叶围裙叶片样式、配色，这些单独的要素或这些要素组合过于简单，并不具有独创性，为公有领域的元素；动画片《福禄·篇》前序部分使用《葫芦兄弟》的内容，是为了介绍评论某一作品或者说明某一问题，《福禄·篇》与《葫芦兄弟》的动画角色技能、人物关系、故事脉络及情节等均存在区别，两者的风格、受众群体、价值观完全不同，也不构成实质性相似，未侵害美影厂著作权。

上海市杨浦区人民法院审理后认定《福禄·篇》中爷爷、穿山甲、蛇精、蛤蟆精动漫形象侵犯了美影厂对《葫芦兄弟》动画片中相应动漫角色形象的复制权，六个福禄娃动漫形象侵犯了美影厂对六个葫芦娃动漫角色美术作品享有的改编权，《福禄·篇》侵犯了美影厂对《葫芦兄弟》动画片享有的复制权、改编权、保护作品完整权、信息网络传播权。被告不服，向上海知识产权法院提起上诉，上海知识产权法院于 2020 年 8 月 25 日审理后判决驳回上诉、维持原判。

【争议焦点】

《福禄·篇》是否侵犯《葫芦兄弟》动画片及其中 10 个动漫角色的复制权、改编权、信息网络传播权和保护作品完整权？

一种观点认为《福禄·篇》的 10 个动漫角色只有少数要素与《葫芦兄弟》对应角色相似，但是这些单独的要素或这些要素组合过于简单，并不具有独创性，为公有领域的元素，而《福禄·篇》动画片除开头与《葫芦兄弟》相同外，其余都不同，而开头相同是合理使用，因此，都不构成实质性相似，没有侵犯《葫芦兄弟》著作权人的复制权或改编权，当然也就不存在侵犯其信息网络传播和保护作品完整权。

另一种观点认为《福禄·篇》六个福禄娃动漫角色是对六个

葫芦娃的改编，其余角色是复制了《葫芦兄弟》对应角色，动画片《福禄·篇》是对《葫芦兄弟》的改编，侵犯了权利人的改编权、信息网络传播权和保护作品完整权。

【案例分析】

（1）《福禄·篇》中爷爷、穿山甲、蛇精、蛤蟆精动漫形象是否侵害了美影厂对《葫芦兄弟》动画片中相应动漫角色形象的复制权？

《著作权法》第十条第一款第（五）项规定："复制权，即以印刷、复印、拓印、录音、录像、翻录、翻拍等方式将作品制作一份或者多份的权利。"（新修订的《著作权法》在"翻拍"之后增加了"数字化"）复制权控制的是将作品持久地再现在物质载体上的行为。复制有精确复制和非精确复制。精确复制是一模一样再现原作品，非精确复制是改变原作品，但是改变的结果与原作品之间不存在明显的差异或差异达不到"创"的要求。一审法院通过比对后认定，"除颜色的区别外，《福禄·篇》与《葫芦兄弟》动画片中的爷爷动漫形象除了眉毛、络腮胡、发髻、上衣设计的线条略有区别外，其余的线条和构图基本一致；穿山甲动漫形象除了身上鳞片的形状外，其余的线条和构图基本无差别；蛇精动漫形象除了头发上的配饰、衣着腰封前面的细节、蛇鳞的形状外，其他线条和构图基本相同；而蛤蟆精动漫形象除了眼睛、手、三叉戟的线条稍有区别外，其余的线条和构图基本一致"，这些角色与《葫芦兄弟》对应角色的差别非常细微，没有形成具有独创性的新表达，同时，《福禄·篇》前序部分及相应角色"不是为了介绍、评论《葫芦兄弟》或者说明某一问题，而是为了使观众将《福禄·篇》与《葫芦兄弟》产生联系"，不是合理使用，因此，《福禄·篇》中爷爷、穿山甲、蛇精、蛤蟆精动漫形象复制了《葫芦兄弟》相应动漫角色形象，侵犯了美影厂对《葫芦兄弟》动画片中相应动漫角色形象的复制权。

（2）六个福禄娃动漫形象是否侵犯了美影厂对六个葫芦娃动漫角色美术作品享有的改编权？

改编权控制的是对作品改变而形成新作品的行为。改变他人作品如果在改变后的成果中既有被改变作品的表达又有改编者自己的新的表达，则该改编成果为新作品，即改编作品。如果改变后的成果只是对被改编的作品作较少改变，改变的结果与被改编作品之间不存在明显的差异或差异达不到"创"的要求，则该改变的成果是被改变作品的复制件，如上述《福禄·篇》中爷爷、穿山甲、蛇精、蛤蟆精动漫形象对《葫芦兄弟》对应形象的改变。

该案中，《福禄·篇》中的六个福禄娃动漫形象与《葫芦兄弟》动画片中六个葫芦娃动漫角色形象区别在于：①头身比例、脸型（大娃为头部轮廓）、肌肉线条、发型设计、头发颜色；②包括眉毛、眼睛、鼻子、嘴巴、耳朵的五官方面；③六个福禄娃为偏动漫风格的少年形象，而六个葫芦娃偏儿童形象。以上这些都是身体方面的不同。两者相似之处"在于头顶葫芦冠、身穿坎肩短裤、腰围葫芦叶围裙和赤脚的设计，以及六个形象的葫芦冠、坎肩、短裤颜色以赤、橙、黄、绿、青、紫加以区分的颜色选择，但两者在葫芦冠及葫芦叶样式、坎肩肩部设计、葫芦叶围裙叶片样式、颜色深浅上略有不同"。这些相似之处主要是服饰方面的相似。二审法院认为："动漫形象服饰的主要功能是装饰作用，同时也体现了作者的审美。作者可以通过服饰表现该动漫形象所处时代、身份、社会地位、生活习惯、性格等。"被告辩称上述相似之处来源于公有领域，但对上述元素的选择与结合，以及通过线条和颜色赋予上述元素的具体表现形式，则属于表达的范畴。六个葫芦娃的服饰及组合而成的葫芦娃整体具有独创性，受著作权法保护。六个福禄娃形象与六个葫芦娃除身体部分不同外，在服饰方面构成实质性相似。因此，六个福禄娃动漫形象是对六个葫芦娃的改编，被诉侵权人侵犯了美影厂对六个葫芦娃动漫角色美术作品享有的改编权。

（3）《福禄·篇》是否侵犯了美影厂对《葫芦兄弟》动画片享有的复制权、改编权？

《福禄·篇》在前序部分有选择性地缩略重现《葫芦兄弟》，"不是为了介绍、评论《葫芦兄弟》或者说明某一问题，而是为了使观众将《福禄·篇》与《葫芦兄弟》产生联系"，因此，侵犯了美影厂的复制权。在正片部分，在人物及人物关系、主角人物技能方面、与主线人物交织的故事脉络、七兄弟解救爷爷的高潮情节展开等方面，两者非常相似，只是在其中有些人物关系、少数情节、打败蛇精的设计方面不同，在结局方面《福禄·篇》不同于《葫芦兄弟》。另外，一审法院结合中国版权保护中心出具的鉴定报告"《福禄·篇》与《葫芦兄弟》动画片相似的 8 个桥段，占《福禄·篇》总桥段数的 26.7%，已占到一定比例"以及《福禄·篇》前序用了《葫芦兄弟》片段后的旁白、编剧的说明、观众对于原作品与被控侵权作品之间的相似性感知及欣赏体验等综合认定，《福禄·篇》与《葫芦兄弟》动画片的整体情节具有创作来源关系，构成对《葫芦兄弟》动画片的改编，侵犯了美影厂公司的改编权。

（4）《福禄·篇》是否侵犯了美影厂对《葫芦兄弟》动画片享有的保护作品完整权？

在前述《九层妖塔》案中，我们已经总结了我国司法实践中对于保护作品完整权构成的两种认识：一种是单一行为要件，即只要改变作品时"歪曲""篡改"作品就构成侵犯保护作品完整权；另一种是行为 + 后果要件，即一方面有"歪曲""篡改"作品行为，另一方面这样的行为致使作者声誉受损。如果严格从字面解释出发，著作权法关于保护作品完整权，即保护作品不受歪曲、篡改的权利的规定表明，改变作品时"歪曲"或"篡改"了作品就侵犯保护作品完整权。正如一审法院对保护作品完整权的认识，"判断对作品的修改是否侵犯了保护作品完整权的关键在于认定这种修改是否达到了歪曲、篡改作品的程度，是否实质性地改变了作者在作品中原本要表达的思想和感情"。

该案中的两部作品所表达的思想和感情具有较大差异。《葫芦兄弟》动画片呈现的是机智、勇敢、善良、正直的葫芦娃战胜妖精的感人故事，向观众传递了兄弟的情谊及合作的力量，弘扬的是正义终将战胜邪恶的精神，是一部引导人们追求正义、一心向善的动画片。而在《葫芦兄弟》基础上改编而成的《福禄·篇》呈现的是福禄娃骄傲自大，最终因过于自信或内讧而失败，七兄弟被蛇精合体成为福禄小金刚与蛇精在一起的具有讽刺意味的故事，属娱乐搞笑片。"《福禄·篇》的改编已经达到了歪曲、篡改《葫芦兄弟》动画片的程度，实质性地改变了美影厂公司在《葫芦兄弟》动画片中原本要表达的思想和感情，侵犯了美影厂公司的保护作品完整权。"

（5）《福禄·篇》是否侵犯了美影厂对《葫芦兄弟》动画片享有的信息网络传播权？

《著作权法》第十二条（新修订的《著作权法》第十三条）规定，改编、翻译、注释、整理已有作品而产生的作品，其著作权由改编、翻译、注释、整理人享有，但行使著作权时不得侵犯原作品的著作权。未经许可改编他人作品，如果形成新的改编作品，改编人对该改编作品享有著作权，但是，因改编作品中包含原作品的表达，使用改编作品也就意味着同时使用原作品，所以改编人行使著作权时需要取得原作品的同意。如果未经原作品著作权人的同意，使用改编作品，也就侵犯了原作品的著作权。该案中，《福禄言·篇》先后上传到搜狐、腾讯等视频网站上，公众可以在自己选定的时间和地点观看《福禄·篇》及其中的 10 个系争动漫形象。虽然被诉侵权人四月星空公司、仙山公司已经许可了上述网络传播行为，但由于《福禄·篇》是对《葫芦兄弟》动画片的改编，以及《福禄·篇》中 10 个系争动漫形象分别是对《葫芦兄弟》动画片中 10 个对应动漫角色形象的复制和改编，所以，对《福禄·篇》的网络传播也应当取得《葫芦兄弟》著作权人美影厂的许可。但是，《福禄·篇》的播放并未取得美影厂公司许可，故《福禄·篇》及其中的 10 个系争动漫形象在网络中的传播侵犯了美影厂的信息网络传播权。

30. 应急管理出版社有限公司与傅敏、 合肥三原图书出版服务有限公司等著作权权属、 侵权纠纷案❶

【基本案情】

傅雷于 1966 年 9 月 3 日去世，其儿子傅敏继承了其所有著译版权。译林出版社于 2016 年 6 月出版的《傅雷家书》（新课标本），编者为傅敏，书中有傅雷先生家书、多幅珍贵照片、楼适夷初版代序、傅敏哥哥傅聪家信及金圣华中译英法文信件。江苏文艺出版社于 2014 年 5 月出版《傅雷家书全编》（1954—1966），编者傅敏，该书包括由楼适夷先生撰写的代序"读家书，想傅雷"，由金圣华先生对家书中外文译注和英、法文信翻译。自 2017 年始，合肥三原图书出版服务有限公司（以下简称三原公司）独家享有了《傅雷家书》系列图书、楼适夷发表的傅雷家书代序"读家书，想傅雷"以及金圣华发表的傅雷家书中英文、法文信全部

---

❶ 江苏省宿迁市中级人民法院民事判决书（2018）苏 13 民初 291 号，江苏省高级人民法院民事判决书（2019）苏民终 955 号。

译文的著作权。应急管理出版社有限公司（曾用名煤炭工业出版社，简称煤炭出版社）于 2017 年 7 月出版《傅雷家书》（新课标·新阅读教育部推荐读物）（以下简称煤炭出版社版《傅雷家书》），傅雷著，李晨森编。该书收录了 1954—1966 年傅雷与家人之间的书信、楼适夷发表的《读家书，想傅雷》及金圣华翻译的傅雷家人书信中的英文、法文信译文，收录的书信在不同程度上对傅雷家人之间的书信内容进行了删减。傅敏起诉称煤炭出版社侵犯了傅雷对其作品的修改权，三原公司起诉称煤炭出版社侵犯了其对《傅雷家书》的发行权。

一审江苏省宿迁市中级人民法院审理后认定，煤炭出版社未经授权在其出版的图书中对傅雷的书信原文进行了一定程度的删减，破坏了书信原文的完整性，一定程度上影响了书信原文所要表达的内容和情感，属于著作权法意义上的修改，其行为侵犯了傅雷对其作品的修改权。煤炭出版社未经允许在其出版的涉案图书中使用了《读家书，想傅雷》的内容及傅雷家书中英文、法文信译文的部分内容，构成了对三原公司的复制权和发行权的侵犯。被告不服，提起上诉，二审江苏省高级人民法院于 2020 年 5 月 6 日审理后判定，煤炭出版社未侵犯傅雷对其作品的修改权，但侵犯了三原公司的发行权。

【争议焦点】

（1）煤炭出版社是侵犯傅雷对其作品的修改权，还是汇编作品？

一种观点认为煤炭出版社对傅雷家书的删减侵犯了傅雷对其作品的修改权；另一种观点认为这种删减没有对文字作修改，没有破坏书信要表达的内容和情感，是汇编作品，没有侵犯修改权。

（2）煤炭出版社是否侵犯了三原公司的发行权？

一种观点认为《傅雷家书》已经出版发行了，发行后的家信的发行权穷竭，煤炭出版社对该特定家信再次发行，不侵犯三原公司的发行权；另一种观点认为煤炭出版社没有取得三原公司授权而发行《读家书，想傅雷》及傅雷家书中英文、法文信译文，构成了对三原公司发行权的侵犯。

【案例分析】

（1）煤炭出版社是侵犯傅雷对其作品的修改权，还是汇编作品权？

《著作权法》第十条第一款第（三）项规定，"修改权，即修改或者授权他人修改作品的权利"。"修改"，根据《现代汉语词典》的解释，即改正文章、计划等里面的错误、缺点。❶ 可见，修改是对被改作品的错误、缺点的改正。该案中的煤炭出版社只是节选了傅雷家信中的一些内容、片段，没有对家信的内容进行文字、用语上的改正，没有侵犯傅雷对其作品的修改权。煤炭出版社对已经超过保护期的傅雷家信进行节选并将所筛选的内容编在一起，这是汇编权控制的行为。《著作权法》第十条第一款第（十六）项规定："汇编权，即将作品或者作品的片段通过选择或者编排，汇集成新作品的权利。"第十四条（新修订的《著作权法》第十五条）规定"汇编若干作品、作品的片段或者不构成作品的数据或者其他材料，对其内容的选择或者编排体现独创性的作品，为汇编作品，其著作权由汇编人享有，但行使著作权时，不得侵犯原作品的著作权"。煤炭出版社的行为对傅雷家信中的内容有的完整选取，有的选取片段，然后把选取的家信和家信的片段编排在一起，形成了汇编作品。由于傅雷家信已经超过保护期，所以可以不经过傅雷家信的著作权人三原公司的许可。

---

❶ 中国社科院语言研究所词典编辑室编.现代汉语词典（2002年增补本）[M].北京：商务印书馆，2002：1416.

（2）煤炭出版社是否侵犯了三原公司的发行权？

《著作权法》第十条第一款第（六）项规定："发行权，即以出售或者赠与方式向公众提供作品的原件或者复制件的权利。"发行权制度中存在着发行权穷竭的原则，我国著作权法律制度中虽然没有规定该原则，但是实践中一直在运用此原则。发行权穷竭是指著作权人将作品原件或复制件首次售出或赠与后，合法获得该特定作品原件或复制件的所有权人可以不经过著作权人许可将其再次出售或赠与。发行权穷竭必须包括两个要件：一是该作品原件或复制件必须是合法制作的；二是对该作品原件或合法制作的复制件的销售或赠与经过了著作权人许可或依照了法律规定。这两个要件缺一不可。该案中，煤炭出版社版《傅雷家书》不仅编入了傅雷家信，还编入了《读家书，想傅雷》及傅雷家书中英文、法文信译文。傅雷家信的著作财产权超过了保护期，其已经进入公有领域，任何人都可以对其进行复制、汇编、发行等。但是，三原公司拥有著作权的《傅雷家书》中的《读家书，想傅雷》及傅雷家书中英文、法文信译文《傅雷家书》都在保护期内，三原公司对其享有著作权。煤炭出版社版《傅雷家书》将《读家书，想傅雷》及傅雷家书中英文、法文信译文编入的行为侵犯了三原公司的复制权。煤炭出版社版《傅雷家书》中《读家书，想傅雷》及傅雷家书中英文、法文信译文是非法复制件。虽然三原公司享有著作权的《傅雷家书》已经出版了，但是，煤炭出版社销售的《傅雷家书》中《读家书，想傅雷》及傅雷家书中英文、法文信译文不是合法购得的合法复制件，而是销售的自己制作的非法复制件，不符合发行权穷竭构成条件，因此侵犯了三原公司对《读家书，想傅雷》及傅雷家书中英文、法文信译文享有的发行权。

31. 中国音乐著作权协会、湖南广播电视台广播传媒中心著作权权属、侵权纠纷案❶

【基本案情】

歌曲《爱一个人好难》的词曲作者为季忠平，季忠平授权台湾中华音乐著作权中介协会管理其音乐作品。中华音乐著作权中介协会将自己数据库中的所有音乐作品转授给中国音乐著作权协会（以下简称音著协）。湖南广播电视台广播传媒中心（以下简称广电传媒）在其芒果广播网直播栏目中"乐田1069"节目播放的音乐中有季忠平的歌曲《爱一个人好难》，芒果广播网是广电传媒下属的官方门户网站，专门推介广电传媒所有的广播频率，设有活动、主持人、直播、点播等多个栏目。音著协向长沙市中级人民法院起诉称广电传媒使用涉案歌曲的行为侵犯了涉案歌曲作者的广播权，其作为涉案歌曲的集体管理权利人，主张保护涉案歌曲的广播权。

长沙市中级人民法院认为，在原告只主张被告侵犯其管理的涉案音乐作品作者的广播权情况下，广电传媒在其芒果广播网播放涉案歌曲，该播放网络不属于以无线方式公开广播或者传播作品，尤其是在著作权法已经对信息网络传播权有明确规定的情况下，被告没有侵犯原告管理的涉案歌曲的改编权。音著协不服，上诉至湖南省高级人民法院。该法院于2019年5月28日作出终审判决，广电传媒侵犯音著协管理的涉案作品的广播权。

【争议焦点】

广电传媒的行为是否侵犯了音著协所管理的涉案歌曲的广

---

❶ 长沙市中级人民法院民事判决书（2017）湘01民初4421号，湖南省高级人民法院民事判决书（2019）湘知民终122号。

播权？

一种观点认为广电传媒的播放方式不是无线方式，不符合《著作权法》对广播权的规定，因此，广电传媒没有侵犯涉案歌曲的广播权。

另一种观点认为广电传媒的播放方式是与电视台同步直播，是传统广播的延伸，因此，广电传媒侵犯涉案歌曲的广播权。

【案例分析】

《著作权法》第十条第一款第（十一）项规定："广播权是以无线方式公开广播或者传播作品，以有线传播或者转播的方式向公众传播广播的作品，以及通过扩音器或者其他传送符号、声音、图像的类似工具向公众传播广播的作品的权利。"（新修订的《著作权法》将广播权修改为以有线或者无线方式公开传播或者转播作品，以及通过扩音器或者其他传送符号、声音、图像的类似工具向公众传播广播的作品的权利。）该项规定说明广播权控制的行为有三种：一是以无线方式公开广播或者传播作品；二是以有线传播或者转播的方式向公众传播广播的作品；三是通过扩音器或者其他传送符号、声音、图像的类似工具向公众传播广播的作品。二审法院认定，广电传媒的芒果广播网播放包括涉案歌曲在内的节目是对湖南广播电视台播放节目的同步直播，观众只能在电视台直播的同时才能听到或看到节目，其他自己选定的时间无法看到。这种同步直播属于广播权控制的第三种行为，即通过扩音器或者其他传送符号、声音、图像的类似工具向公众传播广播的作品。广电传媒未经著作权人授权的音著协许可，通过电台播放涉案歌曲，侵犯了音著协管理的涉案音乐作品的广播权。

32. 爱上电视传媒 （北京） 有限公司与北京爱奇艺科技有限公司等侵犯作品信息网络传播权纠纷案❶

【基本案情】

山东影视传媒集团有限公司、山东电影电视剧制作中心和山东影视制作有限公司享有电视剧《琅琊榜》（以下简称涉案作品）的除信息网络传播权以外的著作权，北京爱奇艺科技有限公司（以下简称爱奇艺）经合法授权取得涉案作品的独家信息网络传播权。爱上公司是经央视国际网络有限公司授权负责 IPTV 中央集成播控总平台运营的经营商，且其与重庆电视台、湖南电视台、湖北电视台均签订有合作协议，可以集成、分发前述电视台的卫视频道及相关节目。2018 年 10 月 19 日，经爱奇艺公司申请，河北省石家庄市太行公证处对使用"河北 IPTV 联通电视"播放相关影视作品的过程进行证据保全，机顶盒二维码显示中国联合网络通信有限公司河北省分公司。开启电视机及智能网络机顶盒，界面左上角显示"河北 IPTV"。页面左侧有"直播""回放""点播""4K"等栏目，在"回放"栏目中选择"卫视"，点击"河北卫视高清"，可显示 10 月 13 日至 10 月 19 日的节目单，其中，10 月 13 日至 10 月 14 日每日分别列有四集涉案作品，10 月 15 日至 19 日每日分别列有三集涉案作品，具体为涉案作品第 18—40 集，随机点击第 18 集、第 25 集、第 28 集、第 31 集、第 34 集、第 37 集、第 40 集，可使用快进模式随机进行播放。

爱奇艺公司据此向北京市海淀区人民法院起诉称，联通公司、爱上公司未经合法授权，通过其开发运营的河北联通 IPTV 平台的

---

❶ 北京市海淀区人民法院民事判决书 （2019）京 0108 民初 3739 号，北京知识产权法院民事判决书 （2019）京 73 民终 3778 号。

回放专区提供涉案作品部分剧集的点播服务，使得用户可以在其个人选定的时间和地点获得作品，侵犯了其就涉案作品享有的信息网络传播权。

联通公司辩称自己负责 IPTV 传输系统的规划、建设、运营和管理，仅提供网络传输技术服务，不侵犯信息网络传播权，涉案作品是由爱上公司提供。爱上公司辩称其获得了涉案作品的授权，联通公司、爱上公司开发运营的"河北联通 IPTV"平台提供的"回看"服务属于广播权控制的范围，不构成侵犯信息网络传播权。

北京市海淀区人民法院认为，本案所诉行为系两被告在"河北联通 IPTV"上通过回看方式提供涉案作品的在线播放行为，属于信息网络传播权控制的范围，侵犯原告信息网络传播权。两被告不服，向北京知识产权法院提起上诉。北京知识产权法院于 2020 年 1 月 20 日作出判决，驳回上诉，维持原判。

【争议焦点】

互联网电视提供 IPTV 回看服务行为是否属于信息网络传播行为？

一种观点认为上述行为不属于信息网络传播行为，而是广播行为；另一种观点认为上诉行为属于信息网络传播行为。

【案例分析】

对于互联网电视提供 IPTV 回看行为是否属于信息网络传播行为，以 2019 年年底"乐视诉杭州电信案"的法院判决❶和一些学者观点，IPTV 回看内容的传播途径、受众范围均没有超出原直播的范围，节目只能在已安装 IP 网络、电视的终端获取，直播信号流只在服务器上存储备份 72 小时，观众不能在其选定的时间和地

---

❶ 杭州互联网法院民事判决书（2018）浙 0192 民初 4603 号。

点获得涉案作品，因此被控侵权行为不属于信息网络传播行为，而是广播行为。该案中一审、二审法院均认为提供 IPTV 回看服务属于信息网络传播行为，理由为"回看"服务不同于直播，而是用户通过点击"回看"按钮即可在线观看存储于爱上公司服务器中的涉案作品，与通常内容服务提供者所提供的在线播放服务并无本质区别，属于信息网络传播行为。

《著作权法》第十条第一款第（十二）项规定："信息网络传播权，即以有线或者无线方式向公众提供作品，使公众可以在其个人选定的时间和地点获得作品的权利。"信息网络传播权控制的是将数字化的作品在网上交互式传播，而交互式传播是用户和系统之间存在交互的信息处理过程，体现的是内容商或服务商提供作品后，公众可以在自己选择的任何时间和地点访问有关的作品。特别注意的是法律规定的是"个人选定的时间和地点"并不是任意的时间和地点，只要符合交互式传播即可。如果个人在一个时间段如 48 小时内选择某个时间获得作品，或者在自己选定的时间进入某个固定地点如网吧并在局域网上获取作品的，都属于"个人选定的时间和地点"。依据对信息网络传播行为的理解，可见那种认为 IPTV 回看服务中"节目只能在已安装 IP 网络、电视的终端获取，直播信号流只在服务器上存储备份 72 小时，观众不能在其选定的时间和地点获得涉案作品"的认识是不正确的。持此种观点的人还认为信息网络传播权控制的行为中的"公众"为不特定的人，而广播权控制的传播对象为特定的人，即"受众范围均没有超出原直播的范围"，这种认识也不正确，因为著作权法上的广播权、信息网络传播权、表演权等都是公开传播权，这些权利控制的行为对象——公众——都是除家庭成员和经常交往的朋友之外的不特定的多数人，IPTV 回看服务的对象对于提供作品的人而言也是不特定的多数人。因此，一审、二审法院认为爱上公司提供的"回看"服务不同于直播，而是为用户提供了一种回溯式的、可重复的观看体验，用户在自己选定的时间和地点通过点击"回看"按钮即可在线观看存储于爱上公司服务器中的涉案作品。爱上公司提供涉案作品回看服务的行为已经落入信息网络传播权的控制范畴。同时，一审法院认为爱上公司"提出其系根据国家政策相关要求开展 IPTV 业务，与本案无关，亦非其未经许可提供涉案作品的合法理由"。这一认识无疑是正确的。

33. 张某某诉人民美术出版社著作权侵权纠纷案❶

【基本案情】

张某某是专业人像摄影师，他在 2001 年 3 月与模特汤某某签订了拍摄协议，协议约定张某某为汤某某拍摄人体写真，拍摄作品著作权归属张某某。之后，张某某按协议完成拍摄。2002 年 7 月 9 日，张某某出具了一份内容为"我授权将我与汤某某合作拍摄的照片用于她个人写真集的出版、发行及展览"的协议书。2002 年 7 月 15 日，汤某某与人民美术出版社签订了名称为《汤某某人体艺术写真》的出版合同。合同约定作者为汤某某，汤某某保证拥有《汤某某人体艺术写真》书稿的著作权，书稿的著作权如果存在权利瑕疵则由汤某某负全部责任；出版社享有专有出版权，并支付甲方稿酬。2002 年 9 月，人民美术出版社出版、发行了《汤某某人体艺术写真》一书。该书收录了汤某某的个人简介、陈某作的序、汤某某撰写的文章一篇及 144 幅摄影图片，其中张某某享有著作权的摄影图片有 136 幅（3 幅系重复使用）。封面内侧折页标明"摄影：张某某"。张某某向北京市第二中级人民法院起诉称，人民美术出版社侵犯了自己的署名权，被告改动

---

❶ 北京市第二中级人民法院民事判决书（2003）二中民初字第 06631 号，北京市高级人民法院民事判决书（2003）高民终字第 1006 号。

了 39 幅照片，侵犯了其保护作品完整权。人民出版社辩称汤某某为涉案图片合作作者之一，该社对涉案图书出版已尽到严格审查义务，《汤某某人体艺术写真》是汇编作品，其中的摄影照片原告已经授权汇编者使用，故汤某某对汇编作品享有著作权，署名方式正确，没有侵犯原告署名权。

北京市第二中级人民法院审理后认为《汤某某人体艺术写真》为汇编作品，汇编人为汤某某，但是汇编作品大多是被告的作品，故署名方式不妥，"该种署名方式构成了对该汇编作品汇编的单幅摄影作品著作权人所享有的署名权的侵犯"。北京市高级人民法院认定署名方式正确，不侵犯张某某署名权。

【争议焦点】

（1）为模特拍摄的照片的著作权属于谁？

一种观点认为模特委托摄影师拍摄自己，且照片涉及被拍摄者的肖像，这类摄影作品为合作作品，著作权应该属于摄影师和被拍摄者。另一种观点认为对于拍摄的照片如果双方没有约定，著作权属于摄影师。

（2）《汤某某人体艺术写真》是否是汇编作品？其著作权归属于谁？

一种观点认为《汤某某人体艺术写真》为汇编作品，被汇编的大部分是张某某享有著作权的照片，著作权人为汤某某和摄影师张某某；另一种观点认为《汤某某人体艺术写真》为汇编作品，著作权人为汤某某；还有一种观点认为《汤某某人体艺术写真》不是汇编作品。

【案例分析】

（1）为模特拍摄的照片的著作权属于谁？

人体写真类照片是被拍摄者委托摄影师为其拍摄的摄影作品。此类作品是否为被拍摄者与摄影师的合作作品？我国 2001 年《著作权法》第十三条规定："两人以上合作创作的作品，著作权由合作作者共同享有。没有参加创作的人，不能成为合作作者。"可见，合作作品由两人以上基于合作创作的意向共同为作品的创作付出了实质性智力劳动。《著作权法实施条例》第三条规定："著作权法所称创作，是指直接产生文学、艺术和科学作品的智力活动。为他人创作进行组织工作，提供咨询意见、物质条件，或者进行其他辅助工作，均不视为创作。"可见，"创作"就是对作品的独创性表达付出智力劳动。没有付出智力劳动的人，不能成为合作作者。摄影作品的独创性主要表现在对拍摄角度、光线、明暗、距离等的选择、对被拍摄者的安排及后期处理等方面，这些选择、安排和处理都是拍摄者在进行，被拍摄者没有参与这类选择、安排和处理活动，没有对摄影作品的独创性付出智力劳动，因此被拍摄者没有参与创作摄影作品，不是作者。所以，该案人体写真摄影作品不是合作作品。被拍摄者实际是委托拍摄者为其拍摄照片，2001 年《著作权法》第十七条规定："受委托创作的作品，著作权的归属由委托人和受托人通过合同约定。合同未作明确约定或者没有订立合同的，著作权属于受托人。"委托作品的著作权有约定的按约定，没有约定的由受托人享有，委托人在委托创作的特定目的范围内免费使用作品。但由于人体写真摄影作品涉及被拍摄者的肖像及隐私，如果没有合同约定，拍摄者也不能对人体写真摄影作品进行商业性使用。由于人像类摄影作品不同于其他摄影作品，其也是被拍摄者肖像的体现，对于这类特殊的委托作品如何使用需要法律对此予以明确。该案中，模特汤某某与摄影师之间关于人体写真摄影作品上的著作权归属有约定，约定为摄影师，同时，摄影师授权了被拍摄者汤某某可以将拍摄的照片用于她个人写真集的出版、发行及展览，意味着汤某某有权对这些人体写真摄影作品进行使用，使用的范围为个人写真集的出版、发行及展览。

（2）《汤某某人体艺术写真》是否是汇编作品？其著作权人为谁？

案发当时的 2001 年《著作权法》第十四条规定："汇编若干作品、作品的片段或者不构成作品的数据或者其他材料，对其内容的选择或者编排体现独创性的作品，为汇编作品，其著作权由汇编人享有，但行使著作权时，不得侵犯原作品的著作权。"被拍摄者汤某某与被诉侵权者人民美术出版社签订专有出版合同出版《汤某某人体艺术写真》一书。该书收录了汤某某的个人简介、陈某作的序、汤某某撰写的文章一篇及 144 幅摄影图片，其中张某某享有著作权的摄影图片有 136 幅（3 幅系重复使用）。可见，这本写真集除若干幅摄影师享有著作权的为汤某某拍摄的摄影作品外，还汇编有个人简介、陈某作的序、汤某某撰写的一篇文章及其他几幅摄影作品，该写真集对摄影作品有所选择，对其他作品和材料也有所选择，并按一定的标准或顺序编排了这些摄影作品和材料，因此这是非常典型的汇编作品。

著作权法规定汇编作品的著作权由汇编人享有。《汤某某人体写真》是由汤某某汇编的，著作权由汤某某享有。一审法院认为，"该书汇编的主要内容应为原告享有著作权的涉案摄影作品。因此，汤某某在涉案作品《汤某某人体艺术写真》一书中以'汤某某著'的方式署名不妥，该种署名方式构成了对该汇编作品汇编的单幅摄影作品著作权人所享有的署名权的侵犯，应承担相应的法律责任。"笔者认为，一审法院的此种认识有待商榷。该写真集汇编的主要内容虽然是原告拍摄者张某某享有著作权的一些涉案摄影作品，但是原告张某某对《汤某某人体艺术写真》的汇编过程如选择、编排等没有付出智力劳动，不是汇编者。汇编者是被拍摄者汤某某，依据著作权法的规定，著作权人是汤某某。依据

2001 年《著作权法》第十一条："……如无相反证明，在作品上署名的公民、法人或者其他组织为作者。"作者是著作权人。汤某某在《汤某某人体艺术写真》一书上署名"汤某某著"，以表明其作者——著作权人的身份，这是正确的，没有侵犯张某某的署名权。况且，《汤某某人体艺术写真》一书已在封面内侧折页标明摄影为张某某，张某某作为该书中部分写真照片著作权人的身份已得到体现。法律规定汇编者行使著作权时，不得侵犯原作品的著作权。这一规定包含两方面内容：一是汇编者在汇编他人作品时需要经过他人的同意，这是因为被汇编作品的著作权人享有对其作品的汇编权，汇编者汇编他人作品实际是在行使被汇编作品著作权人的汇编权，所以，汇编者需要经过被汇编作品著作权人的同意。二是汇编者在对汇编作品进行使用时，不得侵犯被汇编作品的著作权。因为汇编作品中包含着被汇编作品，使用汇编作品也就意味着同时在使用被汇编作品。该案中，摄影者张某某授权被拍摄者汤某某将"拍摄的照片用于她个人写真集的出版、发行及展览"写真集就是汇编作品，可见，张某某同意汤某某汇编张某某为汤某某拍摄的摄影作品，同意汤某某将汇编作品——个人写真集以出版、发行和展览的方式使用。

第三章　著作权人

第一节　作　者

问题与思考

1. 如何确定作品的作者？

2. 法人作品的著作权属于法人，那么，如何判断某一作品为法人作品？

典型案例

34. 李某某与国网河南新郑市供电公司著作权权属纠纷案❶

【基本案情】

李某某系原新郑县电业管理局（改制后为新郑市供电公司，以下简称供电公司）生产技术科科员。1991 年 2 月，李某某参加完成了由单位组织的《河南省新郑县农村电气化发展规划》（以下简称《发展规划》）的编制工作，是该作品的主要编写人员。《发展规划》编写完成后，封面署名为新郑县电业管理局，李某

❶　河南省郑州市中级人民法院民事判决书（2014）郑知民初字第 766 号，河南省高级人民法院民事判决书（2016）豫民终 1186 号，中华人民共和国最高人民法院民事裁定书（2017）最高法民申 1316 号。

某系编写人员，李某某对此（署名及著作权归属）并未提出异议。2014年李某某向法院提起诉讼，诉请法院确认涉案作品著作权归其所有。供电公司辩称，《发展规划》由供电公司组织编写，许多重要内容、数据也由他们提供，并最后审核，所以应该为法人作品。

河南省郑州市中级人民法院（以下简称一审法院）经审理查明，新郑县电业管理局根据水电部"县级农村电气化发展规划编制要点"要求，组织有关技术人员成立课题组，由李某某担任课题组负责人，编制了本案诉争作品，成书后经有关领导审核、批准，并以新郑县电业管理局的名义报请主管单位实施。据此认定：根据《著作权法》第六十条规定，涉案作品著作权的财产性权利仍处于保护期内，因此适用本法。涉案的作品受著作权法保护，为法人作品，著作权归新郑供电公司所有。一审宣判后，原告不服，于2016年9月12日向河南省高级人民法院（以下简称二审法院）提起上诉。二审法院认为：（1）涉案作品并非一般的文艺或科技作品，而是行政部门指导相关工作的纲要，其创意来源于单位而非某个人。（2）涉案作品在编制过程中，其关键内容的选取都是由新郑供电公司研究决定，并经领导审批。（3）涉案作品的实施也是由新郑供电公司报请有关行政部门批准实施。由此可见，涉案作品是由新郑供电公司组织编制，体现了新郑供电公司的意志，并由新郑供电公司承担相关责任，因此该作品应视为新郑供电公司的法人作品。

二审宣判后，上诉人李某某不服，向中华人民共和国最高人民法院申请再审，最高人民法院于2017年5月27日审理后裁定驳回再审申请。

【争议焦点】

《发展规划》是职务作品、个人作品还是法人作品？著作权属于谁?

围绕争议焦点,形成了两种不同的观点。

第一种观点认为,李某某系《发展规划》课题组的责任人,该作品的编制、设计、制图均由李某某独立创作完成,体现了李某某个人意志,故其对《发展规划》享有著作权。新郑供电公司只是编写该发展规划任务的下达者,并未实质参与该规划的创作,其规划也体现不了新郑供电公司的法人意志。因此,新郑供电公司并不是《发展规划》的真正作者,不应享有著作权。

第二种观点认为,《发展规划》系单位安排给李某某的一项工作任务,该规划的创作思想、表达方式、具体内容、任务分工、进度跟进、资金投入、申请实施全都由公司研究决定,李某某只是具体工作的执行人,换言之,即使执行人不是李某某,该作品在公司的组织下也能照常完成。法人不同于自然人,参与创作的方式也不像自然人那样直接,但不能因此就否认法人在整个创作当中的主体地位。因此,新郑供电公司是《发展规划》的作者,该作品属于法人作品,其著作权归新郑供电公司享有。

【案例分析】

该案作品虽创作完成于 1991 年 2 月,但是一审法院认为根据 2010 年《著作权法》第六十条规定,涉案作品著作权的财产性权利仍处于保护期内,因此适用 2010 年《著作权法》。

《著作权法》第十一条第三款规定:"由法人或者其他组织主持,代表法人或者其他组织意志创作,并由法人或者其他组织承担责任的作品,法人或者其他组织视为作者。"法人作品的构成条件为:(1)该作品的创作由单位来主持,工作人员只是参与此创作;(2)该作品体现单位的意志;(3)由单位对该作品负责。该案的涉案作品,是由新郑供电公司以课题方式组织、投资和任务分工,工作人员李某某作为课题组负责人参与此作品创作;涉案作品内容是行政部门指导相关工作的纲要，其中涉及许多供电公司的数据资料，这些资料由领导决策是否采用；在编制过程中，关键内容由供电公司决定；初稿完成后由领导审核，作品的创作体现了供电公司的意志。不可否认，李某某作为课题组负责人为《发展规划》贡献了实质性智力劳动，但是其必须按照供电公司对作品内容的要求、给定的资料进行创作，其意志受限；作品完成后的实施过程由公司向上级主管部门申请批准后方可出版，单位对《发展规划》负责。因此，该作品完全符合第十一条第三款关于法人作品的规定，应认定为法人作品，其著作权归新郑供电公司所有。

第二节　特殊作品的著作权归属

问题与思考

1. 全日制研究生毕业论文的著作权属于学校还是研究生本人？

2. 甲付给乙 8000 元，让乙为他写一篇论文，则乙完成的论文的著作权属于谁？

3. 单位秘书为领导写的讲话稿著作权属于谁？

4. 教师的教案的著作权属于教师自己还是学校？

5. 张三是一家游戏软件公司的程序员，他利用上班空闲时间为孩子编写了一套学习软件，该学习软件属于单位还是张三？

6. 王美到影楼拍了一套青春照，这套青春照的著作权属于王美吗？

典型案例

35. 北京众得文化传播有限公司、 万达影视传媒有限公司侵犯作品改编权案❶

【基本案情】

由乔羽作词、唐诃和吕远作曲、蒋大为演唱的歌曲《牡丹之歌》在 1980 年被录制，作为电影《红牡丹》的主题插曲。经过 30 多年的传唱，该歌曲已成为众所周知的经典歌曲。2018 年 4 月 5 日，词作者乔羽将歌曲《牡丹之歌》词作品在保护期内的著作财产权利以独占排他的方式不可撤销地授予被授权人乔方，2018 年 4 月 8 日，乔方将歌曲《牡丹之歌》词作品自创作完成之日至 2021 年 12 月 31 日的著作权财产权利之改编权、信息网络传播权、表演权、复制权以独占排他的方式不可撤销地授予被授权人北京众得文化传播有限公司（以下简称众得公司），被授权人有权进行转授权，亦有权对侵权行为进行维权并获取经济赔偿。2018 年 4 月 24 日，众得公司发现在爱奇艺、腾讯视频等网站中播放的电影《煎饼侠》的背景音乐《五环之歌》与《牡丹之歌》非常相似，调查发现，《煎饼侠》中的《五环之歌》演唱者为岳某某、MC Hotdog，由岳某某、MC Hotdog 填词，吕远、唐诃作曲，姚云编曲，发行时间为 2015 年 6 月 16 日。众得公司于是向天津市滨海新区人民法院起诉，称《煎饼侠》的出品方万达公司、金狐公

---

❶ 天津市滨海新区人民法院民事判决书（2018）津 0116 民初 1980 号，天津市第三中级人民法院民事判决书（2019）津 03 知民终 6 号。

司、新丽公司及岳某某侵犯其对《牡丹之歌》的改编权及歌词改编权。被告辩称没有侵犯《牡丹之歌》词著作权人众得公司的改编权，原告众得公司无权对歌曲《牡丹之歌》主张改编权。

天津市滨海新区人民法院经审理认为，《牡丹之歌》为可分割的合作作品，其中的词和曲谱部分又可以分别由各自权利人单独使用。众得公司取得了《牡丹之歌》词作品改编权的专有使用权以及《牡丹之歌》共有权利中改编权的专有使用权，有权以自己的名义对侵犯词作品改编权的行为单独提起诉讼，亦有权与曲作者或经曲作者依法授权的主体作为共同原告，对侵犯《牡丹之歌》整体改编权的行为提起诉讼。涉案《五环之歌》歌词部分与《牡丹之歌》歌词既不相同也不相似，未侵犯众得公司就歌词部分享有的改编权。众得公司作为歌曲《牡丹之歌》的词权利人，无法以自己的名义单独主张歌曲整体的相关权利。原告不服，向天津市第三中级人民法院上诉，天津市第三中级人民法院审理后于 2019 年 8 月 20 日判决驳回上诉，维持原判。

【争议焦点】

（1）《牡丹之歌》是否为合作作品？如果是，是不可分割的合作作品还是可分割的合作作品？

一种观点认为是合作作品，但是不可分割；另一种观点认为是合作作品，属于可分割合作作品。

（2）歌曲词权利人是否有权以自己的名义主张侵犯歌曲整体著作权？

一种观点认为词权利人有权主张他人侵犯歌曲整体著作权，另一种观点认为词权利人无权主张他人侵犯歌曲整体著作权。

【案例分析】

（1）《牡丹之歌》是否为合作作品？如果是，是不可分割的合作作品还是可分割的合作作品？

根据《著作权法》第十三条第一款规定："两人以上合作创

作的作品，著作权由合作作者共同享有；没有参加创作的人，不能成为合作作者。"合作作品为两人以上合作创作的作品。合作作品包括三个构成条件：①合作创作作品的意愿；②合作创作的行为；③创作的合作作品构成有机联系的整体。该案中，法院查明《牡丹之歌》词作者乔羽与曲作者唐诃、吕远是受邀为电影《红牡丹》完成的创作。词作者应该明白用于电影中的歌曲是需要词和曲的，在此情况下愿意创作，表明其有合作创作歌曲《牡丹之歌》的意愿；同样，曲谱作者也应该清楚是与词作者合作创作歌曲，并且其对创作的曲谱经过多次修改以与词的内涵相协调。以上表明词曲作者都有合作创作歌曲的意愿，而同时又进行了词曲的创作行为，为歌曲《牡丹之歌》作品的完成作出了实质性贡献。最终，词、曲合在一起形成了以高昂的曲调和赞美牡丹、时代巾帼的靓丽之词有机融合的《牡丹之歌》。因此，《牡丹之歌》满足合作作品的构成要件，构成合作作品。

《著作权法》第十三条第二款规定"合作作品可以分割使用的，作者对各自创作的部分可以单独享有著作权，但行使著作权时不得侵犯合作作品整体的著作权"。《著作权法实施条例》第九条规定"合作作品不可以分割使用的，其著作权由各合作作者共同享有，通过协商一致行使；不能协商一致，又无正当理由的，任何一方不得阻止他方行使除转让以外的其他权利，但是所得收益应当合理分配给所有合作作者"。根据规定，合作作品分为可以分割使用的合作作品和不可分割使用的合作作品。可以分割使用的合作作品是指合作作品各创作者能够区分出自己创作的部分，可以相互独立；不可分割的合作作品是指两个或两个以上的创作者在合意情形下创作出思想与表达相互融合、"你中有我，我中有你"的作品。该案中，《牡丹之歌》整体是由词和曲组成的合作作品，其中的词和曲谱部分又可以分别作为文字作品和不带词的音乐作品单独使用，故歌曲《牡丹之歌》为可分割使用的合作作品。

（2）对原歌曲作品的曲谱不改变，仅改变歌词或者歌词大部分不同的在后作品公开后是否侵犯原歌曲的改编权？

依据《著作权法》第十条第（十四）项的规定："改编权，即改变作品，创作出具有独创性的新作品的权利。"改编权就是控制对作品改编的权利。改编作品是改变了原作品，创作出具有独创性的新作品。改编作品是在保持着原作品基本表达的基础上创作出新的表达。该案涉及音乐作品改编权的主体问题，必须注意的是，音乐作品是合作作品时，其著作权归属需要按照合作作品的归属来判断。由于合作作品分为不可分割的合作作品和可分割的合作作品，而不可分割的合作作品与可分割的合作作品虽然整体作品的著作权都属于合作作者，但是合作作者对合作作品以及各自贡献的部分的权利是不一样的。该案中歌曲《牡丹之歌》是可分割使用的合作作品，歌曲《牡丹之歌》包括三种作品：①由词和曲组成的歌曲；②单独的词构成的文字作品；③单独的曲构成的音乐作品。相应地，这三种作品的著作权人分别为词曲合作者、词作者、曲作者。词和曲的作者因为共同创作了歌曲，可以共同对歌曲享有著作权，词作者可以对单独的词享有著作权，但不能对单独的曲享有著作权，曲作者可以对单独的曲享有著作权，但不能对单独的词享有著作权。

解决好可分割使用的合作作品歌曲的各部分主体问题后，接下来就是各部分涉及的改编权问题。与改编权相关的使用在先作品以及是否侵权的情形有以下几种：①如果在后作品不改变曲谱的情况下，改变歌词与原歌词不实质性相似，或在原歌词部分表达相同的基础上有新的表达，或与原歌词实质性相似，则在后作品权利人对应地不构成对词作者改编权的侵犯、侵犯原词作者的改编权、侵犯原词作者的复制权；当然，在后作品权利人侵犯了在先作品曲作者的复制权。②如果在后作品不改变词的情况下，改变曲谱与原曲谱不实质性相似，或在原曲谱部分表达相同的基础上有新的表达，或与原曲谱实质性相似，则在后作品权利人对应地不构成对曲作者改编权的侵犯、侵犯曲作者的改编权、侵犯曲作者的复制权。当然，在后作品的权利人侵犯了在先作品词作者的复制权。③如果在后作品的词、曲均与在先作品实质性相似，则侵犯了在先作品词、曲作者作为合作作者的共同的复制权。④如果在后作品的词、曲均是在原作品的表达上发展了新的表达，则侵犯了在先作品词、曲作者共同的改编权。

但是，对于上述①情形中侵犯词作者的改编权或复制权以及②情形中侵犯曲作者的改编权或复制权的行为是否侵犯了整体作品共同权利人的改编权或复制权？依据《著作权法》和《著作权法实施条例》的相关规定，可分割的合作作品虽然可以对各部分单独使用、单独享有著作权，但是，因为这种合作作品是有机联系的整体，侵犯其中一部分的著作权，也就意味着侵犯了整体作品共同权利人的著作权。对于③和④情形下在先作品的词、曲作者是否可以主张在后作品侵犯了自己单独的词、曲作品的复制权或者改编权呢？依据《著作权法》第十三条第二款规定，在③④情形下，词、曲作者可以主张在后作品侵犯了自己单独的词、曲的复制权和改编权。

该案中，在后作品《五环之歌》没有改变在先作品《牡丹之歌》的曲谱，只是改变了在先作品的歌词，属于上述与改编权相关的使用在先作品以及是否侵权情形中的第①种。第①种关于是否侵权问题又有不侵犯词作者改编权、侵犯词作者改编权和侵犯词作者复制权三种，那么，该案属于哪一种呢？一二审法院比较后认定：两首歌歌词的立意不同、两首歌的歌词内容除了语气词

"啊"字相同外其余文字表述完全不同。"因此,《五环之歌》没有利用《牡丹之歌》歌词的主题、独创性表达等基本内容,不构成对《牡丹之歌》歌词的改编。"笔者认为,法院将"两首歌歌词的立意不同"作为《五环之歌》没有利用《牡丹之歌》歌词的表达理由之一在表述上是有问题的。"立意"一般是指包括主题思想在内的思想,在作品中属于思想范畴,不属于表达。笔者认为,判决中的"两首歌曲因歌词立意不同",可以表述为采用了除了语气词"啊"相同以外的完全不同的文字表述,呈现出了不同的内容和效果。《五环之歌》与《牡丹之歌》歌词相比,确实不存在表达上的实质性相似,所以,法院关于《五环之歌》不构成对《牡丹之歌》歌词的改编的认定是正确的,被诉侵权人没有侵犯词权利人众得公司的改编权。

(3)歌曲词权利人是否有权以自己名义主张侵犯歌曲整体著作权?

目前,我国包括司法界在内的一些人认为,上述情形中,词作者不能以自己的名义单独主张侵犯歌曲整体著作权。如本案二审法院就是这样认识,"在没有特别约定的情况下,该合作作品的著作权应由合作作者共同行使,各个合作作者不能单独行使合作作品的著作权。众得公司在未获得其他共有人即曲作者一方授权的情况下,仅凭共有人之一乔羽的授权就主张获得了音乐作品《牡丹之歌》的改编权,缺乏事实和法律依据。故众得公司关于其享有音乐作品《牡丹之歌》改编权的主张,不能成立"。

我国著作权法规定了可分割的合作作品和不可分割的合作作品。在美国、德国、日本等一些国家的版权法中,明确规定只有无法分割的作品才能成为合作作品,可以分割而共同创作的作品被称为合成作品或结合作品,不属于合作作品。合成作品有两级著作权:合成作品本身作为一个整体成立的著作权,该著作权只属于将每个独立存在部分合成为整体的人，而不是所有合作作者；合作作者仅对其创作的部分单独享有著作权，为二级著作权。❶ 因此，这些国家合作者不能对于合成作品的整体著作权主张权利。我国著作权法没有做此区分，对"可分割使用的合作作品，合作者可否以自己的名义主张侵犯整体合作作品权利"也没有规定。该问题在理论界和实务界的讨论争议较大。

笔者认为，合作者可以以自己的名义主张侵犯整体合作作品著作权。理由如下：①我国《著作权法》第十三条第一款规定合作作品的"著作权由合作作者共同享有"，合作作品的合作者对合作作品共同享有权利类似于共有，可分割的合作作品权利人对该作品是按份共有。按份共有的特征之一是各共有人的权利不仅限于共有物的某一部分，而且及于共有物的全部。②著作权法的目的是通过保护权利人以激励更多的人创作作品，从而促进文化的繁荣和社会的进步。如果对于他人侵犯可分割使用合作作品的组成部分作品的著作权，该合作作品的其他合作者无权向侵权人主张侵犯整体合作作品的著作权，一则助长了侵权人的侵权气焰，起到不良的示范作用，本来我国侵权现象就比较严重，如果其他合作人无权主张侵权人侵权，会使得更多的人效仿，侵权之风越来越严重，不利于人们对作品创新，著作权法的目的就会落空。也许有人会说，著作权法规定合作作品的合作者共同享有著作权，可以与被侵犯权利的合作者共同主张侵权。但是，如该案一样，有的部分合作者将其享有的单独著作权和对合作作品共同享有的权利转让给他人，他人可能再转让给另外的人，最后获得合作作品部分著作权的人很有可能难以找到其他合作权利人。也许经过艰难的努力能够找到，但是成本很大。基于以上原因，笔者认为，

---

❶ 邹瑜，顾明．法学大辞典［M］．北京：中国政法大学出版社，1991：988.

可分割使用的合作作品，合作者可以以自己的名义主张侵犯整体合作作品权利。但是，需要将相应经济损失赔偿按份共有分给被侵权的合作者。在 2014 年《著作权法（修订草案送审稿）》第十七条第四款中曾提出"他人侵犯合作作品著作权的，任何合作作者可以以自己的名义提起诉讼，但其所获得的赔偿应当合理分配给所有合作作者"。但是，新修订的《著作权法》将这一规定删除了。所以，该问题仍然面临很大的争议。

36. 武汉凯路通网络科技有限公司与张某著作权权属纠纷案❶

【基本案情】

武汉凯路通网络科技有限公司（以下简称凯路通公司）经营范围为计算机软硬件开发、销售及相关技术咨询等，张某为凯路通公司的员工。2013 年 6 月至 12 月，张某利用凯路通公司提供的教材、电脑、耳机、话筒先后录制了 11 套视频教程，并于 2014 年 8 月 13 日首次公映。张某将录制完成的视频传至艾凯，后经 Word 联盟（凯路通公司的一个职能部门）的员工刘某、李某某剪辑、在视频片头、片尾附加封面、封底和署名水印，由艾凯上传至 Word 联盟××网站及官方微博。在 11 套视频教程中，虽每段音频均由张某讲解，但片头和片尾的音频仅载有"本视频教程版权由 Word 联盟所有"的字样，并未出现张某的个人信息。2017 年 2 月 3 日，原告张某以凯路通公司未经许可，将上述视频在其注册的网站（Word 联盟）上播放宣传并销售，后又在淘宝网店、百度网校等网络平台上销售为由，诉请武汉市江岸区人民法院判

---

❶ 湖北省武汉市江岸区人民法院民事判决书（2017）鄂 0102 民初 1510 号，武汉市中级人民法院民事判决书（2017）鄂 01 民终 6368 号。

决确认《PPT 2003 视频教程全套（从入门到精通）》等 11 套视频教程的著作权归其所有。凯路通公司辩称，11 套视频教程为由单位提供主要条件完成的职务作品，著作权属于自己。

武汉市江岸区人民法院审理后认为，涉案的 11 套视频教程是原告在被告处任职期间以讲师的身份录制，其目的是完成工作任务所创作的作品，故该 11 套视频属于职务作品，但不属于特殊职务作品。理由为被告虽为原告的创作提供了物质和技术的支持，但涉案视频对被告所提供的物质技术条件依附程度较低，故而该视频应为一般职务作品，其著作权由作者享有。因此，判决支持了原告张某的诉讼请求。

一审宣判后，被告不服，向武汉市中级人民法院提起上诉。武汉市中级人民法院在查明案件事实的情况下，认为涉案的 11 套视频主要是利用凯路通公司提供的物质技术条件创作而成，并由凯路通公司对外承担相关责任，因此属于特殊职务作品而非一般职务作品，其著作权除署名权之外的其他权利应认定归被告所有。

【争议焦点】

张某主张的 11 套视频，是一般职务作品还是特殊职务作品？该涉案视频著作权属于谁？

第一种观点认为被告凯斯通公司虽为员工张某的创作提供了物质技术条件，但涉案视频对单位的物质技术条件的依附程度较低，故不构成特殊职务作品，应认定为一般职务作品。涉案视频著作权属于张某。

第二种观点认为被告凯路通公司为原告张某的创作除完成了辅助性工作外，还提供了必要的物质和技术支持，并且在涉案视频的开头和结尾部分向观众明示了相关责任主体，故构成特殊职务作品。涉案视频著作权属于凯路通公司，张某享有署名权。

【案例分析】

根据《著作权法》第十六条（新修订的《著作权法》第十八条）的规定，职务作品是指公民为完成法人或者非法人组织工作任务所创作的作品。判定是否为职务作品需满足四个条件：①作者为单位的员工；②作者的创作是为了完成本单位安排的工作任务；③该作品与作者单位的业务范围有关；④作品是作者本人意思的表达，不是单位也不是他人意志的体现。职务作品分为两类，一类是特殊职务作品。包括：①主要是利用法人或者非法人组织的物质条件创作，并由法人或者非法人组织承担责任的职务作品；②法律、行政法规规定著作权由法人或者非法人组织享有的职务作品；③合同约定著作权由法人或者非法人组织享有的职务作品。新修订的《著作权法》增加了第四种特殊职务作品情形"报社、期刊社、通讯社、广播电台、电视台的工作人员创作的职务作品"。可见，除需满足一般职务作品的构成条件外，特殊职务作品还需满足两个条件：一是该作品的创作主要是利用单位的物质技术条件；二是该作品由单位对外承担责任。另一类是一般职务作品，是除特殊职务作品以外的职务作品。在归属方面，特殊职务作品的作者享有署名权，著作权的其他权利由法人或者非法人组织享有；一般职务作品的著作权由作者享有，但法人或者非法人组织有权在其业务范围内优先适用。

该案中，原告张某是凯路通公司的员工；为完成单位的录制授课视频任务而录制了授课视频；该视频内容是办公软件操作与运用方面的知识，属于凯路通公司的经营范围；张某以单位提供的教材为参考按照自己的思考和专业知识进行的创作。张某录制、创作的 11 套授课视频符合职务作品的构成条件，同时，凯路通公司为张某提供了授课用的教材，特别是为其录制视频提供了专门的电脑、耳机、话筒等物质技术条件，最后，在视频的开头和结尾部分明示了由该公司备案的"Word 联盟"网站承担责任。以上说明涉案视频符合特殊职务作品的构成条件。另外，涉案视频的制作是由凯路通公司告知张某，为公司录制涉案视频，张某同意后开始制作，并且制作完成后于 2014 年 8 月开始首播，直到 2017 年张某才提起诉讼。当涉案视频首播及之后的播放、上传至网络时，三年内张某明知涉案视频载有"本视频教程版权由 Word 联盟所有"的字样，并未出现张某的个人信息，其没有提出异议，以上也表明张某以口头约定和默示同意表明其同意公司的做法。根据著作权法规定，合同约定著作权由法人或者非法人组织享有的职务作品属于特殊职务作品。特殊职务作品的作者仅享有署名权，著作权的其他权利由法人或者非法人享有。由此可知，对于涉案的 11 套视频教程，张某仅享有署名权，其著作权除署名权之外的其他权利应归凯路通公司享有。由于在前述此案关于涉案视频的作品类别时，笔者分析认为二审法院的认识正确，即涉案视频为"视听作品"。《著作权法》第十五条"电影作品和以类似摄制电影的方法创作的作品的著作权由制片者享有，但编剧、导演、摄影、作词、作曲等作者享有署名权，并有权按照与制片者签订的合同获得报酬"的规定，类电作品的著作权属于制片人，其中能够独立的作品的作者享有署名权，那么，涉案视频的制片人为凯路通公司，其享有著作权，而张某因是视频授课内容的作者而享有署名权。无论以特殊职务作品认定还是以类电作品认定，该涉案视频的著作权属于凯路通公司，张某享有署名权。

37. 杭州大头儿子文化发展有限公司与央视动画有限公司著作权权属、 侵权纠纷案❶

【基本案情】

1994 年刘泽岱受托为即将拍摄的 1995 年版动画片《大头儿子和小头爸爸》（以下简称 95 版动画片）用铅笔勾画创作了"大头儿子""小头爸爸""围裙妈妈"三个人物形象正面图（以下简称三幅美术作品），没有约定著作权归属，当场交给 95 版动画片导演崔某。95 版动画片美术创作团队在刘泽岱创作的人物概念设计图基础上，即三幅美术作品进行了进一步的设计和再创作，最终制作成了符合动画片标准造型的三个主要人物形象即"大头儿子""小头爸爸""围裙妈妈"的标准设计图以及之后的转面图、比例图等。刘泽岱未再参与美术创作团队的创作。刘泽岱创作的底稿由于年代久远和单位变迁，目前各方均无法提供。

中央电视台（以下简称央视）和东方电视台联合摄制了 95 版动画片。95 版动画片美术创作团队为创作新版《大头儿子与小头爸爸》进行了进一步的设计和再创作，最终制作成了符合动画片标准造型的三个主要人物设计图以及之后的转面图、比例图等。后中央电视台于 2013 年摄制了《新大头儿子和小头爸爸》动画片（以下简称 13 版动画片）。13 版动画片人物形象与 95 版动画片人物形象相似。2013 年 11 月及 2014 年 1 月，央视将两动画片的全部著作权及动画片中包括但不限于文学剧本、造型设计、美术设计等作品除署名权之外的全部著作权专属授权央视动画公司使用。

2012 年 12 月 14 日，刘泽岱将三幅美术作品的著作权权利转让

---

❶ 杭州市滨江区人民法院民事判决书（2014）杭滨知初字第 634 号，浙江省杭州市中级人民法院民事判决书（2015）浙杭知终字第 356 号。

给洪某，洪某受让取得刘泽岱于 1994 年创作的三幅美术作品的著作权。签订合同后刘泽岱将崔某提供的标准设计图交付给洪某。洪某将标准设计图进行了版权登记。2014 年 3 月 10 日，洪某将三幅美术作品的著作权全部转让给大头儿子文化公司。

大头儿子文化公司于 2014 年 9 月 5 日诉至杭州市滨江区人民法院，请求判令：央视动画公司立即停止侵权，包括停止《新大头儿子和小头爸爸》（即 13 版动画片）的复制、销售、出租、播放、网络传输等行为，不再进行展览、宣传、贩卖、许可根据"围裙妈妈"美术作品改编后的形象及其衍生的周边产品。央视动画公司辩称其拥有涉案动画片及其动画人物形象的著作权，没有侵犯原告著作权。

杭州市滨江区人民法院审理后认为原告拥有三幅美术作品的著作权，央视动画公司在被控侵权作品 13 版动画片中使用的是央视享有著作权的 95 版动画片人物形象的演绎作品，其经授权有权使用，但其在行使演绎作品著作权时不得侵犯原作品的著作权。央视动画公司侵犯了大头儿子文化公司的著作权，应承担相应的侵权责任。但考虑案件情况，没有判决央视动画公司停止使用涉案作品。原告不服，向杭州市中级人民法院提起上诉。被告也不服，提起上诉，认为大头儿子文化公司至今无法提供刘泽岱画的 1994 年草图载体，导致 1994 年草图具体内容不明确。13 版动画片的人物形象与 1994 年的三幅美术作品差别巨大，不是其作品的演绎作品。杭州市中级人民法院审理后于 2016 年 2 月 22 日判决驳回上诉，维持原判。

【争议焦点】

（1）三幅美术作品的著作权属于谁？

一种观点认为属于刘泽岱，因为委托没有约定归属，依著作权法规定，应该归刘泽岱。另一种观点认为属于央视，因为刘泽岱知道是为了拍动画片而委托他画图，而动画片的拍摄是一个整体合作过程，动画片为类电作品，其归属为制片人。央视是95版动画片的制片人，所以三幅美术作品属于央视。

（2）央视动画公司使用13版动画片及其人物形象是否侵犯了三幅美术图著作权人的权利？

一种观点认为13版动画片人物形象是在央视自己享有著作权的95版动画片人物形象的基础上创作，是演绎作品，演绎作品著作权属于演绎人，即央视。所以，没有侵犯三幅美术图著作权人的权利。另一种观点认为13版动画片人物形象是对三幅美术图的演绎，其使用三幅美术图未经过其著作权人的同意，则侵犯了三幅美术图著作权人的著作权。

【案例分析】

（1）三幅美术作品的著作权属于谁？

根据一审法院查明的事实，95版动画片导演崔某代表央视委托刘泽岱为95版动画片创作人物图，刘泽岱接受委托，当场作图并交给了导演崔某。由于当时双方没有约定三幅美术图的权利归属，根据《著作权法》第十七条规定："受委托创作的作品，著作权的归属由委托人和受托人通过合同约定。合同未作明确约定或者没有订立合同的，著作权属于受托人。"可以确定三幅美术图的著作权属于刘泽岱，委托人央视可以在委托事项范围内使用作品。刘泽岱后来将三幅美术图的著作权转让给洪某，洪某又于2014年3月10日转让给大头儿子文化公司，虽然刘泽岱交付给洪某的是央视的标准设计图，但是其真实意思是转让三幅美术图的著作权，由于作品具有非物质性特征，不存在有形的交付。所以，即使交付的实物不正确，也不影响约定的标的即三幅美术图著作权的交付和转移。因此，大头儿子文化公司取得了三幅美术作品的著作权。

（2）央视动画公司使用 13 版动画片及其人物形象是否侵犯了三幅美术图著作权人的权利？

解决此问题首先需要弄清楚 13 版动画片及其人物形象的创作基础。2013 年 1 月 4 日央视与刘泽岱签订了《大头儿子和小头爸爸》美术造型委托制作协议，2013 年 8 月 8 日签订补充协议，但是对于协议及补充协议，刘泽岱没有完成委托创作任务。之后，央视 95 版动画片美术创作团队为创作新版《大头儿子与小头爸爸》进行了再设计和再创作，最终制作成了符合动画片标准造型的三个主要人物设计图以及之后的转面图、比例图等。之后央视于 2013 年摄制了 13 版动画片。一审法院在对 13 版动画片人物形象与 95 版动画片人物形象进行比对的基础上，认定 13 版动画片的人物形象与 95 版动画片人物形象在整体人物造型、基本形态上构成实质性相似，13 版动画片人物形象是对 95 版动画片人物形象的演绎，属于演绎作品。而 95 版动画片人物形象的创作是 95 版动画片美术创作团队在刘泽岱创作的人物概念设计图（即三幅美术图）基础上进行了再设计和再创作。最终制作成了符合动画片标准造型的三个主要人物形象的标准设计图以及之后的转面图、比例图等。央视委托刘泽岱创作了三幅美术图，虽然由于没有约定三幅美术图的著作权归属而导致属于受托人刘泽岱，但是，央视作为委托人可以在委托目的和约定使用范围内使用。根据与刘泽岱的约定，央视以三幅美术图作为基础来创作符合动画片标准造型的三个人物形象并最终摄制为动画片中人物形象，这一创作符合约定，在委托事项范围内使用了受托创作的作品。央视的标准造型图是在三幅美术图基础上的改编性创作，既包含了三幅美术图的独创性表达，同时又有央视创作团队的新的表达，属于改编作品。依据著作权法的规定，改编作品的著作权属于改编人，也就是央视。所以，95 版动画片及其人物形象的著作权属于央视，而 13 版动画片是对 95 版动画片的改编，故 13 版动画片及其人物形象的著作权属于央视。央视将两版动画片及其人物形象的著作权授予央视动画公司，央视动画公司享有两版动画片及其人物形象的著作权。

由于 13 版动画片人物形象是对 95 版动画片人物形象的改编，而 95 版动画片人物形象是对三幅美术图的改编，13 版动画片及其人物形象是在改编作品基础上的改编作品。根据《著作权法》第十二条，（新修订的《著作权法》第十三条）"改编、翻译、注释、整理已有作品而产生的作品，其著作权由改编、翻译、注释、整理人享有，但行使著作权时不得侵犯原作品的著作权"的规定，对改编作品 13 版动画片及其人物形象行使著作权不得侵犯原作品即三幅美术作品的著作权。而被诉侵权人央视动画公司未经三幅美术图著作权人大头儿子文化公司的许可，在 2013 版《新大头儿子和小头爸爸》动画片以及相关的展览、宣传中以改编的方式使用大头儿子文化公司的作品并据此获利的行为，侵犯了大头儿子文化公司的著作权。

第四章 | 邻接权

第一节　表演者权

问题与思考

　　王美美受 A 县电视台元宵节联欢晚会栏目组邀请，按照预定安排在晚会现场演唱了车行作词、戚建波作曲的《好运来》，电视台对晚会节目现场直播。B 县电视台未经许可转播了 A 县电视台的这场晚会。请问：

　　（1）如果《好运来》词曲作者知道晚会使用了其歌曲后，应该起诉谁？由谁承担侵权责任？

　　（2）B 县电视台的转播行为是否侵权？侵犯了谁的什么权利？

　　（3）B 县电视台将转播的晚会节目上传到自己的网站，B 县电视台的行为是否侵权？侵犯了谁的什么权利？

典型案例

38. 卢某与平昌县文化馆等侵犯表演者权纠纷案❶

【基本案情】

　　2012 年 6 月，受四川省平昌县文化馆（以下简称文化馆）邀请，聂某某等人创作了歌曲《江口水乡》，卢某试唱了该歌曲并

---

❶　四川省巴中市中级人民法院民事判决书（2015）巴中民初字第 11 号，四川省高级人民法院民事判决书（2016）川民终字第 900 号。

录制了歌曲小样。同年 10 月，聂某某将包括歌词、曲谱、音乐伴奏在内的整首歌曲以及卢某演唱的歌曲小样通过网络传给了文化馆，歌曲小样的演唱者署名为菲儿。之后，文化馆根据前述歌曲小样组织制作了 MTV，歌曲演唱者的署名为周某某。文化馆将该 MTV 提供给平昌县人民政府网、平昌文化网、平昌县旅游网、平昌县电视台进行播放。2013 年 12 月，聂某某等人与文化馆签订《原创音乐作品使用授权协议》，约定文化馆若将歌曲交于第三方演唱，应自行与第三方完善相关演唱及其使用授权。2014 年 4 月，由平昌县人民政府等承办的四川省第五届乡村文化旅游节开幕式在平昌举行，文化馆负责文艺表演相关具体事宜。周某某受文化馆的邀请和安排在开幕式上演唱了歌曲《江口水乡》，屏幕注明的演唱者为周某某，但在表演过程中却播放了卢某演唱的歌曲小样。卢某得知后向四川省旅游局反映了此事并要求侵权赔偿。2014 年 5 月，卢某和文化馆就著作权纠纷达成调解协议。2015 年 1 月，卢某认为平昌县人民政府未对自己演唱的《江口水乡》进行大力宣传，也未删除网站上的原侵权视频，诉请四川省巴中市中级人民法院判决被告平昌县文化馆等立即停止侵权并赔偿损失。被告辩称卢某在非公开场合录音棚演唱《江口水乡》，不享有表演者权，被告没有侵犯原告权利。

　　四川省巴中市中级人民法院认为卢某是歌曲小样《江口水乡》的演唱者，享有表演者权。文化馆在制作 MTV、向相关网站提供歌曲视频、组织旅游节开幕式等活动中使用了卢某演唱的歌曲小样，却未表明该歌曲的演唱者为卢某，侵犯了其所享有的表明表演者身份权和信息网络传播权。但由于卢某在调解协议中对文化馆的侵权行为予以谅解，且文化馆在达成协议后于平昌县政府网站发布了声明，故判决驳回原告的诉讼请求。卢某不服，向四川省高级人民法院上诉，四川省高级人民法院于 2016 年 12 月 2

日审理后维持了一审判决。

【争议焦点】

该案争议的焦点是：（1）原告卢某是否享有涉案音乐作品的表演权和表演者权？（2）被告平昌县文化馆等是否存在侵权行为？

围绕上述两个争议焦点，形成了以下两种截然不同的观点。

第一种观点认为，卢某不是歌曲《江口水乡》的著作权人，她只是表演了歌曲。由于表演者的表演应该具有公开性，卢某所演唱的歌曲小样是录音棚的录音行为，不是公开条件下的表演，因此卢某不享有涉案音乐作品《江口水乡》的表演者权，案中平昌县文化馆等被告的行为不构成侵权。

第二种观点认为，卢某是歌曲《江口水乡》的著作权人，对作品享有表演权、信息网络传播权。同时，卢某借助技术设备使其声音再现，并经涉案歌曲《江口水乡》的词、曲作者的许可试唱歌曲、录制小样，也是歌曲《江口水乡》的表演者，享有《著作权法》第三十八条所规定的表明表演者身份权、信息网络传播权等相关权利。因此，该案中平昌县文化馆等被告的行为构成侵权。

【案例分析】

（1）著作权法意义上的表演者权。

表演者权是一种典型的邻接权，指从事演出活动的主体基于其表演行为而享有的各项权利的总称，其也具有一定的独创性。但是由于独创性非常低，同时表演者表演作品也是在传播作品，故将表演者权归入邻接权范畴。

《著作权法》第三十七条（新修订的《著作权法》第三十八条）规定，表演者在使用他人作品进行演出时，应当取得著作权人许可，并支付报酬。如果演出是由演出组织者组织，则由该组织者取得著作权人许可，并支付报酬。使用改编、翻译、注释、整理已有作品而产生的作品进行演出，应当取得改编、翻译、注释、整理作品的著作权人和原作品的著作权人许可，并支付报酬。作为作者作品和社会公众之间的传播媒介，表演者在对表演融入独创性劳动时理应尊重被表演作品作者的著作权。

（2）表演权和表演者权的区别。

我国《著作权法》第十条第一款第（九）项规定，表演权包括两方面的内容：一是公开表演作品的权利；二是用各种手段公开播送作品的表演的权利。《著作权法》第三十八条规定，表演者对其表演享有以下六项权利：①表明表演者身份；②保护表演形象不受歪曲；③许可他人从现场直播和公开传送其现场表演，并获得报酬；④许可他人录音录像，并获得报酬；⑤许可他人复制、发行录有其表演的录音录像制品，并获得报酬；⑥许可他人通过信息网络传播其表演，并获得报酬。其中前两项为身份权利，后四项为财产权利。从上述规定可以看出，表演权和表演者权虽然只有一字之差，但是二者存在很大的区别：①二者的性质不同。表演权就是著作权人所享有的著作财产权之一；而表演者权则是一种邻接权，是在通过著作权人的授权后基于对作品的表演所获得权利，包括人身权和财产权。②二者保护的客体不同。由于表演权是著作权，因此其保护的客体是作品本身。而表演者权的保护客体则是表演者的表演活动。一部作品如果经过多个人的表演，那么享有表演者权的主体不止一个，而享有表演权的人则只有著作权人。③二者的权利主体不同。表演权是著作权的一种，故创作作品的作者或其他著作权继受者是表演权主体。而表演者权的权利主体则是作品的表演者。在诗歌、戏剧、音乐等文学艺术作品中，诗人、剧作家、词曲作者等主体享有表演权，而朗诵者、演员、演唱者等主体则享有表演者权。

（3）原告卢某是否享有涉案音乐作品的表演者权？

如前文所述，表演权和表演者权在本质上存在很大不同。表演权是一种著作权，表演者权则是一种邻接权。表演者权的享有既与是否对作品进行公开表演无关，也与表演者和著作权人之间的法律关系无关，只要表演者对作品进行了表演，其就对自己的表演享有包括表明身份、信息网络传播权等在内的各类表演者权。该案中，卢某并非音乐作品《江口水乡》的词曲作者，也不是改编、汇编该作品的作者，其是借助技术设备通过自己的声音将作品传达给公众的表演者。作为表演者，其依法享有著作权法规定的表演者权，并受法律保护。

（4）被告平昌县文化馆等是否存在侵权行为？

该案中，平昌县文化馆作为旅游节开幕式的承办单位，在文艺表演中播放卢某所录制的歌曲小样，却将其署名为周某某的行为，侵犯了卢某所享有的表演者权中的表明表演者身份的权利；文化馆将卢某演唱的歌曲小样制作 MTV，将歌曲演唱者署名为周某某，并将侵权 MTV 上传至平昌县人民政府网、平昌电视台等行为侵犯了卢某所享有的信息网络传播权；平昌县政府作为乡村文化旅游节的承办单位之一，其是乡村文化旅游节的责任主体，对乡村文化旅游节期间发生的侵犯卢某表明表演者身份权利的行为亦应承担相应的侵权责任。平昌县人民政府作为平昌县人民政府网站的主办单位和版权人，对网站内容具有审查义务，根据《中华人民共和国侵权责任法》第三十六条第一款规定："网络用户、网络服务提供者利用网络侵害他人民事权益的，应当承担侵权责任。"❶ 因此，因平昌县文化馆将侵权视频上传至平昌县政府网站

---

❶ 《中华人民共和国侵权责任法》第三十六条的规定被编纂为《民法典》第一千一百九十四条。因为本书所涉及的案例中案件发生时《民法典》还没有发生效力，所以本书中涉及侵权责任方面还是按照《侵权责任法》的规定进行分析。

的行为，平昌县政府与平昌县文化馆构成共同侵权。

39. 杭州现代环境艺术实业有限公司与葛优肖像权纠纷案❶

【基本案情】

葛优系国内著名演员，主演多部影视剧，在国内享有较高的知名度，其在室内大型情景剧《我爱我家》中饰演季春生一角，形象突出，特色鲜明，具有较高的辨识度和代表性。2016 年 7 月 27 日，杭州现代环境艺术公司在其微信公众号上发表了一篇文章，标题为"从'京瘫'到'津瘫'，滨河湾教你如何'瘫'！"。文章中使用 4 幅剧集中"季春生"躺在沙发上剧照的截图，并将该截图与其他图片拼图编辑 11 幅次，同时配有文字内容。葛优得知后以杭州现代环境艺术公司侵犯其肖像权为由起诉至北京市海淀区人民法院，要求被告立即停止侵权，并赔礼道歉、赔偿损失。

北京市海淀区人民法院认为，剧照中的演员形象体现了演员的个性化特征，承载着演员的人格利益。演员突出形象的影视剧照具备肖像的法律特征，应受到法律的保护。葛优作为《我爱我家》中季春生的表演者，对剧照中的形象享有肖像权，且该人物形象突出，具有较高的辨识度，受到广大观众的喜爱，故葛优在该剧中的人格利益更为明显。杭州现代环境艺术公司未经葛优许可使用其剧照中的形象，且用作商业宣传，对葛优的肖像权造成了侵犯，应当承担相应的侵权责任。杭州现代环境艺术公司不服一审判决，向北京市第一中级人民法院上诉。二审北京市第一中级人民法院于 2020 年 2 月 25 日审理后判决驳回上诉，维持原判。

---

❶ 北京市海淀区人民法院民事判决书（2018）京 0108 民初 39801 号，北京市第一中级人民法院民事判决书（2020）京 01 民终字第 1513 号。

【争议焦点】

（1）原告葛优是否对剧照中的形象享有肖像权？

一种观点认为肖像是借助诸如绘画、摄影、电影等艺术形式使自然人的外貌在物质载体上再现的视觉形象，自然人对其肖像享有再现、使用或许可他人使用的权利，即肖像权。剧照是演员肖像的载体，剧照中的演员形象体现了演员的个性特征，承载着演员的人格利益。一般公众会将剧照形象与演员本人的真实外貌联系在一起，因此剧照中的演员形象具备肖像权的法律特征，演员对其享有肖像权。

另一种观点认为剧照中的形象不是葛优的肖像，因此，其对剧照中的形象不享有肖像权。

（2）被告杭州现代环境艺术公司是否侵犯了葛优的肖像权？

一种观点认为杭州现代环境艺术公司所经营的公众号具有商业宣传的作用，其未经许可擅自使用原告剧照形象的行为具有营利的目的，侵犯了原告葛优的肖像权。

另一种观点则认为，影视表演形象和自然人的肖像具有显著的区别，对于未经权利人许可擅自使用影视表演形象的行为人来说，为了达到规避法律制裁的目的，只需要对影视表演形象进行非实质性的改动，就可以使影视表演形象与相关演员的肖像存在区别，从而不会造成对肖像权的侵犯。因此对于他人未经许可擅自使用影视表演形象的行为，应该受到表演者权的规制。❶

【案例分析】

（1）肖像权的界定。

肖像权是自然人对自己肖像享有的再现、使用以及许可他人使用的权利，是一种专属于自然人的人格权，包括精神利益和财

---

❶ 陈和芳．影视表演者权的社会价值和实现路径［J］．河北法学，2016（10）：111–117.

产利益。肖像是肖像权的权利客体，我国立法对于肖像并未进行准确的界定，学者们对其也并未形成统一的界定。王利明教授认为，肖像是通过一定方式所反映出来的自然人的面部形象；❶ 王泽鉴教授则对肖像作出了更为宽泛的界定，其认为肖像以人的面部特征为主要内容，凡是可以呈现人的外部形象的载体，都可以纳入肖像的范畴。❷ 笔者认为肖像的范围不应该仅局限于人的面部形象。随着现代科学技术的发展，肖像的载体不再局限于传统的摄影照片、绘画等，如抖音中的某一特效可以使静态的照片变成动态的表情包。如果肖像仅指自然人的面部形象，实际生活中可能会出现大量侵犯肖像权而无法受到法律规制的行为。因此笔者认为凡是可以使相关公众联想到特定人物肖像的肖像载体，都应该纳入肖像的范畴，即是否侵犯肖像权的行为判断应该将可识别性纳入考量因素。

肖像权人对肖像具有专属权，影视剧中的角色形象剧照是演员肖像的载体，承载着演员的人格利益。有一百个观众就有一百个哈姆雷特，不同的演员塑造的角色形象存在差异，角色形象剧照体现了演员的个性化特征，再现了肖像在法律规定中的特征，演员理应对角色形象之剧照享有肖像权。此外，一般情况下自然人的人格利益的明显程度会因知名度而有所不同。对于演员而言，其知名度越高，在影视剧中所扮演的角色形象的可辨识度越高，那么其人格利益也越明显。在判断使用角色形象之剧照的行为是否侵犯演员的肖像权时，应该判断一般社会公众是否能将该剧照与特定演员相联系。如果是肯定回答，则该剧照是肖像权的保护客体，使用角色形象之剧照的行为侵犯了演员的肖像权。

---

❶　王利明. 民法新论上册 [M]. 北京：中国政法大学出版社，1988：187.
❷　王泽鉴. 人格权保护的课题与展望 [J]. 台北法学杂志，2006（87）：61.

（2）保护表演形象不受歪曲权的界定。

著作权法规定的表演者权是表演者在获得著作权人许可后对相关作品进行一定独创性的表演而享有的权利，包括表明表演者身份权、保护表演形象不受歪曲、信息网络传播权等在内的多项权利。著作权人通过作品为社会公众刻画了一幅静态的艺术形象，表演者以声音、动作、姿态和表情等方式再现作品过程中塑造出的动态的艺术形象，淋漓尽致地再现了作者的艺术思想，理应受到表演者权的保护。保护表演形象不受歪曲就是他人未经表演者许可，不得改动表演形象偏离表演者塑造的艺术形象，也即表演者享有排除他人丑化、歪曲表演形象的权利，从而防止对其声望和名誉造成损害。保护表演形象不受歪曲权是表演者的精神权利，本质上具有人格权属性。

（3）保护表演形象不受歪曲权和肖像权的区别。

保护表演形象不受歪曲权是一种著作人格权，肖像权是传统民法中的人格权，二者存在很大的联系。保护表演形象不受歪曲是表演者享有排除他人丑化、歪曲表演形象的权利，如果他人未经许可使用了表演者的表演形象，则该行为并未侵犯保护表演形象不受歪曲权。如果对表演者特定的表演形象进行丑化、歪曲，使广大观众能够将丑化、歪曲后的形象与该表演者表演的特定形象相联系，也能与该特定的表演者相联系，那么该歪曲、丑化行为同时也造成了对表演者肖像权的侵犯。

二者虽然同为人格权，但存在很大差别：第一，肖像权是表演者的基本人格权之一，基于出生而获得；表演者权则是基于对授权作品的表演而获得，是一种邻接权。第二，根据我国《著作权法实施条例》的相关规定，目前演出单位和表演者都可以享有表演者权；肖像权则是专属于自然人的权利。

（4）被告杭州现代环境艺术公司是否侵犯了葛优的肖像权？

从我国的立法规定和司法实践现状来看，表演者权中的保护表演形象不受歪曲权不包括未经许可对表演形象进行使用的行为。我国著作权法虽然并未对保护表演形象不受歪曲权进行界定，但多数学者都将其表述为"表演者有权禁止他人对自己在表演中的形象加以歪曲和篡改，防止对表演者的声誉和声望的损害"。❶"真假孙悟空案"将影视演员所创造的经过艺术化处理的角色形象纳入了肖像权的客体❷，此后法院都将他人未经许可擅自使用角色形象的行为定性为对肖像权的侵犯。肖像权是基本人格权的一种，随着现代科技的发展，作为肖像权权利客体的肖像的范围必然会不断扩大，凡是体现特定自然人外部形象的因素都可以纳入肖像权的范畴。❸ 而保护表演形象不受歪曲权本质上具有人格权的属性，加之我国相关立法和司法实践对未经许可擅自使用表演形象的行为不认定为侵犯保护表演形象不受歪曲权，因此利用肖像权对其进行规制具有较强的可行性。

该案中，葛优是影视剧《我爱我家》中"季春生"的表演者，其在表演中融入了自己的声音、动作、形象等体现人格利益的个性化特征，享有表演者权，同时该表演形象也涉及了演员葛优的肖像，葛优对其也享有肖像权。如果将该表演形象从影视剧中分离出来并将其静态化，那么演员的外在形象特点表现的更加突出，演员本人的人格利益体现地更加明显。杭州现代环境艺术公司未经演员葛优的许可擅自使用"季春生"这一表演形象，并将其发布在具有商业宣传作用的公众号上。由于"季春生躺在沙

---

❶ 王迁. 知识产权法教程［M］. 5 版. 北京：中国人民大学出版社，2016：201.

❷ 北京市第一中级人民法院民事判决书（2013）一中民终字第 05303 号.

❸ 刘承题. 影视演员肖像权纠纷的实证研究［J］. 山东科技大学学报（社会科学版），2019（1）：29 – 34.

发上"这一表演形象特色鲜明，具有很高的辨识度和代表性，广大观众一看到这一表演形象就能将其与葛优的外在形象相对应，因此，杭州现代环境艺术公司的行为侵犯了演员葛优的肖像权，应当承担侵权责任。

第二节　录音录像制作者权

问题与思考

1. 三山音像有限公司请王美美演唱了歌曲《好运来》，并制作成 DVD 发行，发行半个月后，《好运来》词曲作者发现其行为，拟起诉三山音像有限公司侵权，请问，三山音像公司是否侵犯了《好运来》词曲作者的著作权？

2. 三山音像有限公司将祖海发行的《好运来》专辑中的歌曲《好运来》作为背景音乐制作了一场短小的情景剧，录制制作为 DVD 后发行，三山音像有限公司的行为侵权吗？如果侵权，侵犯了谁的什么权利？

3. 三山音像有限公司请王美美演唱了歌曲《好运来》，制作为《王美美》CD 专辑，三山音像有限公司的行为侵权吗？如果侵权，侵犯谁的什么权利？

典型案例

40. 中国体育报业总社与北京图书大厦有限责任公司、 广东音像出版社有限公司、 广东豪盛文化传播有限公司著作权权属纠纷、 侵犯著作权纠纷案❶

【基本案情】

国家体育总局于 2010 年 11 月正式委托北京体育大学启动中华人民共和国第九套广播体操（以下简称第九套广播体操）的创编工作，约定第九套广播体操系列产品的著作权属于国家体育总局。2011 年 6 月末，第九套广播体操的动作及伴奏音乐的创编及录制完成。2011 年 6 月 27 日，国家体育总局将第九套广播体操系列产品复制、出版、发行和信息网络传播权独家授予了原告中国体育报业总社。

《第九套广播体操图解、手册 DVD CD》由人民体育出版社于 2011 年 8 月出版，其中 DVD 的主要内容为第九套广播体操的演示教学片影像和带口令的伴奏音乐，演示教学片的示范员为隋某某等人，CD 的内容为第九套广播体操的伴奏音乐，分别为带口令和不带口令的各一段。

2012 年 3 月，原告发现被告广东音像出版社有限公司（以下简称广东音像公司）侵权出版了《第九套广播体操》DVD，内容亦为第九套广播体操的演示教学片影像，使用了第九套广播体操的伴奏音乐（带口令），示范讲解员为李美（字幕显示），另有若干名儿童与其一同演示，演示、讲解的动作与第九套广播体操的

---

❶ 北京市西城区人民法院民事判决书（2012）西民初字第 14070 号。

动作基本相同。于是原告将广东音像公司起诉到北京市西城区人民法院，诉称被告的行为侵犯了原告对于第九套广播体操动作相关音像制品所享有的专有复制、发行权。被告辩称，被告出版发行的音像制品，是另行录制与原告完全不同的版本，故被告并没有侵犯原告的录音录像制作者权。

北京市西城区人民法院审理后认为，被控侵权 DVD 是重新录制，没有复制原告的 DVD，但是被控侵权 DVD 使用的伴奏音乐是国家体育总局制作的录音制品，不符合法定许可的规定，构成对音乐作品著作权和伴奏音乐录音制作者权的侵犯。

【争议焦点】

（1）被控侵权 DVD 的发行是否侵犯原告第九套广播体操录像制作者权？

一种观点认为被控侵权 DVD 录制的是第九套广播体操，第九套广播体操已经被录制过，所以侵犯了原告从录制者那里转授来的录制者权。

另一种观点认为被控侵权 DVD 是重新录制，没有复制原告享有权利的 DVD，所以被告重新制作第九套广播体操 DVD 并发行的行为没有侵犯原告的录制者权。

（2）被控侵权 DVD 中使用《第九套广播体操》伴奏音乐是否侵权？

一种观点认为，伴奏音乐系音乐作品，受著作权法保护，但由于国家体育总局已将其录制为录制品，根据著作权法关于法定许可的规定，使用该配乐制作录像制品并发行不需要征得其同意，仅需支付报酬，因此没有侵犯录音制作者权。

另一种观点认为，虽然国家体育总局已将伴奏音乐录制为录音制品，但是直接使用该录音制品制作录像制品并发行，侵犯了伴奏音乐录音制品制作者权。

【案例分析】

（1）被控侵权 DVD 的发行是否侵犯第九套广播体操录像制作者权？

《著作权法》第四十二条（新修订的《著作权法》第四十四条）规定："录音录像制作者对其制作的录音录像制品，享有许可他人复制、发行、出租、通过信息网络向公众传播并获得报酬的权利。"第四十六条规定（新修订的《著作权法》第四十八条）："电视台播放他人的电影作品和以类似摄制电影的方法创作的作品、录像制品，应当取得制片者或者录像制作者许可，并支付报酬；播放他人的录像制品，还应当取得著作权人许可，并支付报酬。"可见，录像制作者对其录像制品享有复制权、发行权、出租权、信息网络传播权、广播权。该案中，被告不是对第九套广播体操录像的翻录，而是另请示范讲解员李美（字幕显示），另有若干名儿童与其一同演示。虽然演示、讲解的动作与第九套广播体操的动作基本相同，但是第九套广播体操动作不是著作权法意义的作品，此问题在第一章第一节第 2 个案例中已经分析了第九套广播体操动作及口令不受著作权法保护，不属于著作权法意义上的作品，此处不再分析。被告所录制的 DVD 不同于原告享有权利的第九套广播体操录像制品，故其录制并发行涉案 DVD 没有侵犯原告享有的录像制作者权。

（2）被控侵权 DVD 中使用并发行第九套广播体操的伴奏音乐是否构成侵权？

根据著作权法的规定，录音制作者对录音制品享有复制、发行、出租、信息网络传播权。该案中，在第九套广播体操伴奏音乐上存在两个主体、两个客体和两种权利。一个是国家体育总局对伴奏音乐享有的音乐作品著作权，另一个是国家体育总局已经将伴奏音乐录制为录音制品，那么，国家体育总局对该伴奏音乐的录音制品享有录音制作者权。被控侵权 DVD 使用并发行该伴奏音乐涉及两个问题：一是被控侵权 DVD 中使用了第九套广播体操的伴奏音乐，是否侵犯了伴奏音乐著作权人的权利；二是该伴奏音乐已经被国家体育总局录制为录音制品，被控侵权 DVD 中使用该伴奏音乐是否侵犯录音制作者权。对于第一个问题，第九套广播体操的伴奏音乐具有独创性，属于音乐作品，国家体育总局对该伴奏音乐享有著作权。国家体育总局通过出版合同将该音乐作品的复制、发行权授予了原告中国体育报业总社，故原告对该伴奏音乐享有著作权。被控侵权 DVD 中使用了伴奏音乐，并发行了DVD，因此，被告侵犯了原告中国体育报业总社对伴奏音乐的复制权和发行权。对于第二个问题，国家体育总局已经将伴奏音乐录制为录音制品，根据《著作权法》第四十条第三款（新修订的《著作权法》第四十二条第二款）规定："录音制作者使用他人已经合法录制为录音制品的音乐作品制作录音制品，可以不经著作权人许可，但应当按照规定支付报酬；著作权人声明不许使用的不得使用。"这是关于法定许可的规定，该条法定许可的规定必须同时具备以下四点：①录制者制作录音制品时被录制的对象为音乐作品；②该音乐作品必须是曾经被他人合法录制为录音制品；③录制者必须是将此音乐作品重新录制；④对音乐作品重新录制后形成的必须是录音制品，而不是将音乐作品用于录像制品或电影之中。符合以上条件后，如果其他人想要对某音乐进行录制，可以不经过音乐作品著作权人许可，但需要支付报酬。该案中，涉案伴奏音乐确实已经被国家体育总局录制为录音制品，但是一方面被告使用该音乐作品不是用于制作录音制品，而是制作了被控侵权的 DVD 录像制品，另一方面被告没有对音乐作品进行重新录制，而是把国家体育总局录制的录音制品直接复录在被控侵权的 DVD 录像制品中。故被控侵权 DVD 使用第九套广播体操的伴奏音乐，不符合法定许可条件，只是对国家体育总局录制的伴奏音乐录制品的复制。由于国家体育总局将第九套广播体操伴奏乐录音制品的专有复制、发行权授予原告中国体育报业总社，原告中国体育报业总社则成为该伴奏音乐录音制品制作者权的专有使用权人，因此，被告在被控侵权 DVD 中使用第九套广播体操伴奏音乐并发行该 DVD 的行为侵犯了原告作为录制者权的专有使用人享有的复制权和发行权。

第三节　广播组织者权

问题与思考

1. 中央电视台播放了"2019 年春节联欢晚会"后，其发现华丰公司的"电视狗"手机 App 上未经中央电视台的许可实时转播了"2019 年春节联欢晚会"并存储在其中供用户点击观看，请问华丰公司的行为是否侵犯了中央电视台对"2019 年春节联欢晚会"的广播权、信息网络传播权？是否侵犯了中央电视台的广播组织者权？

2. 张明作词作曲完成了歌曲《我的奋斗》，张明邀请王美美演唱并制作了 CD。李红林结婚当日，在老家举办的婚庆典礼中其播放了王美美演唱的歌曲《我的奋斗》，并对婚礼现场进行录制。之后，李红林将录制的视频发到自己的微信公众号。某电视台在"农村欢乐时"栏目中播放了李红林录制的视频。请问，这个小案例中是否存在侵权行为，如果存在，哪些行为是侵权的，具体侵犯什么权利？

41. 新疆春雷影视文化传媒有限公司与昌吉市广播电视台侵犯作品广播权纠纷案❶

【基本案情】

杭州佳平影业有限公司于 2017 年 6 月 19 日将其享有著作权的五十八集电视连续剧《鸡毛飞上天》在新疆范围内的有线、无线电视播映权、发行权独家授权给新疆春雷影视文化传媒公司（以下简称春雷公司），约定乙方有责任在合约有效期内，以自己名义对其授权播映范围内的播映侵权行为追究法律责任。2018 年 1 月，昌吉电视台未经春雷影视公司许可，持续在昌吉市广播电视台公开播出影视剧《鸡毛飞上天》，春雷影视公司发现后向新疆维吾尔自治区昌吉回族自治州中级人民法院提起诉讼，称被告侵犯其广播权。被告辩称其从第三人处购买了涉案影视剧的广播权。昌吉回族自治州中级人民法院判决被告侵犯了原告的广播权，昌吉市广播电视台不服，向新疆维吾尔自治区高级人民法院提起上诉。新疆维吾尔自治区高级人民法院于 2019 年 3 月 20 日审理后判决驳回上诉，维持原判。

【争议焦点】

昌吉市广播电视台是否侵犯春雷公司的广播权？

一种观点认为昌吉市广播电视台从案外人处购买了涉案影视

---

❶ 新疆维吾尔自治区昌吉回族自治州中级人民法院民事判决书（2018）新 23 民初 100 号，新疆维吾尔自治区高级人民法院民事判决书（2019）新民终 36 号。

剧的广播权，因此，播放涉案影视剧不侵犯其广播权。

另一种观点认为春雷公司从权利人处购买了涉案影视剧的广播权，未经许可的播放侵犯了其广播权。

【案例分析】

《著作权法》第四十六条规定："电视台播放他人的电影作品和以类似摄制电影的方法创作的作品、录像制品，应当取得制片者或者录像制作者许可，并支付报酬；播放他人的录像制品，还应当取得著作权人许可，并支付报酬。"该案中，春雷公司从杭州佳平影业有限公司购买了涉案影视剧的广播权，从而对涉案影视剧享有了在新疆地区的广播权。《著作权法》第十条第一款第（十一）项规定："广播权，即以无线方式公开广播或者传播作品，以有线传播或者转播的方式向公众传播广播的作品，以及通过扩音器或者其他传送符号、声音、图像的类似工具向公众传播广播的作品的权利。"昌吉市广播电视台播放涉案影视剧的行为，落入著作权人享有的广播权控制的广播行为范围。昌吉市广播电视台未经对涉案影视剧享有广播权的春雷公司许可，播放涉案影视剧的行为，侵犯了春雷公司的广播权。

42. 北京我爱聊网络科技有限公司与央视国际网络有限公司侵犯著作权及不正当竞争纠纷上诉案❶

【基本案情】

2009 年 3 月 25 日，国际奥委会将伦敦奥运会电视节目的独家移动网和互联网的广播权及展览权授予中国中央电视台，包括但不限于网络转播权和互联网互动点播权。

---

❶ 北京市海淀区人民法院民事判决书（2013）海民初字第 21470 号，北京市第一中级人民法院民事判决书（2014）一中民终字第 3199 号。

2009 年 4 月 20 日，央视国际网络有限公司（以下简称央视国际公司）（域名 cctv. com 和 cntv. cn）作为中央电视台的下属公司经中央电视台授权获得相关权利，包括独占享有通过信息网络向公众转播中央电视台的 CCTV – 1 到 CCTV – 15、CCTV – 22 系列频道及提供各频道播出的全部电视节目的权利。

央视国际公司发现，北京我爱聊网络科技有限公司（以下简称我爱聊公司）未经许可，擅自通过其提供的名为"电视粉"的安卓系统手机客户端软件和信息网络向用户实时转播中央电视台的"CCTV – 1"等共计 16 个电视频道。同时，我爱聊公司在前述软件中设置了"2012 伦敦奥运专区"专题页面，向用户实时转播中央电视台播出的大量伦敦奥运会比赛的电视节目。之后，央视国际公司以我爱聊公司的不正当竞争行为违反公平原则和诚实信用原则、严重侵犯其广播组织权为由，将我爱聊公司诉至北京市海淀区人民法院，诉称被告侵犯其对涉案节目的广播权及广播组织权。被告辩称其未侵犯原告的广播组织权。

北京市海淀区人民法院审理后认为被告侵犯了原告的权利。我爱聊公司不服，向北京市第一中级人民法院提起上诉，北京市第一中级人民法院于 2014 年 5 月 26 日审理后认为，我爱聊公司不侵犯央视国际公司的广播权和广播组织权。

【争议焦点】

（1）我爱聊公司是否侵犯央视国际公司的广播权？

一种观点认为 CCTV5 等涉案电视频道转播的体育竞赛节目不是著作权法意义的作品，所以我爱聊公司在"电视粉"网络上实时播放的行为不侵犯央视国际公司的广播权。

另一种观点认为我爱聊公司侵犯了央视国际公司的广播权。

（2）我爱聊公司是否侵犯了央视国际公司的广播组织权？

一种观点认为，我爱聊公司在"电视粉"上实时转播涉案节目，实际上在网络上转播了载有节目的信号，侵犯了央视国际公司获得授权的广播组织权。

另一种观点认为，广播组织权中的转播，仅限于以无线方式、有线方式转播广播电台、电视台节目的行为，未将广播组织权的保护范围扩展至互联网环境下。因此，我爱聊公司通过"电视粉"实时转播不侵犯央视国际公司的广播组织权。

【案例分析】

（1）我爱聊公司是否侵犯央视国际公司的广播权？

《著作权法》第十条第一款第（十一）项规定："广播权，即以无线方式公开广播或者传播作品，以有线传播或者转播的方式向公众传播广播的作品，以及通过扩音器或者其他传送符号、声音、图像的类似工具向公众传播广播的作品的权利。"此规定表明广播权控制着三种对作品广播行为：①无线广播，即通过无线信号传播作品的行为；②以无线或有线方式转播，即将接收到的无线广播信号通过无线电波或有线电缆等加以同步转播，受众能够收听或收看被广播的作品。这一转播方式中包括了有线转播。③公开播放接收到的广播。判断被诉侵权人使用作品行为是否侵犯作品著作权人的广播权，首先是判定被使用的作品是否是著作权法意义上的作品，然后对作品主张权利的人是否是该作品的著作权人，最后再判断被诉侵权人的行为是否落入著作权人控制的广播行为之中。第一步，涉案作品是否是著作权法意义上的作品。央视国际公司通过授权获得的"CCTV-1"等共计16个电视频道节目和CCTV-5的伦敦奥运会电视节目是不是著作权法意义上的作品？单从理论上讲，CCTV-1等16个电视频道上播放的内容有的如电影、电视剧、纪录片、各种真人秀具有独创性，属于著作权法意义上的作品，有的是录像制品。如果是作品，则作品的著作权人享有广播权。如果是录像制品，《著作权法》第四十六条规定："电视台播放他人的电影作品和以类似摄制电影的方法创作的作品、录像制品，应当取得制片者或者录像制作者许可，并支付报酬；播放他人的录像制品，还应当取得著作权人许可，并支付报酬。"则录像制品的录制者也享有电视台播放的广播权。所以，在 CCTV－1 等 16 个电视频道上播放的内容上都存在广播权。第二步，央视国际公司是否对这些作品享有广播权。通过一审、二审法院的审理，认定了央视国际公司通过中央电视台的授权，获得了"独占享有通过信息网络向公众转播中央电视台的 CCTV－1 到 CCTV－15、CCTV－22 系列频道及提供各频道播出的全部电视节目的权利"。网络传播和广播是否包括了广播权呢？在 1996 年的《世界知识产权组织版权条约》第八条规定："……文学和艺术作品的作者应享有专有权，以授权将其作品以有线或无线方式向公众传播，包括将其作品向公众提供，使公众中的成员在其个人选定的地点和时间可获得这些作品。"该条规定涵盖了任何向公众传播作品的手段，通过互联网转播载有作品的广播信号，属于此条控制的传播行为。此条包括了信息网络传播权和广播权。我国于 2006 年加入了该条约，有义务对作品在互联网上的传播提供对权利人的保护。况且，《著作权法》对广播权的规定包括的第三种行为"公开播放接收到的广播"也能控制互联网上转播广播组织制作的节目的行为。因此，互联网上转播广播组织制作的节目的行为落入广播权控制的范围。该案中，央视国际公司从中央电视台获得的通过网络传播、广播的独家权利，实际上就是信息网络传播权和广播权。第三步，被诉侵权人的行为是否落入著作权人控制的广播行为之中，通过上文分析，我爱聊公司未经央视国际公司的许可，将央视国际公司享有网络传播权利的 CCTV－1 等电视节目中的受著作权法保护的作品在网络上实时传播的行为侵犯了央视国际公司对涉案节目的广播权。如果实时转播的是

CCTV - 1 等节目中的录像，因为录像制品权利人享有的广播权只能控制电视台播放的行为而不能控制网络播放行为，则没有侵犯央视国际公司对授权获得的 CCTV - 1 等节目中录像制品的广播权。但是，从证据方面，二审法院认为，"被上诉人央视国际公司并未向法院提交其作为涉案电视频道所播作品著作权人或者利害关系人的证据"。因此，对央视国际公司主张的侵犯其广播权不予支持。对此，笔者认为，一审法院经过调查，已经认定央视国际公司经过授权，获得"独占享有通过信息网络向公众转播中央电视台的 CCTV - 1 到 CCTV - 15、CCTV - 22 系列频道及提供各频道播出的全部电视节目的权利"。这条授权中包括两个方面：一是对这些频道播出节目的网络上的传播权，即对载有作品的广播信号在网络上的传播权；二是通过网络提供各频道播出的全部电视节目的权利。第一个权利属于广播组织权方面，至于广播组织权是否控制网络上转播广播组织播放的作品的行为，下一个问题展开讨论。第二个权利就是广播权和信息网络传播权，上文已经分析，在网络上实时播放广播电视的节目如果属于著作权法意义上的作品则属于广播权控制的范围，如果属于录像制品则不属于广播权控制的范围。根据一审查证情况，央视国际公司证明了其获得了涉案节目的授权。所以，央视国际公司对 CCTV - 1 等节目中的作品享有广播权，我爱聊公司的"电视粉"上实时播放的行为侵犯了央视国际公司的广播权，对部分节目因属于录像制品，所以我爱聊公司对录像制品的播放没有侵犯央视国际公司的广播权。当然，新修订的《著作权法》将"广播权"修改为"以有线或者无线方式公开传播或者转播作品，以及通过扩音器或者其他传送符号、声音、图像的类似工具向公众传播广播的作品的权利，但不包括本款第十二项规定的权利"，更是明确了在网络上转播电视台播放的作品的行为属于广播权控制的范围。二审法院还认为"而且，CCTV - 5 等涉案电视频道转播的体育竞赛节目非以展示文学艺术或科学美感为目标，亦不构成著作权法意义上的作品"。目前涉及体育赛事节目直播画面是否受著作权法保护讨论已经很多，虽然有争议，但是，大家都承认体育赛事节目的直播画面是受著作权法保护的，争议在于是类电作品保护还是按录音制品保护。但是如果体育赛事节目画面属于类电作品，则侵犯广播权。因此，二审法院的认识有待商榷。

（2）我爱聊公司是否侵犯了央视国际公司的广播组织权？

《著作权法》第四十五条规定："广播电台、电视台有权禁止未经其许可的下列行为：（一）将其播放的广播、电视转播；（二）将其播放的广播、电视录制在音像载体上以及复制音像载体。"此条规定是根据 TRIPS 协议的要求，参照《罗马公约》而制定的。依据《罗马公约》，"转播"是一个广播电视组织同时播放另一个广播电视组织播放的节目。因此，广播组织的转播权只能控制广播组织同步播放行为，不能控制网络同步播放行为。该案中，我爱聊公司通过其"电视粉"网络同步转播央视国际公司经授权获得的 CCTV - 1 等播放的节目，由于广播组织权不控制在网络上播放广播组织播放的节目行为，所以，我爱聊公司没有侵犯央视国际公司的广播组织权。

但是，著作权法关于广播组织权中的"转播"只能是无线转播，广播组织权的权利人不能控制网络上播放广播组织播放的节目，这样的规定不能对目前大量存在的公司通过网络转播广播组织播放的节目进行规制。网络转播的行为使广播组织的收视率降低，对广播组织的利益损害很大。著作权法赋予广播组织对其播放节目的无线转播权，实际上是想让广播组织控制其播放的节目不要未经其许可传播范围扩大，该权利的赋予始于 2001 年《著作权法》的修改，当时，由于技术受限，网络上转播广播组织播放的节目的行为较少。但是，现在互联网普及，转播的技术很容易掌握，况且，网络转播也使广播组织播放的节目传播的范围扩大，甚至比广播电视传播的范围更广。因此，应该将现行著作权法中广播组织权中的转播权定义为"以有线或者无线方式进行转播"，其中有线方式包括信息网络传播的方式，这样既可以保护广播组织者的权益，使得广播组织权适应互联网时代的发展，又能促使作品的传播，维护各方面的利益平衡。欣喜的是，2020年新修订的《著作权法)》第四十七条第一款规定，"广播电台、电视台有权禁止未经其许可的下列行为：（一）将其播放的广播、电视以有线或者无线方式转播"对广播组织权进行了修改，关于转播，增加了有线方式的转播，这样就把网络转播纳入广播组织权控制的范围。

第五章　著作权的限制

第一节　合理使用

问题与思考

1. 王美美买了一本赵小花著的《著作权法教程》，其班上 12 名同学分别借该本《著作权法教程》去复印，其他同学的复印行为是合理使用吗？复印店让同学们报复印册数，一次性复印了 12 本《著作权法教程》，复印店的行为是合理使用吗？

2. 刘小兵将李梅发表的 8000 字论文中约 3000 字的建议部分通过文字、语序的变换用在自己的毕业论文中，刘小兵的行为是合理使用吗？

3. 疫情期间，许多教师网上教学，其中一教师柳晶晶在学习通中放置了 5 篇他人发表的论文与 2 部电影供 2 个班的同学学习，柳晶晶的行为是合理使用吗？

4. 某高校学生处在爱奇艺视频网站登录购买了包年 VIP，然后，在学生食堂门口放置了一块大屏幕，每天在此播放一部爱奇艺视频上的电影，该高校学生处的行为是合理使用吗？

典型案例

43. 人民出版社等与汪某某等著作权权属侵权纠纷案❶

【基本案情】

彭某著的《真个汪国真》一书在 2016 年 6 月由人民出版社出版发行，讲述了我国著名诗人汪国真的生平事迹，并在附录一和附录二中收录了汪国真的诗歌共 63 首，其中不仅包括汪国真诗歌的原文，还有每一首诗歌的作品评析。汪国真先生是我国著名诗人，于 2015 年 4 月 26 日逝世。汪国真先生逝世前将其包括《热爱生命》《怀想》《假如你不够快乐》等众多诗歌作品（以下简称涉案权利作品）在内的全部财产以遗嘱方式留给其母亲李某某。李某某与汪国真儿子汪某某认为《真个汪国真》一书中所收录的《热爱生命》《怀想》等 63 首汪国真诗歌是侵犯著作权的行为，因此于 2018 年 2 月 8 日向北京市东城区人民法院提起著作权侵权诉讼，认为被告侵犯了其对涉案权利作品的复制权、发行权。被告辩称对 63 首诗歌的使用是合理使用。

一审法院经审理认为，彭某在其创作的《真个汪国真》附录一、附录二中使用的 63 首汪国真诗歌，不属于合理使用，侵犯了李某某享有的复制权和发行权，人民出版社作为专业出版机构，对于《真个汪国真》中的相关侵权内容未尽到合理的注意义务，应当与彭某共同承担侵权责任。人民出版社不服提起上诉，二审法院北京知识产权法院于 2019 年 7 月 1 日驳回上诉，维持原判。

---

❶　北京市东城区人民法院民事判决书（2018）京 0101 民初 3346 号，北京知识产权法院民事判决书（2019）京 73 民终 1263 号。

【争议焦点】

《真个汪国真》中使用汪国真的 63 首诗歌是否可以构成合理使用?

一种观点认为,汪国真诗歌作品众多,《真个汪国真》仅使用了 63 首,占其诗歌总数极小部分,不会与原作品产生竞争,也不会产生替代作用。李某某与人民出版社签订了汪国真诗文全集的出版合同,《真个汪国真》也不会对李某某的财产权益造成影响。且《真个汪国真》附录一中,彭某用了大部分篇幅对汪国真先生的诗歌进行评析,附录二中使用涉案 4 首汪国真诗作的目的是说明该 4 首作品是在何年、何种情形下为汪国真所作这一问题,符合著作权法中关于合理使用的必要性和适当性要求,构成合理使用。

另一种观点认为,著作权法中规定的"合理使用"制度,要求"使用可以不经著作权人许可的已经发表的作品的,不得影响该作品的正常使用,也不得不合理地损害著作权人的合法利益"。《真个汪国真》中使用的 63 首诗歌将汪国真的诗歌拼接,且选取的是汪国真生平知名度较高的代表作,进行系统完整的展示,超过了合理的限度,与原作品形成竞争产生替代作用,不构成合理使用。

【案例分析】

对于使用他人作品行为是否构成合理使用的判断,国际上《伯尔尼公约》、TRIPS 协定和《世界知识产权组织版权条约》中都规定了三步检验法,即只能在特殊情况下使用他人已经发表的作品,与作品的正常利用不相冲突,以及没有不合理地损害权利人的合法权益。我国《著作权法》第二十二条规定了合理使用的情形,而《著作权法实施条例》第二十一条规定:"依照著作权法有关规定,使用可以不经著作权人许可的已经发表的作品的,不得影响该作品的正常使用，也不得不合理地损害著作权人的合法利益。"这意味着我国已经将"三步检验法"转换为我国立法，成为法院在作出相关判决时必须依据的标准。❶ 依据三步检验法，笔者对该案进行分析。

（1）《真个汪国真》中使用汪国真的63首诗歌是否是特殊情形下的使用？

《著作权法》第二十二条第一款第（二）项规定："为介绍、评论某一作品或者说明某一问题，在作品中适当引用他人已经发表的作品"，可以不经著作权人许可，不向其支付报酬。《信息网络传播权保护条例》第六条第一款第（一）项规定，为介绍、评论某一作品或者说明某一问题，在通过信息网络向公众提供的作品中适当引用已经发表的作品，可以不经著作权人许可，不向其支付报酬。这两条规定是合理使用特殊情形的一种，常被称为"评论、引用的合理使用"。这种合理使用要求必须具备三个条件：①使用目的必须是"介绍某一作品"或"评论某一作品"或者"说明某一问题"；②使用的必要性，即使用作品确实必要，也即在创作作品的时候，特别是创作评论文章或学术著作时，通过"旁征博引"，才能使得观点更具有说服力，使读者明了被介绍、评论的对象；③使用的限度，要求在自己的作品中"适当"引用他人已经发表的作品。该案中，在使用目的方面，为介绍、评论某一诗歌作品而少量使用具有代表性的权利人诗歌，可以推导使用目的符合法律要求，但是涉案侵权作品表面看是为介绍并评论汪国真作品，但是从其大量使用并且放置于附录位置可以推

---

❶ 王迁.知识产权法教程［M］.6版.北京：中国人民大学出版社，2019：210.特别说明的是，2020年11月11日公布的修订后的《著作权法》第二十四条将《著作权法实施条例》关于合理使用的规定吸收了，规定为"在下列情况下使用作品，可以不经著作权人许可，不向其支付报酬，但应当指明作者姓名或者名称、作品名称，并且不得影响该作品的正常使用，也不得不合理地损害著作权人的合法权益"。

导出其使用目的并不完全是"为介绍、评论某一作品或者说明某一问题"。在使用的必要性方面，正如二审法院所说，附录作为一个独立部分，存在与否并不影响读者对《真个汪国真》前半部分的阅读理解，也不影响《真个汪国真》前半部分作为独立作品的完整性；即便附录一是《真个汪国真》一书不可分割的部分，引用 59 首全诗的方式，也已超出了介绍、评论诗人及其创作特点的必要；附录二诗人年谱中引用的 4 首汪国真的完整诗作，并非是年谱介绍、评论的对象，亦非上下文叙述的必要基础，故这 4 首诗歌的使用也是不必要的。在使用限度方面，《真个汪国真》附录一、附录二共使用了 63 首汪国真的诗歌，并且多首是汪国真诗歌的经典作品。因此，涉案侵权作品使用汪国真的 63 首诗歌的行为不属于"介绍、评论的合理使用"情形。因此，上述行为不完全符合"特殊情形"的要求。

（2）《真个汪国真》中使用汪国真的 63 首诗歌是否与涉案权利作品的正常利用相冲突？

是否与作品的正常利用相冲突，需要考察使用作品的数量、方式、范围，并且还需要综合引用作品和原作品之间是否发生了替代关系进行认定。在该案中，《真个汪国真》中引用了汪国真的 63 首知名度较高、具有代表性的诗歌，该书在全国发行，有许多图书馆购置。在此种情况下，案中人民出版社与原告之前已经约定出版《汪国真诗文全集》，对于大多数读者来说，阅读了《真个汪国真》之后，可能就不会再买之后出版的《汪国真诗文全集》。所以，涉案侵权作品《真个汪国真》对涉案权利作品的使用必然会对涉案权利作品发生替代，影响涉案权利作品的正常利用。

（3）《真个汪国真》中使用汪国真的 63 首诗歌是否不合理地损害著作权人的合法权益？

"没有不合理地损害权利人的合法权益"同上述第二条中的

"与作品的正常利用不相冲突"相同，都是抽象的用语，需要法官在实务中综合各方因素进行权衡，结合相关市场反应和著作权人的利益获得情况，判断是否损害了原权利人的合法利益。该案中，根据查明的事实，《真个汪国真》附录一、附录二为汪国真的63首诗歌，而"63首诗歌的完整使用，必然会增强《真个汪国真》一书的丰富性和欣赏性，同时客观上阻碍了这63首诗歌著作权人独立行使著作权并获得报酬的权利。对于读者而言，《真个汪国真》也在一定程度上成为其他汪国真合法出版物的替代选择，其内容、售价、宣传、发行等因素或多或少将对其他汪国真作品的价值产生影响"。从而也就影响了汪国真诗作著作权人的权利行使，影响了著作权人合法利益的取得。

综上，涉案侵权作品《真个汪国真》中使用的汪国真诗歌不满足"三步检验法"中的任何一步，不属于"合理使用"的范畴，属于侵犯著作权的行为。

44. 上海美术电影制片厂与浙江新影年代文化传播有限公司、华谊兄弟上海影院管理有限公司著作权权属侵权纠纷案❶

【基本案情】

上海美术电影制片厂（以下简称美影厂）拥有"葫芦娃""黑猫警长"角色形象美术作品的著作权，浙江新影年代文化传播有限公司（以下简称新影年代公司）制作的电影《80后的独立宣言》宣传海报上使用了美影厂拥有著作权的"葫芦娃"和"黑猫警长"角色形象美术作品，且有所变动。华谊兄弟上海影院管理有限公司（以下简称华谊兄弟）在其新浪官方微博上还发布了

---

❶ 上海市普陀区人民法院民事判决书（2014）普民三（知）初字第258号，上海知识产权法院民事判决书（2015）沪知民终字第730号。

该电影的涉案海报。美影厂认为，新影年代公司未经许可，使用"葫芦娃"和"黑猫警长"角色形象美术作品，构成对其著作权的侵犯；华谊兄弟的行为，构成对其信息网络传播权的侵犯，并与新影年代公司构成共同侵权。故美影厂诉至上海市普陀区人民法院。被告辩称对涉案角色形象的使用是合理使用。

上海市普陀区人民法院查明，涉案海报的内容为：上方三分之二的篇幅正中间突出部分为较大的男女主角人物形象，主角背后的背景则零散分布着诸多纤小的美术形象，包括 20 世纪 80 年代的上课、升旗、日常生活用品、玩具、零食等，以及涉案的"葫芦娃""黑猫警长"卡通形象，其中"葫芦娃""黑猫警长"分别居于男女主角的左右两侧，但是与其他背景图案一样非常小，只有男女主角图像面积的约十五分之一。海报下方三分之一的部分为突出的电影名称"80 后的独立宣言"以及制片方、摄制公司和演职人员信息等，并标注有"2014.2.21 温情巨献"字样。一审法院认为被告对涉案角色形象的使用构成合理使用，侵权不成立，美影厂不服一审判决，向上海知识产权法院提起上诉。上海知识产权法院于 2016 年 4 月 25 日审理后维持原判。

【争议焦点】

新影年代公司使用涉案角色形象是否构成合理使用？

一种观点认为新影年代公司未经权利人美影厂的同意，将涉案角色形象用在电影宣传海报上，对权利人的利益造成损害，属于侵犯权利人对涉案角色著作权的行为。

另一种观点认为新影年代公司对涉案角色形象的使用目的只是反映电影年代，只作背景性使用，在宣传画中占比很小，不会损害涉案角色形象著作权人的利益，属于合理使用。

【案例分析】

依据著作权法的相关规定，合理使用的判断步骤为：是否属于法律规定的特殊情形，是否与涉案权利作品的正常利用相冲突，以及是否不合理地损害著作权人的合法权益。在判断是否属于法律规定的特殊情形时，还可以综合考虑作品使用行为的性质和目的、被使用作品的性质、被使用部分的数量和质量、使用对作品潜在市场或价值的影响四要素。

《著作权法》第二十二条第一款第（二）项规定：“为介绍、评论某一作品或者说明某一问题，在作品中适当引用他人已经发表的作品”，可以不经著作权人许可，不向其支付报酬，但应当指明作者姓名、作品名称，并且不得侵犯著作权人依照本法享有的其他权利。此项合理使用情形为“引用的合理使用”，包括以下三个要点：（1）被使用的作品为已经发表的作品；（2）使用他人作品的目的为介绍、评论某一作品或者说明某一问题；（3）使用的限度为“适当”。对于如何引用就是“适当”，学者争议较大，但是司法实践中，往往需要结合四要素进行判断。

该案中，涉案角色形象随着相关动画片的播放已经公开。

从使用的目的方面看，新影年代公司认为，其在电影《80后的独立宣言》海报中使用“葫芦娃”“黑猫警长”美术作品，并与出现在海报中的其他具有时代特征的形象相组合，是为了突出说明电影主角的身份和年龄层，体现“80后”群体生长年代的时代特征。一审法院认为，涉案影片讲述了一个当代“80后”年轻人自主创业的励志故事，影片名称也明确指向了这一年龄段群体。“葫芦娃”“黑猫警长”形象均诞生于20世纪80年代，相关动画片播出的时间亦集中在20世纪八九十年代，《葫芦娃》《黑猫警长》是这一时期的代表之作。两部动画片具有影响范围广、受众覆盖面较广、知晓度较高的特点，“葫芦娃”“黑猫警长”形象可被称为“80后”的动漫明星，新影年代公司的宣传海报的背景中还有“80后”成长过程的日常生活用品、零食、学习生活特有的场景等。这些元素具有很强的时代性，能够配合说明"80后"主题进行海报创作的创意构思，故法院认定新影年代公司使用被引用作品是为了说明某一问题，即涉案电影主角的年龄特征。

在使用限度是否为"适当"方面，可以考虑使用的目的与性质、被使用作品的性质、被使用部分的数量和质量，使用对作品潜在市场的影响等。新影年代公司使用涉案角色形象的目的如上所述，是和当时的其他代表性元素一起为了说明其宣传的电影为"80后"主题电影。从被引用作品的性质来看，"葫芦娃""黑猫警长"是已经发表的作品。从被使用部分的数量和质量看，新影年代公司虽然将涉案角色形象稍作改变地完整使用，但是从被引用作品占整个作品的比例来看，被引用的涉案角色形象在这个宣传海报中只是辅助、配角、从属的地位。从海报的外观来看，海报被分为两部分，上部分占这个海报的三分之二，涉案海报上部分正中间突出的是电影男女主角，约占上部分的三分之二，约有男主角图像面积十五分之一的"葫芦娃""黑猫警长"两个形象与其他众多表明"80后"时代特征的元素均作为背景使用，占海报面积较小，且比例大致相同，"葫芦娃""黑猫警长"的形象并未突出显示。从使用对作品潜在市场的影响看，因对涉案角色形象作为宣传海报的背景使用，占比非常微小，公众不会因为看到这两个角色形象而不去看两个角色形象所在的动画片，也不会因为在海报中看到这两个角色形象后，日后美影厂也出两个角色形象的海报或者做其他使用而不去观看或欣赏等，因此不会因为在涉案海报中的使用而发生替代作用，不会对涉案角色形象潜在市场造成不良影响。综上，新影年代公司对涉案角色形象的使用是"适当"的。

至于是否与涉案权利作品的正常利用相冲突，上述关于使用对作品潜在市场的影响已经暗含了新影年代公司对涉案角色形象的使用不会与涉案角色形象的正常利用相冲突，正如二审法院所述，"相关公众对该作品的使用需求通常情况下不太可能通过观赏涉案电影海报就能满足，从而放弃对原有作品的选择使用。因此，涉案电影海报中作为背景图案引用'葫芦娃''黑猫警长'美术作品不会产生替代性使用，亦不会影响权利人的正常使用"。

从是否会不合理地损害著作权人的合法权益看，新影年代公司在海报中引用"葫芦娃""黑猫警长"角色形象和其他同时代的元素目的在于说明"80 后"学习、生活中的时代特征，是为了说明所宣传电影的主题，并且涉案电影海报发行期短暂，随着电影播映期的消逝，该电影海报的影响也会逐步减小，不会不合理地损害权利人的合法利益。

综上所述，新影年代公司在涉案宣传海报中使用"葫芦娃""黑猫警长"角色形象作为背景图案，符合"引用的合理使用"法律规定，构成合理使用。

45. 范某等与易某某著作权权属侵权纠纷案❶

【基本案情】

易某某在其新浪微博上发表了《"开房"的书记员，苦逼的司法民工》（以下简称《开》文）一文后，不久发现范某在新浪微博"华律网"发表了《请放过那位……》（以下简称《请》文）一文与《开》文十分相似，于是起诉到北京市东城区人民法院，诉称被告侵犯自己信息网络传播权。被告范某辩称此文为自己所写，因《开》文为时事新闻作品，即使与《开》文相似，也是"为传播时事新闻作品"的合理使用，所以，其行为不侵权。

北京市东城区人民法院一审查明，《请》文中约 500 余字的内

---

❶　北京市东城区人民法院民事判决书（2018）京 0101 民初 7783 号，北京知识产权法院民事判决书（2019）京 73 民终 224 号。

容与易某某享有著作权的《开》文内容相同，占比将近一半。法院审理后认定，《开》文不属于单纯事实消息，被告侵犯原告信息网络传播权。范某不服向北京知识产权法院提起上诉，称《开》文是已经发表的时事新闻作品，而范某发表《请》文是为了传播时事新闻作品，既无须获得易某某的许可，亦无须向易某某支付报酬。且《请》文与《开》文的相似部分属于对客观事实的描述，并非易某某有独创性的表达，故一审判决认定范某构成侵权无事实和法律依据。北京知识产权法院审理后认为，《开》文是著作权法意义上的文字作品，应受著作权法保护，相似性部分不属于客观事实，是作者的独创性表达，范某在《请》文中大量使用《开》文的情形不属于"刊登其他时事性文章的合理使用"，并于 2020 年 3 月 20 日判决驳回上诉，维持原判。

【争议焦点】

范某在《请》文中大量使用《开》文的情形是否属于"刊登其他时事性文章的合理使用"？

一种观点认为范某的行为是为了传播新闻事实，况且其在微博上发表未从中获利，因此，属于"报道时事新闻的合理使用"；另一种观点认为《开》文属于文字作品，且不属于政治、经济问题的时事性文章，范某对《开》文的使用不属于合理使用。

【案例分析】

《著作权法》第二十二条第一款第（四）项规定："报纸、期刊、广播电台、电视台等媒体刊登或者播放其他报纸、期刊、广播电台、电视台等媒体已经发表的关于政治、经济、宗教问题的时事性文章，但作者声明不许刊登、播放的除外。"《信息网络传播权保护条例》第六条第（七）项规定：通过信息网络"向公众提供在信息网络上已经发表的关于政治、经济问题的时事性文章"可以不经著作权人许可，不向其支付报酬。这些规定为"刊登实事性文章的合理使用",其包括以下几个方面:(1)必须是媒体或网络上刊登、播放或提供;(2)被使用的作品为政治、经济、宗教问题的时事性文章,在网络上提供的仅为政治、经济问题的时事性文章;(3)必须是已经发表的作品;(4)作者声明不许刊登、播放的除外。其中,关于时事性文章的理解,理论界和司法界是有争议的,一种观点认为只要是当时政治、经济领域较受关注的现实政治、经济时事问题,具有明显时效性的文章就属于时事性文章。❶ 另一种观点认为"时事"具有时效性和重大性,对"时事性文章的解释既不能失之于宽,也不能失之于严"。❷ 笔者赞同后一种观点,法律规定的时事性文章应该是具有重大性和时效性的政治、经济、宗教方面的文章。该案中,二审法院认为时事性文章"指的是涉及对当前政治、经济和宗教生活中重大问题的讨论且具有很强的时效性的文章。涉案《开》文系对社会事件的介绍和评述,尚难以达到对政治、经济和宗教生活中重大问题的讨论且具有很强时效性的层次,故不属于可以合理使用的关于政治、经济、宗教问题的时事性文章"。这一认识是正确的。范某对《开》文的使用不属于合理使用。

46. 广州网易计算机系统有限公司与广州华多网络科技有限公司侵犯著作权及不正当竞争纠纷案❸

【基本案情】

原告广州网易计算机系统有限公司(以下简称网易公司)发

---

❶ 参见安徽省合肥市中级人民法院民事判决书(2007)合民三初字第66号。

❷ 参见安徽省高级人民法院判决书(2007)皖民三终字第29号。

❸ 广州知识产权法院民事判决书(2015)粤知法著民初字第16号,广东省高级人民法院民事判决书(2018)粤民终137号。

现广州华多网络科技有限公司（以下简称华多公司）通过 YY 游戏直播网站等平台直播、录播、转播自己享有著作权的"梦幻西游 2"游戏内容，经交涉无果向广州知识产权法院起诉。网易公司诉称华多公司直播行为侵犯自己的著作权。被告华多公司辩称"梦幻西游 2"游戏画面不是作品，即使是作品，自己使用也属于合理使用。广州知识产权法院审理后认定"梦幻西游 2"受著作权法保护，华多公司的直播涉案游戏画面的行为不属于合理使用，侵犯网易公司的"应当由著作权人享有的其他权利"。网易公司因判赔太少不服提起上诉，华多公司也向广东省高级人民法院提起上诉，认为游戏动态画面和游戏直播不应该受著作权法保护，即使保护，但直播画面系转换性表达主播在游戏过程中的相关思想情愫；将直播画面认定为类电作品将严重损害公共利益；游戏直播直接促进游戏开发者的收益增加，其本质是游戏的广告和宣传，故不保护游戏直播画面，不会不合理地损害游戏开发者的利益。广东省高级人民法院于 2019 年 12 月 10 日判决网易公司、华多公司的上诉请求均不成立，依法予以驳回。该判决为终审判决，现已生效。

【争议焦点】

被告华多公司对涉案游戏连续动态画面的直播行为是否构成合理使用？

华多公司及一些人认为，我国司法实践中认定合理使用并不限于著作权法规定的 12 种情形，在游戏直播过程中增加新的美学内容和新的表达，使原作品在被使用过程中具有新的价值、功能或性质，因而构成"转换性使用"。况且游戏直播只能片段性、附随性展现游戏的玩法、规则、情节等，展示的作品元素有限，不会导致对游戏的直接替代，相反还极大促进游戏行业发展，应认定直播游戏动态画面属于合理使用。

一审、二审法院及一些学者认为对涉案游戏画面的直播使用不构成合理使用。被诉游戏直播画面主要展现的是涉案游戏画面，游戏画面的播放仍是作为前提的存在，游戏画面价值在直播中占比非常大。无论是依三步检验法还是按照被诉游戏直播行为的性质和目的、被直播的游戏整体画面的性质、被直播部分的数量和质量（重要程度）、被诉游戏直播行为对涉案游戏潜在市场或价值的影响等四方面分析，被告的行为都不构成合理使用。

【案例分析】

该案关于对涉案游戏连续动态画面及被诉游戏直播画面是否为作品的争议在前面的案例 21 中已经分析，笔者认为涉案游戏连续动态画面属于受著作权法保护的作品，而被诉游戏直播画面不属于作品。华多公司将游戏动态画面与游戏直播画面混淆，需要注意的是，游戏直播画面是对玩家操作游戏的过程形成的动态画面进行直播而形成的画面。前文已述，不再赘述。

按照著作权法的相关规定，是否合理使用应该按照是否在法律规定的特殊情形下使用、是否影响该作品的正常使用和是否不合理地损害著作权人的合法利益的顺序来判断。在司法实践中，有的案例审理中结合作品使用行为的性质和目的、被使用作品的性质、被使用部分的数量和质量、使用对作品潜在市场或价值的影响等因素综合判断。

通常对他人作品的使用必须符合著作权法规定的可以合理使用作品的 12 种特殊情形才考虑判断是否合理使用。由于技术不断发展可能出现一些新的对作品的使用方式，对于新的使用方式如果不在 12 种特殊合理使用情形之中，法院并不是当然认为不是合理使用，二审法院认为，"我国相关司法政策对此有一定的指引，即在促进技术创新和商业发展确有必要的特殊情形下，考虑作品使用行为的性质和目的、被使用作品的性质、被使用部分的数量和质量、使用对作品潜在市场或价值的影响等因素，如果该使用行为既不与作品的正常使用相冲突，也不至于不合理地损害作者的正当利益，可以认定为合理使用"。司法实践中，对于新的使用情形是否属于合理使用，往往从上述四个方面判断可否纳入特殊情形之中。鉴于此，虽然该案中争议的游戏直播行为不属于我国《著作权法》第二十二条明文规定的任何一种权利限制情形，但法院仍结合著作权法目的对被诉游戏直播行为进行分析。

关于被诉游戏直播行为是否属于特殊情形下的合理使用，二审法院首先从被诉游戏直播行为的性质和目的、被直播的游戏整体画面的性质、被直播部分的数量和质量（重要程度）、被诉游戏直播行为对涉案游戏潜在市场或价值的影响等方面分析使用行为。经过分析发现，"被诉游戏直播基于商业营利目的，使用涉案游戏的独创性表达，使用部分的比例超出合理限度，对涉案游戏潜在市场产生不利影响"已经不符合"在促进技术创新和商业发展确有必要的特殊情形下"的特殊考虑。由于被诉游戏直播行为大部分画面呈现的是涉案游戏连续动态画面，对一部分玩家而言，看直播游戏动态画面可以从中学习游戏技巧，还可以从中体验刺激，而看直播就不会去玩游戏，从而看直播替代了玩游戏。另外，网易公司通过《最终用户使用许可协议》等声明保留了与游戏直播相关的权利，还建立了直播平台逐步扩展游戏直播市场，被诉游戏直播"与游戏著作权人自己开展游戏直播或者发放游戏直播许可的作品正常使用方式相互竞争而产生冲突，使得权利人无法充分有效行使著作权利获得经济利益，实质上不合理地损害其合法利益，不能认定为合理使用行为"。

华多公司主张被诉游戏直播行为构成"转换性使用"，属于合理使用。怎样使用才是转换性使用，学术界对此形成两种观点。一种观点认为，游戏直播具有转换性，"不是为了单纯地再现画面本身的美感或所表达的思想感情，而是展示特定用户的游戏技巧和战果"，❶ 且难以形成市场替代，可被认定为合理使用。另一种观点认为，"没有游戏画面本身，游戏主播的技巧、解说、与观众互动的弹幕文字等元素就好比无源之水，无本之木。""很难断言，观众观看游戏直播画面时，欣赏的只是游戏主播玩游戏的技巧、主播的解说、主播的颜值，而不包含精彩的游戏画面、游戏情节、游戏场景等具有创作性的个性化元素。"❷ 二审法院则认为，从游戏直播行为目的来看，既传播了游戏画面，也展示了主播个性，确实具有一定的转换性。但是，构成合理使用的"转换性使用"，应当达到使受众关注点由作品本身的文学、艺术价值，转移到对作品转换性使用所产生的新的价值和功能的程度。这种转换性使用行为增进社会知识财富的贡献应超过对著作权人利益的损害。转换性程度越高，距离著作权的原有独创性表达越远，对著作权人利益损害越小，则认定构成合理使用的可能性越大。以上观点笔者都赞同。是否转换性使用，需要区分不同的案情来判断，有的转换性程度高，被使用的作品在新的情形下已经脱离了作品原本的表达思想、情感，而具有了新的价值、功能或性质，改变了其原先的功能和目的，则构成合理使用的可能性较大；如果转换性程度不高，在所谓新的使用方式中仍发挥被使用作品在原作中的作用、体现原作中的思想、情感，则这种使用转换性程度低，不属于合理使用。该案中，被诉游戏直播画面对涉案游戏连续动态画面的使用占据主要部分，涉案游戏连续画面在直播中没有脱离其在原游戏平台中的作用，仍是供玩家把玩或观赏的对象，其在直播中转换性程度低。

---

❶ 王迁. 电子游戏直播的著作权问题研究 [J]. 电子知识产权, 2016 (2): 15–18.

❷ 李扬. 网络游戏直播中的著作权问题 [J]. 知识产权, 2017 (1): 21–24.

综上所述，被诉游戏直播行为不构成合理使用。

47. 北京凤凰学易科技有限公司与杨某某侵犯作品信息网络传播权纠纷案❶

【基本案情】

杨某某所作《红纸上的中国字》一文发表在 2017 年《西部散文选刊》杂志第 1 期，北京凤凰学易科技有限公司（以下简称凤凰学易公司）在设立的学科网·组卷网上长期发布有一份名为《北京市海淀区××届九年级一模语文试题》的试卷中《红纸上的中国字》一文作为阅读题出现，其内容全部来自杨某某发表的同名散文，组卷网向公众提供该份试卷的阅读、下载，且该份试卷的完整阅读以及下载需要付费。杨某某向陕西省延安市中级人民法院起诉，称凤凰学易公司未经杨某某同意通过网络向不特定公众提供，该行为侵犯了杨某某作品包括信息网络传播权在内的著作权。被告辩称，本案学科网传播的涉案试卷用于学生的考试和教学研究，并且是少量引用了《红纸上的中国字》的内容，故凤凰学易公司的行为不构成侵权。陕西省延安市中级人民法院审理后认定凤凰学易公司严重侵犯了杨某某依法享有的著作权、信息网络传播权。凤凰学易公司不服，向陕西省高级人民法院上诉。陕西省高级人民法院审理后认为凤凰学易公司的行为不属于合理使用，于 2020 年 4 月 27 日作出判决，驳回上诉，维持原判。

【争议焦点】

凤凰学易公司在试卷中使用涉案作品的行为是否属于合理使用？

---

❶ 陕西省延安市中级人民法院民事判决书（2019）陕 06 知民初 20 号，陕西省高级人民法院民事判决书（2020）陕民终 290 号。

一种观点认为试卷中少量使用涉案作品，属于合理使用，因为试卷是为了教学的目的而制作的；另一种观点认为凤凰学易公司在试卷中使用涉案作品不是为了课堂教学的目的，不属于合理使用。

【案例分析】

《著作权法》第二十二条第一款第（六）项规定，为学校课堂教学或者科学研究，翻译或者少量复制已经发表的作品，供教学或者科研人员使用，但不得出版发行（新修订的《著作权法》第二十四条第一款第（六）项对此种合理使用情形在使用方式上增加了"改编、汇编、播放"）。在上述情况下可以不经著作权人许可，不向其支付报酬，但应当指明作者姓名、作品名称，并且不得侵犯著作权人依照本法享有的其他权利。《信息网络传播权保护条例》第六条第（三）项规定：通过信息网络，为学校课堂教学或者科学研究，向少数教学、科研人员提供少量已经发表的作品，可以不经著作权人许可，不向其支付报酬。此两条为课堂教学的合理使用，具体包括：（1）使用的目的是学校课堂教学或科学研究；（2）使用的方式为翻译或复制；（3）复制的数量为少量；（4）利用合理使用形成的成果的主体为教学人员或科研人员；（5）使用后的内容不得出版发行。在合理使用的判断方面，司法实践中，如果使用不符合法律规定的特殊情形，往往不用再判断其他合理使用条件，直接认定为不构成合理使用。该案中，在使用目的方面，试卷在网上销售，购买的对象既可能是教师，也可能是学生或其他人员，北京凤凰学易公司的包括了涉案作品的试卷制作的目的是网上销售，不只是为了学校课堂教学或科学研究，所以其在试卷中复制涉案作品的目的不符合课堂教学的合理使用。在对合理使用形成的成果使用的主体方面，对试卷进行使用的不一定是教学人员。在使用的数量方面，涉案试卷在一个阅读题上使用涉案权利作品《红纸上的中国字》的全部文字，不属于少量复制。另外，合理使用的规范要求是应当指明作者姓名、作品名称，而涉案试卷中使用涉案权利作品没有指明作者姓名。综上，凤凰学易公司在试卷中使用涉案作品的行为不构成合理使用。

48. 上诉人范某某、齐齐哈尔广播电视与被上诉人齐齐哈尔市明月岛风景区管理处侵犯著作权纠纷案❶

【基本案情】

2004 年黑龙江省扎龙国家级自然保护区管理局出版的《世界珍禽丹顶鹤》画册刊载过范某某的摄影作品《向往》。2016 年 4 月 13 日至 5 月 6 日，齐齐哈尔广播电视台按照市委、市政府的要求制作播出的《明月岛风景区改造规划征求意见公告宣传片》中一帧画面采用了《向往》，以范某某创作的《向往》等四幅照片为背景，并标注有"北疆明月岛国际文化旅游综合体"字样，且并未署范某某的姓名。该宣传片目的是推介宣传明月岛风景区并号召当地群众对市委、市政府的规划建言献策。范某某认为齐齐哈尔电视台和明月岛风景管理处在该宣传片使用其作品侵权，起诉到齐齐哈尔市中级人民法院。齐齐哈尔电视台辩称，该视频宣传片是为执行公务而发布的公告，且属于公益性质的使用，并无盈利，应该属于合理使用。明月岛管理处答辩称，涉案宣传片属于对明月岛风景区所作的新闻报道，依《著作权法》第二十二条第一款第（三）项规定，齐齐哈尔广播电视台、明月岛管理处案涉行为不侵犯著作权。

---

❶ 齐齐哈尔市中级人民法院民事判决书（2016）黑 02 民初 69 号，黑龙江省高级人民法院民事判决书（2017）黑民终 51 号。

　　齐齐哈尔市中级人民法院审理认定，齐齐哈尔电视台该宣传片九秒的内容确是对范某某《向往》系列摄影作品著作权的侵犯，构成侵权。一审判决后，原告范某某对赔偿金额等有异议而提起了上诉，齐齐哈尔电视台对侵权认定不服也提起上诉。二审黑龙江省高级人民法院对本案审理后认为，涉案宣传片对范某某《向往》摄影作品的使用不是合理使用，侵犯了范某某的著作权，判决驳回上诉，维持原判。

　　【争议焦点】

　　齐齐哈尔广播电视台制作、播出涉案宣传片是否属于合理使用？

　　一种观点认为，齐齐哈尔广播电视台制作播出的涉案宣传片是受市委、市政府的委托，为执行公务而发布的公告。依照《著作权法》第二十二条第一款第（七）项的规定，国家机关为执行公务在合理范围内使用已经发表的作品，属于对作品的合理使用，可以不经著作权人许可，不向其支付报酬。故齐齐哈尔广播电视台案涉行为不侵犯著作权，不应承担赔偿责任。

　　另一种观点认为，涉案宣传片使用《向往》摄影作品不属于执行公务和新闻报道的合理使用。

　　【案例分析】

　　依照《著作权法》第二十二条第一款第（三）项规定，为报道时事新闻，在报纸、期刊、广播电台、电视台等媒体中不可避免地再现或者引用已经发表的作品，可以不经著作权人许可，不向其支付报酬，但应当指明作者姓名、作品名称，并且不得侵犯著作权人依照该法享有的其他权利。《著作权法实施条例》第五条第（一）项规定，著作权法中的时事新闻，是指通过报纸、期刊、广播电台、电视台等媒体报道的单纯事实消息。（新修订的《著作权法》第五条第（二）项已经规定为"单纯事实消息"）单纯事实消息是指全部信息由时间、地点、人物、起因、经过、结果等客观事实的单纯叙述组成，仅反映一种客观事实的存在。而涉案宣传片"不是对齐齐哈尔市委、市政府征求意见一事的客观叙述，其主要内容中的图片、文字等均系经过选择、安排、编辑后的内容，具有创造性，宣传片的性质显然并非时事新闻"，很显然该宣传片并不符合时事新闻的特点，所以涉案宣传片中使用范某某的《向往》并不属于合理使用。

依《著作权法》第二十二条第一款第（七）项的规定，国家机关为执行公务在合理范围内使用已经发表的作品，可以不经著作权人许可，不向其支付报酬，但应当指明作者姓名、作品名称，并且不得侵犯著作权人依照该法享有的其他权利。构成"执行公务的合理使用"情形需满足以下条件：（1）主体为国家机关；（2）使用作品的行为必须为"执行公务"；（3）使用具有不可避免性，即如果不使用某一作品，公务便无法执行。在该案中，齐齐哈尔市委、市政府提出了推介宣传明月岛风景区的整体要求，但是，并没有将此任务委托给齐齐哈尔电视台，并且并未明确宣传方式和内容，涉案宣传片除市民建言献策方式是客观陈述外，其他的宣传内容、图片的选择等都是齐齐哈尔电视台按自己的意志创作的，不能代表齐齐哈尔市政府。并且齐齐哈尔电视台是事业单位，并不是国家机关，故其不是"执行公务合理使用"的主体。涉案宣传片播放的行为主要是对地方旅游资源起了一个宣传作用，并不是执行公务。涉案宣传片对于《向往》系列摄影作品的使用不具有不可避免性，因为宣传片的拍摄手法多种多样，并不是必须要范某某的《向往》系列摄影作品，没有《向往》摄影作品，可以选择其他的图片或者内容，仍然能够达到宣传目的。综上，所以齐齐哈尔广播电视台使用范某某《向往》摄影作品的行为不是合理使用。

49. 贵州广播电视台、 中国音乐著作权协会侵犯作品广播权纠纷案[1]

【基本案情】

音乐人张某某将自己的包括《在那东山顶上》在内的所有音乐作品的公开表演权、广播权和录制发行权授权中国音乐著作权协会（以下简称音著协）管理，《在那东山顶上》已经发表。音著协发现贵州广播电视台（以下简称贵州广电）在其网站上的《让世界听见中华好民歌》节目中放置张某某的歌曲《在那东山顶上》供公众播放，于是起诉到贵阳市中级人民法院。被告辩称其是合理使用。一审法院审理后认定合理使用不成立，被告侵犯了原告管理的涉案作品的广播权。贵州广电不服，提起上诉，认为涉案综艺节目并未向公众收取费用，也不属于营利性对外演出，属于合理使用。二审法院贵州省高级人民法院查明，涉案综艺节目系由贵州广电录制编辑完成后，通过蓝光带上载至播出控制系统，最终经由无线卫星信号进行播出，认为合理使用不成立，于2018 年 7 月 4 日判决驳回上诉，维持原判。

【争议焦点】

贵州广电对涉案音乐作品的使用是否属于合理使用？

一种观点认为贵州广电的《让世界听见中华好民歌》节目没有向公众收取费用，没有给表演者支付报酬，也不是营利性对外演出，符合免费表演已发表作品的合理使用。

另一种观点认为贵州广电在节目中使用涉案音乐作品的行为不符合合理使用的要求，不属于合理使用。

---

[1] 贵州省贵阳市中级人民法院民事判决书（2017）黔 01 民初 900 号，贵州省高级人民法院民事判决书（2018）黔民终 537 号。

【案例分析】

《著作权法》第二十二条第一款第（九）项规定，免费表演已经发表的作品，该表演未向公众收取费用，也未向表演者支付报酬（新修订的《著作权法》第二十四条将此种情形修改为"免费表演已经发表的作品，该表演未向公众收取费用，也未向表演者支付报酬且不以营利为目的"），可以不经著作权人许可，不向其支付报酬，但应当指明作者姓名、作品名称，并且不得侵犯著作权人依照本法享有的其他权利。《著作权法实施条例》第二十一条规定："依照著作权法有关规定，使用可以不经著作权人许可的已经发表的作品的，不得影响该作品的正常使用，也不得不合理地损害著作权人的合法利益。"这些规定是关于免费表演已发表作品的合理使用。该合理使用需要满足免费表演特殊情形、不影响该作品的正常使用和没有不合理地损害著作权人的合法利益三个条件。其中关于免费表演要求双向免费：表演未向公众收取费用，也未向表演者支付报酬。必须明确的是，此种合理使用所述的"表演"只能是著作权法中规定的"表演权"的表演。《著作权法》第十条第一款第（九）项规定："表演权，即公开表演作品，以及用各种手段公开播送作品的表演的权利。"依据该规定，权利人所控制的"表演"是指现场公开表演作品及公开播送作品表演的行为。该案中，贵州广电通过无线卫星信号面向社会公众播出涉案音乐作品，也属于《著作权法》广播权控制的广播行为，而不是免费表演已发表作品合理使用中的表演行为。因此，贵州广电播放涉案音乐作品的行为不属于合理使用。

50. 王某某与绍兴市水利局、 绍兴神采印刷有限公司著作权权属侵权纠纷案❶

【基本案情】

浙江东方现代文化艺术有限公司（以下简称东方公司）依照王某某创作的《康乾驻跸图》等 11 幅绘画完成的 11 幅雕塑作品安置于绍兴市龙横江鹿湖园景区内。2008 年 6 月 10 日，王某某以东方公司侵犯其署名权为由向浙江省绍兴市中级人民法院提起著作权侵权之诉。该院作出民事判决，认定王某某系涉案 11 幅雕塑作品的绘画作者，2009 年 6 月 30 日，通过强制执行程序在雕塑作品上署名绘画为王某某。2009 年 1 月，绍兴市水利局委托上海世纪出版股份有限公司（即学林出版社）出版《绍兴龙横江·鹿湖园》旅游图册，学林出版社遂委托神采公司印刷、新华书店上海发行所发行涉案旅游图册。该旅游图册中使用了《康乾驻跸碑》等 11 幅雕塑作品的摄影图片。王某某于 2010 年 5 月 14 日以绍兴市水利局在涉案旅游图册中未就涉案雕塑作品为王某某署名为由，向浙江省绍兴市中级人民法院起诉。该法院认为绍兴市水利局在涉案旅游图册中使用了由王某某美术作品演绎而来的雕塑作品，雕塑作品置于室外公共场所，绍兴市水利局的拍摄是合理使用，形成了摄影作品。由于雕塑作品是他人创作，虽合理使用，但应该标明雕塑作品权利人身份（署名），而不是王某某本人。王某某不服，提起上诉。二审浙江省高级人民法院审理后认为，一审判决亦判令《康熙驻跸碑》碑记文字改为"碑由浙江东方现代文

---

❶ 浙江省绍兴市中级人民法院民事判决书（2010）浙绍知初字第 39 号，浙江省高级人民法院民事判决书（2011）浙知终字第 35 号，浙江省高级人民法院（2012）浙民再字第 21 号，中华人民共和国最高人民法院（2013）民提字第 15 号。

化艺术有限公司设计制作，王某某绘画，钱士元雕刻"，可认定由王某某美术作品雕塑而成的雕塑作品为演绎作品，王某某的署名权应延续到该演绎作品——雕塑作品。绍兴市对雕塑作品的拍摄属于合理使用，但是应该在摄影作品及后续使用摄影作品的涉案旅游图册中指明王某某的作者身份。绍兴市水利局不服二审法院判决，申请再审。再审法院浙江省高级人民法院审理后认为，如果存在多次演绎的情形，最终会形成多重著作权，原作者的包括署名权在内的著作人身权应当体现在演绎作品之中，绍兴市水利局应当在涉案旅游图册中指明王某某的绘画作品作者身份。绍兴市水利局不服再审判决，向最高人民法院提出申诉，最高人民法院审理后认为，原二审判决和原再审判决对室外艺术作品进行合理使用时都需指明原始绘画作者身份的认定存在对著作权法相关规定的理解不当，需要区别情况。但鉴于绍兴市水利局并非任意的社会公众，其作为景区的管理者，在出版全面介绍景区的旅游图册时，对于景区内雕塑等作品的权利状况应负有更高的注意义务。故于 2014 年 12 月 24 日判决维持浙江省高级人民法院（2012）浙民再字第 21 号民事判决。

【争议焦点】

绍兴市水利局是否应在涉案旅游图册中指明王某某的绘画作品作者身份？

以绍兴市水利局为代表的第一种观点认为，对于《著作权法》第二十二条的规定不应作扩大的理解，该条所规定的作者应该是被临摹、被绘画、被摄影、被录像的艺术作品的作者，并不包括经过数次演绎的原作品的作者，而且法律、法规也未规定多次演绎后的作品必须为原作者署名，使用者没有法律上的义务指明演绎前绘画作品的作者。

第二种观点认为，涉案雕塑作品是在王某某的美术作品的基础上演绎而来，而绍兴市水利局对陈列于室外的艺术品的拍摄属于合理使用，但依据著作权法的规定，在合理使用情形下亦应指明被拍摄作品作者姓名。而被拍摄作品是演绎作品，依照著作权法的规定，将摄影作品用于涉案旅游图册还应该指明王某某的绘画作品作者身份。

第三种观点认为，涉案雕塑作品是在王某某的美术作品的基础上演绎而来，而绍兴市水利局对陈列于室外的艺术品的拍摄属于合理使用，依据著作权法的规定，在合理使用情形下亦应指明被拍摄作品作者姓名。著作权法关于使用演绎作品的规定，使用演绎作品也不得侵犯演绎作品之前的作品作者的包括署名权在内的著作权。由于使用演绎作品是合理使用，不侵犯财产权，但是，应该给原作品作者和演绎作品作者署名。只是，如果公众作为使用者使用陈列于室外公共场所的艺术品没有发现艺术品的原始作者，则可以不署原始作者姓名。如果能够知道原始作者的则应该在使用多次演绎后的作品时署原始作者姓名。

【案例分析】

《著作权法》第二十二条第一款第（十）项规定，对设置或者陈列在室外公共场所的艺术作品进行临摹、绘画、摄影、录像，可以不经著作权人许可，不向其支付报酬，但应当指明作者姓名、作品名称，并且不得侵犯著作权人依著作权法享有的其他权利。《著作权法实施条例》第二十一条又规定，依照著作权法有关规定，使用可以不经著作权人许可的已经发表的作品的，不得影响该作品的正常使用，也不得不合理地损害著作权人的合法利益。上述规定可以总结为，可以不经著作权人的许可对设置或者陈列在室外公共场所的艺术作品进行临摹、绘画、摄影、录像，也不向其支付报酬，但应当指明作者姓名、作品名称，不得影响该作品的正常使用，也不得不合理地损害著作权人的合法利益。这些规定仍然表明此种合理使用必须符合"三步检验法",同时所有合理使用必须指明被使用作品的名称及其作者姓名。从著作权法规定的字面上解释,其中"应当指明作者姓名、作品名称"是指陈列于室外公共场所的艺术作品的作者姓名和艺术作品的名称。由于我国《著作权法》是一个完整的内在协调的体系,不能孤立地理解每一条的规定,而是必须结合其他条文进行理解。陈列于室外公共场所的艺术作品有许多是复制或改编而来,如果是复制,则该艺术作品为原作品的复制品,其著作权人是同一人。如果是改编而来,则该艺术作品为原作品的改编作品,改编作品的著作权人为改编人,此时,陈列于室外公共场所的艺术作品的著作权人与该艺术作品的被改编作品的著作权人不是同一人。依据《著作权法》第十二条"改编、翻译、注释、整理已有作品而产生的作品,其著作权由改编、翻译、注释、整理人享有,但行使著作权时不得侵犯原作品的著作权"的规定,使用改编作品不得侵犯原作品的著作权,该著作权包括人身权利和财产权利。也就是说,使用改编作品的使用者,必须经过被改编作品和改编作品的著作权人的双重许可,必须在使用改编作品时指明被改编作品和改编作品的作者的姓名和作品名称。依此类推,如果某一作品被改编了许多次,由于每一次改编后的作品中都包含最原始作品的表达,所以仍然必须遵守著作权法的规定,使用改编了许多次的改编作品时,须经过最原始作品及之后每一次改编作品的著作权人许可,并给相应的作者署名。当然,如果是合理使用,可以不经过相关权利人许可,但需要署名。

他人对陈列室外公共场所的艺术品依法合理使用后会产生相应的成果,合理使用人能否对这种成果再进行利用呢?《最高人民法院关于审理著作权民事纠纷案件适用法律若干问题的解释》法释〔200〕31号(以下简称《最高人民法院审理著作权的司法解释》）第十八条规定："著作权法第二十二条第（十）项规定的室外公共场所的艺术作品，是指设置在室外公共活动处所的雕塑、绘画、书法等艺术作品。对前款规定艺术作品的临摹、绘画、摄影、录像人，可以对其成果以合理的方式和范围再行使用，不构成侵权。"依此解释，合理使用人对合理使用他人作品而产生的成果可以"以合理的方式和范围再行使用"。这种情况下可以对合理使用形成的成果进行使用，但是由于合理使用是对作品著作权人的财产权的限制，没有对署名权进行限制，所以仍然需要遵守《著作权法》第十二条的规定，给最原始作品及之后每一次改编作品的作者署名并标上作品名称。

对此种合理使用情形下形成的成果进行使用从法律规定上应该署名，但是，由于被合理使用的艺术作品是陈列于室外公共场所，有的艺术作品没有署名或者署名非常不容易被发现，在此种情况下，要求他人指明原作品或改编作品的作者姓名或原作品名称就显得不太可能。正如最高人民法院在申诉审理中所说，"在一般情况下，社会公众只能依靠该室外艺术作品本身的标注来确认作者姓名和作品名称，而没有另行核实的义务。如果该雕塑作品未注明其系依据他人绘画作品而创作，对该雕塑进行临摹、摄影等使用的社会公众没有义务追溯该雕塑作品是否为演绎作品、是否还存在原始绘画作者并为该作者署名"。

该案中，《康乾驻跸碑》等 11 幅雕塑作品系依据王某某绘画作品而创作出的新的作品，即改编作品。依著作权法的规定，使用改编作品需要经过原作品和改编作品著作权人的同意，同时尊重其人身权。由于 11 幅雕塑作品陈列于室外公共场所，绍兴市水利局对其进行拍摄，符合使用室外公共场所艺术作品合理使用的特殊情形，没有影响雕塑作品、美术作品的正常使用，也没有不合理地损害著作权人的合法利益，是合理使用。至于对合理使用的成果进行使用是否是"合理的方式和范围"争议较大。有的案件中将以营利的方式使用绘画、临摹、拍摄、录像而形成的成果定性为不是"合理的方式和范围",如何某与重庆邮政广告公司关于磁器口"更夫"案。❶ 该案没有提及在旅游图册中使用合理使用形成的摄影作品是否是"合理的方式和范围",几个法院因此也没有对此进行分析,默认为是以"合理的方式和范围",此处也就不再展开。虽然绍兴市水利局对雕塑作品的拍摄符合合理使用,在旅游图册中使用摄影作品暂且认为也符合最高人民法院的司法解释,但是,依据前述分析,绍兴市水利局不仅应该为被摄影的雕塑作品作者署名,还应该署雕塑作品的原型——美术作品作者的姓名,同时,其对于雕塑作品改编前的美术作品作者是明知的,《著作权法实施条例》第十九条规定,使用他人作品的,应当指明作者姓名、作品名称;但是,当事人另有约定或者由于作品使用方式的特性无法指明的除外。绍兴市水利局在旅游图册上使用因合理使用形成的成果非常容易指明原作品作者姓名,应该在旅游图册使用的摄影作品合适的地方为被拍摄的作品——11幅雕塑作品以及雕塑作品的原形——11幅美术作品的作者署名。

51. 金某某等与华谊兄弟传媒股份有限公司著作权权属、侵权纠纷案❷

【基本案情】

2008年华谊兄弟公司投资拍摄电影《非诚勿扰》,该电影系

❶ 何某与重庆邮政广告公司著作权权属侵权纠纷案,重庆市渝中区人民法院民事判决书(2015)中区法民初字第13741号。

❷ 北京市朝阳区人民法院民事判决书(2017)京0105民初57692号,北京知识产权法院民事判决书(2019)京73民终2701号。

冯小刚编剧、导演作品，电影发行过程中使用的宣传海报系由冯小刚、石海鹰设计完成。电影海报中呈现的涉案"非誠勿擾"，构成具有审美意义的美术作品。根据华谊兄弟公司与冯小刚、石海鹰的协议，该美术作品的著作权归属华谊兄弟公司。金某某将该美术作品申请为商标，金某某、非诚勿扰婚介所在其经营的非诚勿扰婚恋交友网站上未经许可使用该美术作品，华谊兄弟公司遂向北京市朝阳区人民法院提起诉讼。金某某、非诚勿扰婚介所辩称，电影海报上的涉案"非誠勿擾"不构成著作权法意义上的作品，且即便构成作品，其权属存疑，金某某、非诚勿扰婚介所的使用也属于合理使用，依法不应认定构成侵权。金某某、非诚勿扰婚介所只是规范注册商标的标识，完全不涉及著作权侵权问题。华谊兄弟公司在本案中的诉求，直接违反了商标法的规定，打破了不同知识产权主体之间的利益平衡。

北京市朝阳区人民法院认为，"非誠勿擾"属于著作权法意义上的作品，为美术作品。电影海报系为电影宣传而制作的美术作品，虽可能展示在室外，其使用具有一定的时效性，但并不属于设置或陈列在室外公共场所的艺术作品的范畴，因此金某某、非诚勿扰婚介所辩称的其非诚勿扰婚介所系对"非誠勿擾"美术作品的合理使用，并无事实及法律依据。金某某未经华谊兄弟公司许可，将该美术作品注册为商标，侵犯了华谊兄弟公司对该作品享有的著作权。非诚勿扰婚介所将与该美术作品相同及基本相同的字样展示在其经营的网站上，侵犯了华谊兄弟公司对该作品享有的信息网络传播权。虽然金某某经核准注册"非誠勿擾"商标并享有该商标的专用权，但这并不改变其系侵犯华谊兄弟公司"非誠勿擾"美术作品著作权的事实与定性，就使用"非誠勿擾"商标过程中的著作权侵权行为，金某某、非诚勿扰婚介所仍应依照著作权法的规定承担相应的法律责任。

被告金某某、非诚勿扰婚介所不服一审判决，向北京知识产权法院提起上诉，经审理，法院认为两上诉人上诉请求不能成立，于 2020 年 4 月 26 日判决驳回上诉维持原判。该判决为终审判决，现已生效。

【争议焦点】

非诚勿扰婚介所使用涉案"非誠勿擾"的行为是否构成合理使用？

一种观点认为，即使涉案"非誠勿擾"构成作品，非诚勿扰婚介所的行为也属于合理使用，不宜认定侵权。

另一种观点认为，金某某、非诚勿扰婚介所未经华谊兄弟公司同意将涉案"非誠勿擾"美术作品注册成商标，并利用信息网络进行传播，侵犯了华谊兄弟公司的合法权益，并非所谓的合理使用。

【案例分析】

依据著作权法及相关规定，判断使用他人作品的行为是否合理使用必须满足以下条件：第一，是否属于《著作权法》规定的 12 种法定情形之一；第二，是否符合不影响该作品的正常使用；第三，是否符合不得不合理损害著作权人的合法利益。如果涉及通过信息网络传播的行为，则结合《信息网络传播权保护条例》判断。著作权法基于公众对公共文化的参与考虑而对于放置在室外公共场所的艺术品的著作权人的权利进行了一定的限制，但是，著作权法也要维护艺术品著作权人的利益，所以这种限制不是绝对的，仅限定在临摹、绘画、摄影、录像四种使用方式上，除此以外，对他人作品的使用都不属于合理使用的情形。如果严格按文义解释，著作权法是不允许使用人将临摹、绘画、摄影、录像形成的成果再进行利用的。但是，如果不允许对临摹、绘画、摄影、录像形成的成果再利用，法律规定此条就没有意义，因为《著作权法》第二十二条第一款第（一）项为个人学习、研究或者欣赏，使用他人已经发表的作品就可以囊括室外公共艺术品合理使用情形。因此，著作权法关于室外公共艺术品的合理使用的规定暗含着对合理使用后形成的成果可以再利用，但是，再利用是无限制的吗？《著作权法（修订草案送审稿）》第四十三条第一款第（十）项规定，"对设置或者陈列在室外公共场所的艺术作品进行临摹、绘画、摄影、录像并复制、发行以及向公众传播，但不得以该艺术作品的相同方式复制、陈列以及公开传播"。此修改将合理的使用方式限定为"以该艺术作品的相同方式"，但是，新修订的《著作权法》没有接受《著作权法（修订草案送审稿）》的修改。笔者认为，既然这是对合理使用形成的成果的再利用，那么，仍然可以以合理使用的判断标准限定再利用的"合理"方式和"合理"范围。

该案中，华谊兄弟公司将印有涉案"非誠勿擾"的海报悬挂于室外公用场所，属于《最高人民法院关于审理民事纠纷案件适用法律若干问题的解释》第十八条规定的"设置或者陈列在室外公共场所的艺术作品"。金某某将陈列在室外用于宣传的涉案电影《非诚勿扰》海报进行复制后，同时复制了"非誠勿擾"四字，此时的行为符合室外公共艺术品合理使用情形。之后，金某某将涉案"非誠勿擾"申请注册商标，并由非诚勿扰婚介所在涉案网站进行宣传使用的行为，是否属于该解释第十八条规定的对其成果"以合理的方式和范围再行使用"？从使用目的上看，虽然此司法解释没有否认商业性使用属于合理使用，但是，大多数商业性使用会对作品权利人的潜在市场造成威胁，会影响著作权人对该作品的正常使用。当然，也有一些商业性使用对著作权人的正常使用不会造成太大影响。这样的商业性使用往往是对作品的非实质性使用，也就是说，合理使用人将合理使用后形成的成果进行使用时，作品通常在再创作的成果中只占很少的部分，如对陈列在景区的雕塑拍摄，该雕塑在摄影作品中只是风景的一部分，而不是整个摄影作品只有该雕塑。该案中，金某某直接将"非诚勿扰"申请注册商标，并由非诚勿扰婚介所在涉案网站进行宣传使用，其再次使用是商业性使用，二审法院认为，如果对此进行商业性使用，势必会严重影响美术作品著作权人对他人发放许可，并威胁其收入来源，会构成与美术作品正常使用方式的冲突和影响著作权人的合法利益。因此，金某某、非诚勿扰婚介所的使用行为，不属于《著作权法》第二十二条规定的合理使用行为，其行为不合理地损害了华谊兄弟公司对涉案"非誠勿擾"的合法利益，应当承担侵权的法律责任。这一认识是正确的。

第二节　法定许可

问题与思考

1. 疫情期间，许多教师网上教学，其中一名教师在学习通中放置了 5 篇他人发表的论文与 2 部电影供 2 个班 70 多名同学学习，该教师的行为是法定许可的使用吗？

2. 北京字节跳动科技有限公司的今日头条平台上放置了 2020 年 8 月 20 日《楚汉晨报》上的一篇故事性文章，北京字节跳动科技有限公司的行为是法定许可的使用吗？

3. 某电视台主持人将网上下载的歌曲《牧羊曲》《雨花石》在该电视台"故事悠悠"栏目播放，该行为是法定许可使用吗？主持人自己演唱这两首歌曲并录制，上传到喜马拉雅音频分享平台，其行为是法定许可吗？

典型案例

52. 纪某某诉浙江大学出版社著作权侵权纠纷案❶

【基本案情】

纪某某创作的《一分钟》首次被刊登在 2002 年第 5 期《读者》，同时载明作者是纪某某。2012 年 3 月，博库网络有限公司所销售的由浙江大学出版社公开出版发行的《浙江省普通话书评测试教程》一书中收录了署名为纪某某的作品《一分钟》，并为该作品中的每个汉字进行拼音标注，使其成为适用于练习普通话的朗读范本。于是，纪某某向杭州铁路运输法院起诉称浙江大学出版社侵犯其著作权。被告浙江大学出版社辩称其是编写教科书的法定许可，没有侵犯原告的著作权。

杭州铁路运输法院于 2017 年 10 月 30 日经审理认为，浙江大学出版社所出版的图书《浙江省普通话水平测试教程》不属于法定许可中所规定的教科书范围，因此，其未经纪某某同意，将纪某某享有著作权的文字作品擅自使用于其出版的图书中，侵犯了纪某某的著作权，应当承担相应民事责任。一审宣判后，双方当事人均未上诉，判决已发生法律效力。

【争议焦点】

浙江大学出版社使用《一分钟》的行为是否为法定许可的使用？

第一种观点认为，《浙江省普通话水平测试教程》是由浙江省语言文字工作委员会以及浙江省语言文字工作者协会所编写的

---

❶ 杭州铁路运输法院民事判决书（2017）浙 8601 民初 2270 号判决书。

普通话水平测试教材，一方面，其并未违反《国家通用语言文字法》以及《国家普通话水平测试等级证书管理办法（试行）》等相关法律法规；另一方面，其是在通过浙江省教育厅批准之后，才得以立项、编写并使用的，符合相关规定，该图书应当属于为实施国家教育计划而编写出版的教科书。所以，浙江大学出版社的行为符合著作权法中对于法定许可的规定。

第二种观点认为，著作权法中所提到的未经作者许可，使用其已经发表的作品之目的必须是实施九年制义务教育和国家教育规划而编写出版教科书。其中，对于教科书的概念并未给出明确的定义，其与教学用书的界限也没有作出明确的区分。通常认为，教科书应当是指课堂教学所用的正式教材，并非所有的教学用书都是教科书，即使涉案图书《浙江省普通话水平测试教程》的编写依据符合相关规定，但其实际用途只能算是与教学活动有关的图书，并不符合著作权法中关于教科书的范围。因此，浙江大学出版社的行为不属于法定许可。

【案例分析】

《著作权法》第二十三条规定，为实施九年制义务教育和国家教育规划而编写出版教科书，除作者事先声明不许使用的外，可以不经著作权人许可，在教科书中汇编已经发表的作品片段或者短小的文字作品、音乐作品或者单幅的美术作品、摄影作品，但应当按照规定支付报酬，指明作者姓名、作品名称，并且不得侵犯著作权人依照本法享有的其他权利（新修订的《著作权法》在第二十五条规定"为实施义务教育和国家教育规划而编写出版教科书，可以不经著作权人许可，在教科书中汇编已经发表的作品片段或者短小的文字作品、音乐作品或者单幅的美术作品、摄影作品、图形作品，但应当按照规定向著作权人支付报酬，指明作者姓名或者名称、作品名称，并且不得侵犯著作权人依照本法享有的其他权利")。这是关于教科书的法定许可制度，该规定同样适用于出版者、表演者、录音录像制作者、广播电台以及电视台。

这表明使用该法条时应当注意如下几点：（1）在使用他人作品时，应当尊重原作者的意愿，即作者若事先明确表示其不愿意将作品再次被出版使用，则不得违背其意愿（新修订的《著作权法》将此限制删除）；（2）所编写出版教科书的目的是实施义务教育或者国家教育规划所要求；（3）关于使用他人作品作出了量的限定，即只能是作品片段或是短小文字作品，或者单幅的美术作品、摄影作品、图形作品；（4）虽然使用他人作品可以不经著作权人许可，但仍然应当支付合理报酬，并注明该作品名称及表明作品作者；另外，该法条中的相关规定同样适用于出版者等。

教科书法定许可制度存在的问题：（1）教科书的定性不明确。著作权法在对教科书法定许可制度作出规定明确表示其适用前提是实施九年制义务教育（新修订的《著作权法》删除了"九年"）和国家教育规划的教科书，但是对于教科书的概念却并未作出进一步明确，导致在司法实践中，经常与教学用书、教学辅导用书、教学参考用书等发生混淆。同时，对于如何判断是否属于实施九年制义务教育和实施国家教育规划的教科书也存在不同意见，不仅学界对此问题的研究还存在不同意见，相关司法实践中的认识也并不统一。根据我国义务教育法的规定，对于义务教育的相关规定及其教科书的审定，应当由国务院教育主管部门确定。❶ 而国家版权局和国家发展改革委员会联合发布的《教科书法定许可使用作品支付报酬办法》中不仅明确将教学参考书以及教学辅导材料排除在教科书的范围之外，而且对九年制义务教育和国家

---

❶ 《中华人民共和国义务教育法》第三十九条规定国家实行教科书审定制度，即教科书的审定办法由国务院教育行政部门规定。

教育规划教科书作出解释，即指为实施中高等教育，职业、民族、特殊教育，或者为达到国家对某一领域和方面的教育教学要求，根据国务院或省级相关教育行政部门制订的课程方案、专业教学指导方案而编写出版的教科书。❶

此前由江苏省南通市中级人民法院审理的"丁某某诉南通市教育局、江苏美术出版社侵犯著作权纠纷案"❷的法官认为，我国《著作权法》第二十三条第一款中所规定的教科书并非泛指中小学使用的所有教材。而在本案中，法官认为"教科书的法定许可使用制度"之目的在于平衡著作权与公共利益的需要，因而对原作者权利作出的适当限制。所以，在认定教科书的范围时应当严格且慎重，教学用书泛指与教学活动有关的图书，并非所有的教学用书都是教科书。教学用书是否属于著作权法所规定的教科书，证明责任归于出版者一方，由于浙江大学出版社并未提供证据予以证明：被诉侵权图书系用于课堂教学的教材，可以被认定为教科书，而不是教学参考书或教学辅导材料。因此法院认定被告对《一分钟》的使用不属于法定许可，判定被告侵犯了纪某某对于该作品享有的著作权。

针对教科书范围不明确的问题，建议对其作出进一步的具体化明晰，这样既可以维护著作权人的利益，也可以避免司法审判中法官对其认识的不统一从而导致的同案不同判。同时，笔者认

---

❶　2013 年 10 月 22 日，国家版权局和国家发展改革委员会联合颁布的《教科书法定许可使用作品支付报酬办法》第二条规定：本办法适用于使用已发表作品编写出版九年制义务教育和国家教育规划教科书的行为。其中，所称教科书不包括教学参考书和教学辅导材料；所称九年制义务教育教科书和国家教育规划教科书，是指为实施义务教育、高中阶段教育、职业教育、高等教育、民族教育、特殊教育，保证基本的教学标准，或者为达到国家对某一领域、某一方面教育教学的要求，根据国务院教育行政部门或者省级人民政府教育行政部门制订的课程方案、专业教学指导方案而编写出版的教科书。

❷　南通市中级人民法院民事判决书（2002）通中民三初字第 14 号。

为，应当进一步扩大对于教科书范围的认定，使其有利于教育事业的发展。

53. 佛山人民广播电台侵犯贾某某著作权纠纷案❶

【基本案情】

贾某某系广西师范大学出版社出版的历史小说《贾某某说春秋》的著作权人，其向北京市东城区人民法院起诉称佛山人民广播电台的"FM94.6""FM92.4"两个频道所播放的《听世界春秋》节目中有74%的内容与其作品《贾某某说春秋》内容相同，并未经其许可且并未署名，并且，文字作品不属于广播电台使用的法定许可范围内的作品。因此认为该行为侵犯其著作权。佛山人民广播电台答辩称，《听世界春秋》与《贾某某说春秋》内容存在的差异较小，所以并不算是对原作品进行了改编，且在广播音频以及第三方媒体中有多次提及作者姓名及其作品名称，故该行为应当属于法定许可行为，并未侵犯贾某某的著作权。

北京市东城区人民法院审理后认为，佛山人民广播电台在广播他人已发表的作品《贾某某说春秋》时增加了新内容，属于对他人作品的改编，且并没有给贾某某署名，该行为并不符合法定许可的相关规定，构成对原作者著作权的侵犯。佛山人民广播电台不服一审判决，向北京知识产权法院提起上诉，理由是《听世界春秋》未构成对原作品《贾某某说春秋》的改编，且法律并未明确规定广播电台广播他人作品时应当署名，该广播行为应属于法定许可行为，并未侵犯贾某某的著作权。北京知识产权法院经审理后驳回佛山人民广播电台上诉，维持原判。

---

❶ 北京市东城区人民法院民事判决书（2014）东民初字第1501号，北京知识产权法院民事判决书（2015）京知民终字第122号。

【争议焦点】

佛山人民广播电台播放《听世界春秋》节目的行为是否符合法定许可的规定，是否侵犯了贾某某的著作权？

围绕该争议焦点，形成了以下两种不同的观点。

第一种观点认为，《听世界春秋》与《贾某某说春秋》内容虽然存在差异，但是并非改变了原作品本身的背景、结构、情节等，只是为了播放而对内容作出适当调整，因此并未构成对作品的改编，未侵犯原作者贾某某的改编权。同时，法律对于"广播电台的法定许可规定"中并未明确要求广播电台广播他人已发表作品时应当指明作者与作品名称，且未指明作者姓名及其作品名称，佛山广播电台在广播音频中以及第三方媒体提到过《贾某某说春秋》一书及其作者贾某某。因此，佛山广播电视台的广播行为属于法定许可行为，并未侵犯贾某某的著作权。

第二种观点认为，"广播电视的法定许可规定"中应当以尊重原著作者为根本，不允许对原作品进行改动，或是虽然允许对原作品进行改动，其目的也应当是适应广播电台播放的特点进行适当的改动，而不应是增加原作品中没有的内容而产生新的作品。同时，为作者署名虽没有被明文规定，但是署名权是证明著作权的权利人与作品存在创作事实的一项基本权利，应视作法定许可设定之初的应有之意，属于"广播电台的法定许可"的构成要件之一。而佛山广播电台辩称的提及过贾某某姓名及其作品名称是在其他平台以及《听世界春秋》最后一期末尾，均未起到表明作者身份的作用。所以，佛山广播电视台的改编行为不仅超出广播播放的需求，其也并未给原作者贾某某署名，其广播行为并不属于法定许可行为，构成对贾某某著作权的侵犯。❶

---

❶ 周文君. 广播电台法定许可法律适用及侵权民事责任认定问题探讨——评析佛山人民广播电台侵害贾某某著作权纠纷案［J］. 中国版权，2015（3）：27－30.

【案例分析】

为了适应广播电台以及电视台高效率、宽范围的特点，促进已发表作品的传播，我国《著作权法》第四十三条第二款规定："广播电台、电视台播放他人已经发表的作品，可以不经过著作权人的许可，但应当支付报酬。"第四十四条规定："广播电台、电视台播放已经出版的录音制品，可以不经著作权人许可，但应当支付报酬。当事人另有约定的除外。具体办法由国务院规定。"这两条规定简称为"广播组织法定许可"。第四十四条的规定实际上已经涵盖在第四十三条第二款中，两条使用的主体都是广播组织，使用都是不经过著作权人的许可，只支付报酬，区别仅限于客体名义上的不同，然而由于录音制作者并不享有广播权，因此实质上的客体均为作品，与录音制作者没有关系。对此，新修订的《著作权法》删除了 2010 年《著作权法》第四十四条，在第四十五条明确规定"将录音制品用于有线或者无线公开传播，或者通过传送声音的技术设备向公众公开播送的，应当向录音制作者支付报酬"。"广播组织法定许可"的适用在理论界和司法实务界都存在一定的分歧，关于"广播组织法定许可规定"的相关争议点如下。

（1）广播组织法定许可中是否限制可使用的作品类型？

对于广播电台在法定许可中是否应当限制被使用的作品类型并不明确，但可以确定的是，著作权人对于其所享有的著作权一般具有垄断性，法定许可的目的在于将著作权人已发表的作品更多途径地传播出去，因而限制了著作权人的部分权利，仅为其保留了获得报酬权。由此可见，以公共利益最大化为考量，将更多作品广泛传播给大众是该法条设置的初衷，若是形式多样的作品都要经过权利人的许可才得以使用，那将数量繁多的已发表的作品传播给社会公众的目的就更加难以实现。结合该案来看，法院并未认可贾某某所辩称的文字作品不能成为广播组织法定许可之类型的观点。所以，只要他人已经发表的作品，且该作品不属于《著作权法》第四十六条排除的电影作品、类电影作品以及录制于录像制品中的作品，那么这种作品就可以成为广播组织法定许可的客体类型之一。

（2）广播组织法定许可中是否可以对所使用的他人作品进行改动？

正如上文所提到的，法定许可应当遵循利益平衡原则，在为推动文化事业发展、促进作品传播的同时，也应当保护原作者的相关专有权益，即虽然因为公共利益而对著作权人进行部分限制，但是对于此种限制也应当作出严格要求。所以，广播电台在使用他人作品时应当局限于代替原权利人行使其所享有的广播权，而不应该侵犯原著作权人的改编权及其他权利。考虑到为符合广播形式的要求，可以对原作品作出适当的改动，因此，虽然原则上不允许对原作品进行改编，但为了广播播放而对所使用的作品内容作出适当调整，也属于法定许可范围。

具体到该案，《听世界春秋》与原作品《贾某某说春秋》的不同之处约为百分之二十四，而这些不同之处并非只是简单的为适应播出而作出的适当改动，其新增加的内容足以使《听世界春秋》明显区别于原作品，从而构成新的作品，因此，其超出了为适应广播播放而进行适当修改的范围，构成对《贾某某说春秋》作品的改编，侵犯原著作权人贾某某的改编权。

（3）广播组织法定许可使用他人作品是否必须给作者署名？

由于在"广播组织法定许可"的规定中并没有明确规定广播电台在使用他人已发表作品时应当同时表明作品名称以及作者姓名，因此有种观点就认为，只要广播电台所使用的作品是他人已经发表的，即已经符合相关法律规定，构成法定许可，不署名也并不会阻碍对于该法条的适用。但署名权作为著作权人的一项重要人身权利，表明了作者与其作品之间存在的创作事实，任何使用他人作品的行为都应当明确指明作者姓名，如在"教科书法定许可"的规定中要求教科书的编纂者需要标明作者姓名及其作品名称，该规定应当同样类推适用于"广播组织法定许可"。《信息网络传播权保护条例》第十条规定："依照本条例规定不经著作权人许可、通过信息网络向公众提供其作品的，还应当遵守下列规定：……（二）指明作品的名称和作者的姓名（名称）……"参照这些规定，即使法条并没有明确为原作者署名规定下来，其本身也属于广播组织法定许可所设定之初的应有之意，同时，不仅要为原著作权人署名，还应当以他人明确知悉的方式提及原作者。

具体到该案，佛山人民广播电台虽然辩称其有提及作者贾某某的姓名及其作品名称《贾某某说春秋》，但其是在第三方平台以及广播节目《听世界春秋》的最后一期末尾提到作者姓名。首先，在第三方平台表明作者姓名的行为与广播行为无关；其次，《听世界春秋》节目播放的时间长达两年之久，却仅在最后一期末尾提到作者贾某某的姓名，以上两种提及作者姓名的行为均没有起到表明作者身份的作用，因此，佛山人民广播电台在广播播放过程中未给原作者署名的行为亦不符合法定许可的相关规定，侵犯了贾某某的著作权。

虽然我国《著作权法》对于"广播组织法定许可"的规定过于简单，但该案不仅厘清了对于广播组织法定许可的立法目的，既让已经发表的作品能够更广泛的传播出去，也明确了允许为符合广播播放形式进行适当改动的行为，但对于该种改动行为作出限制，即改动的结果不能使其成为新作品从而侵犯原著作权人的改编权。还确立了对于广播组织播放他人作品时的署名标准，即能够起到表明原作者身份的作用。该案的审理进一步明确了著作权法中对于广播组织法定许可构成要件的规定，也有利于协调维护著作权人合法权益和促进作品合法传播之间的平衡。❶

54. 北京东乐影音文化有限公司与上海东方娱乐传媒集团有限公司侵犯录音录像制作者权纠纷案❷

【基本案情】

北京东乐影音文化有限公司（以下简称东乐影音公司）制作的音乐专辑《GALA 追梦痴子心》收录了苏某作词、谱曲的歌曲《追梦赤子心》，2011 年 3 月 5 日，东乐影音公司与苏某签订《权利确认书》，约定将《追梦赤子心》等 12 首歌曲的录音制作者权授权东乐影音公司全权永久全世界拥有。2018 年 5 月 6 日，上海东方娱乐传媒集团有限公司（以下简称东方娱乐公司）运营的东方卫视频道播出了《极限挑战》第四季第二期节目中将歌曲《追梦赤子心》作为背景音乐播放，之后涉案节目又在优酷视频、腾讯视频及爱奇艺视频平台上播出，这些网站播放的视频上载有东方卫视台标及节目片尾处载明的合作视频网站信息。东乐影音公司向北京互联网法院起诉称被告东方娱乐公司侵犯其录音制作者权。被告辩称，其播出的节目中使用《追梦赤子心》属于法定许可的使用，没有侵犯被告权利。北京互联网法院审理后认为，被告的行为不属于法定许可，在网络上传播侵犯了原告的信息网络传播权，并于 2019 年 12 月 19 日作出相应判决。

---

❶ 焦和平.《著作权法》第 43 条与第 44 条之冲突及解决——兼论"播放作品法定许可"的规定之完善［J］. 知识产权，2016（4）：27－36.

❷ 北京互联网法院民事判决书（2019）京 0491 民初 21891 号。

【争议焦点】

东方卫视频道播出的《极限挑战》第四季第二期节目中将歌曲《追梦赤子心》作为背景音乐播放并在网络上传播的行为是否属于法定许可？是否侵犯了原告的录音制作者权？

一种观点认为，著作权法规定的广播组织的法定许可为广播电台、电视台播放已经出版的录音制品，可以不经著作权人许可。所以，东方卫视频道播放节目时播放了作为背景音乐的涉案歌曲录音制品，属于法定许可的使用。播放涉案录音制品也不侵犯原告的录音制作者权。

另一种观点认为，东方卫视将涉案歌曲先用于制作节目，节目制作之后才在播放节目时播放了涉案歌曲录音制品，不属于法定许可的使用。东方卫视播出含有涉案录音制品的节目后传至网络供用户观看的行为侵犯了原告作为录音制作者享有的信息网络传播权。

【案例分析】

广播电台、电视台播放作品或者录音制品一般存在两种情形：一是广播电台、电视台将他人作品通过表演者表演后直接以无线信号传播出去，或者将录音制品直接播放，此时广播组织对自己播放的节目信号只享有作为邻接权人享有的广播组织权。二是广播组织在播放之前，有的改编作品，有的提前制作节目，在节目中使用他人作品或录音制品，然后将制作完成的节目通过无线信号播放，有的对于制作的节目现场直播，不事先录制节目。在第二种情形下，广播组织对他人作品或录音制品的使用都是在制作节目中使用。《著作权法》第四十四条规定："广播电台、电视台播放已经出版的录音制品，可以不经著作权人许可，但应当支付报酬。当事人另有约定的除外。具体办法由国务院规定。"这是广播组织法定许可的规定。此种法定许可在上一个佛山广播电台播放作品案例中已经分析过，其播放已经出版的录音制品，只能是第一种情形的播放，即如果播放作品，只能局限于代替作品著作权人行使其所享有的广播权，而不应该将作品改编或制作到节目中然后再播放，如果是录音制品，也只能直接通过无线信号播放，而不能先用于制作节目然后再播放。该案中，东乐影音公司制作的专辑《GALA 追梦痴子心》中收录了《追梦赤子心》之后，《追梦赤子心》既是音乐作品又是录音制品。东方卫视台播出的《极限挑战》第四季第二期节目是由东方娱乐公司制作的，该公司同时也是播出上述节目的东方卫视频道的运营者。东方娱乐公司使用原告享有录音制作者权的录音制品制作了涉案节目，然后在东方卫视频道播放。东方娱乐公司不是将录音制品《追梦赤子心》直接在东方卫视播放，而是为了制作节目而在节目中作为背景音乐使用，其行为不符合《著作权法》第四十四条广播组织法定许可的规定。根据《著作权法》第四十二条的规定，"录音录像制作者对其制作的录音录像制品，享有许可他人复制、发行、出租、通过信息网络向公众传播并获得报酬的权利"。录音制作者没有广播权，所以，涉案节目中使用《追梦赤子心》作为背景音乐并在东方卫视播放的行为不侵犯原告的录音制作者权。❶ 但是，该涉案节目还在优酷视频、腾讯视频及爱奇艺视频平台上播出，由于录音制作者对录音制品享有信息网络传播权，所以，被告未经许可使用行为侵犯了原告对涉案录音制品的信息网络传播权。

---

❶ 新修订的《著作权法》第四十五条规定："将录音制品用于有线或者无线公开传播，或者通过传送声音的技术设备向公众公开播送的，应当向录音制作者支付报酬。"这一修订，表明录音制作者享有广播权。

第六章 著作权的转让与许可

第一节　著作权的转让

问题与思考

1. 著作权转让后，署名权属于谁？
2. 著作权转让是否需要登记？

典型案例

55. 南关区金港练歌场与重庆索隆音乐文化传播有限公司侵犯作品放映权纠纷案❶

【基本案情】

北京天浩盛世文化传播有限公司（以下简称北京天浩盛世公司）对（*Give Me Five*）《歌未央》（*Black White*）（*AB*）（*God Like*）等 15 部音乐电视作品享有著作权，在国家版权局登记为类电作品。2017 年 10 月 15 日，北京天浩盛世公司与重庆索隆音乐文化传播有限公司（以下简称重庆索隆公司）签订一份《音乐作品著作权转让协议》，约定北京天浩盛世公司将包括涉案 15 部音乐电视作品的复制权、表演权、放映权、出租权永久转让给重庆

---

❶ 吉林省长春市中级人民法院民事判决书（2019）吉 01 民初 81 号，吉林省高级人民法院民事判决书（2020）吉民终 31 号。

索隆公司。后双方还签署了补充协议，约定受让方享有作品的独占使用权、可自行转授权，有权以自己的名义向侵权方主张权利。重庆索隆公司在 2018 年 9 月 8 日请吉林省长春市信维公证处公证了长春市南关区大经路与长春大街交会处的量贩式金港练歌场 KTV 放映涉案音乐电视。重庆索隆公司随后向吉林省长春市中级人民法院起诉，称被告金港练歌场侵犯了其依法享有的复制权、放映权等著作权。被告辩称，《音乐著作权转让协议》是无效协议，因为该协议中"受让后，对受让作品享有独占使用、可以再转授权"显然是属于授权性的内容，只有授权才存在"独占使用"及"再授权"。如果是受让则获得著作权根本不存在独占许可及再授权的问题。重庆索隆公司所获得的仅仅是著作权"诉权"的授权。而该授权也违反了我国《著作权集体管理条例》相关规定。另外，涉案音乐电视作品有被告已经与中国音像著作权集体管理协会（以下简称音集协）签订了《著作权许可协议》，协议中且依约缴纳费用，已经尽到尊重他人著作权的合理注意义务，主观上并无过错。

吉林省长春市中级人民法院经审理认为，重庆索隆公司已取得涉案作品的相关权利，金港练歌场的抗辩理由不能证明协议无效，所以重庆索隆公司有权就涉案作品提起诉讼；金港练歌场未经权利人许可，以营利为目的在经营场所放映，侵犯了其放映权。金港练歌场不服一审判决，向吉林省高级人民法院提起上诉，诉称只有 9 首涉案音乐电视作品与原告享有权利的作品相同，但是其中 2 首音乐电视作品播放的画面没有署名，不能证明作品著作权属于北京天浩盛世公司；另有 3 首音乐电视作品播放后画面显示是他人与北京天浩盛世公司共同的署名，这 3 首属于合作作品，合作作品不能由合作一方转让，因此，《著作权许可协议》是无效协议。吉林省高级人民法院于 2020 年 2 月 24 日审理后判决驳回上诉，维持原判。

【争议焦点】

重庆索隆公司与北京天浩盛世公司的《音乐作品著作权转让协议》是否有效？

一种观点认为，北京天浩盛世公司是原著作权人，其与原告签订的《音乐作品著作权转让协议》是双方真实意思表示，为有效合同，因而重庆索隆公司依法享有受让的相关著作权。

另一种观点认为，《音乐作品著作权转让协议》中"受让后，对受让作品享有独占使用、可以再转授权"显然是属于授权性的内容，授权的合同属于著作权许可合同，可是合同名称却是转让合同，名称与实际内容矛盾，原告只是获得了"诉权"，而将"诉权"授予他人则违反《著作权集体管理条例》，况且，《音乐作品著作权转让协议》的转让人对其中的5首音乐电视作品无权转让，因此，《著作权转让协议》应属无效。

【案例分析】

著作权的转让是指著作权人将著作财产权的部分或全部转让给他人，他人因而取得相关著作权的行为。著作权的转让仅限于财产权利的转让，专属于人身的权利如署名权、发表权、修改权及保护作品完整权不能转让。著作权转让合同的双方发生著作财产权的移转，著作权主体也发生变更。受让人取得著作财产权后成为著作权人。受让人可自行转让或许可他人使用作品的，当发生侵权行为时，有权以自己名义维护作品相关权利。而著作权许可是著作权人将自己的著作财产权许可他人在一定期限一定范围内使用的行为。著作权许可中的著作权人不发生变化，只是财产权中的使用权被授权给被许可方。在实践中，许多当事人将著作权转让与著作权许可在表述上相混淆，我们需要以双方签订的协议内容及结合当事人提供的其他证据判断许可协议的性质。

该案中，北京天浩盛世是原著作权人，受让人是重庆索隆公司，双方签订了《音乐作品著作权转让协议》，合同内容"包括涉案 15 部音乐电视作品的复制权、表演权、放映权、出租权永久转让给重庆索隆公司"。该合同名称以及合同中"永久""转让"等表述足以表明该合同为著作权转让合同，虽然"永久"一词的表述不符合著作权法关于保护期的规定，但是这是实践中许多著作权转让合同常见的表述，以显示双方确实是转让著作权，是双方真实意思表示。后双方签署的补充协议，约定"受让方享有作品的独占使用权、可自行转授权，有权以自己的名义向侵权方主张权利"。这个补充协议，虽然使用了"独占使用权""转授权"等如同许可协议的表述，但是补充协议中还有"受让方"的转让合同的表述。这个补充协议是合同双方为了使合同内容更加明确进行的强调性补充，是依附于主合同对主合同的解释，从合同表述上的这点瑕疵并不影响主合同的效力。《音乐作品著作权转让协议》仍是生效的著作权转让合同。

至于被告辩称涉案作品中有 2 首作品没有署名的问题，在司法实务中对著作权的归属争议较多，最高人民法院对此作出过司法解释，《最高人民法院关于审理著作权民事纠纷案件适用法律若干问题的解释》第七条规定，当事人提供的涉及著作权的底稿、原件、合法出版物、著作权登记证书、认证机构出具的证明、取得权利的合同等，可以作为证据。该案中，湖南省永州市潇湘公证处出具的公证书能够证明北京天浩盛世公司享有著作权。作者享有署名权，意味着作者有权选择是否在作品上署名，以及采取何种方式在作品上署名，有的小说作者在发表小说时不愿对外表露自己的身份，采取署笔名或不署名的方式，小说作者发表作品时未署名不代表作者放弃了署名权甚至著作权，所以该案中作品画面中署名与否，并不影响认定著作权的归属。

　　至于被告辩称，涉案音乐电视作品中有 3 首作品是合作作品，北京天浩盛世公司无权将合作作品独自转让，因此主张当事人双方签订的转让合同是无效合同。著作权法规定，两人以上合作创作的作品，著作权由合作作者共同享有。但在该案中，涉案作品的体裁均为类电作品，并非普通合作作品，并不能依照普通合作作品规定确定著作权的归属，根据《著作权法》第十五条第一款规定，电影和类似摄制电影方法创作的作品的著作权由制片方享有，北京天浩盛世公司系涉案作品登记证书中载明的制片者，著作权归其所有。

　　综上，北京天浩盛世公司与原告签订的《音乐作品著作权转让协议》属于著作权转让合同，并且是生效的合同。

第二节　著作权的许可

问题与思考

　　1. 著作权许可有哪些类别？

　　2. 著作权人将作品的表演权以独占许可的方式许可给他人后，如果该著作权人再次将作品的表演权许可给第三人，如何保护善意第三人利益？

典型案例

56. 常某某与上海阅文信息技术有限公司著作权许可使用合同纠纷案❶

【基本案情】

原告上海阅文信息技术有限公司（以下简称阅文公司）是起点中文网等网络文学网站的经营者，被告常某某为原告的签约作者。双方签订《文学作品独家授权协议》，约定常某某在 2014 年 1 月 25 日至 2019 年 1 月 24 日期间创作的协议作品和新创作的长篇小说作品（可能是一部作品或多部作品，且每部作品字数在 80 万字以上，不论是否在该期间内完成全文创作）的著作财产权及相关内容独家授权给该公司，且允许阅文公司自行转授权；常某某承诺至协议作品完稿前不与第三方达成或签订有关其他作品的任何协议；常某某同意对其创作的下一部新作品，阅文公司可以优先与被告洽谈新作品的授权、转让等事宜，并签订相关协议，在同等条件下，阅文公司优先于其他第三方获得被告新作品的转让或授权，并确定了违约金等事项。该协议附件一约定协议作品是《余罪》，另一附件中约定协议作品为《商海谍影》。

常某某按照协议约定完成了《余罪》和《商海谍影》，阅文公司也向常某某支付了相应费用。但随着《余罪》及常某某知名度的提升，阅文公司和常某某之间产生矛盾致无法继续合作。

---

❶　上海市浦东新区人民法院民事判决书（2017）沪 0115 民初 90500 号，上海知识产权法院民事判决书（2019）沪 73 民终 138 号。

常某某于 2016 年 8 月成立了常某某工作室，2016 年 1 月，常某某工作室与掌阅文化公司签订《文学作品独家授权合作协议》，约定将张某某（常某某的妻子）以笔名常舒欣创作的签约作品《烈焰》（后更名为《第三重人格》）著作权授权给掌阅文化公司。常某某工作室授权掌阅文化公司使用常某某的姓名、肖像及其已发布的作品等推介、宣传该工作室聘任的创作人员创作的作品，但该授权不包括以署名"常某某"发布任何作品，后署名为常舒欣的作品《第三重人格》和《危险拍档》在掌阅文化公司平台发表，这两部作品与上述作品《余罪》《商海谍影》类型趋同，且均超过 80 万字。

阅文公司认为常某某违约且损害了公司利益，遂向上海市浦东新区人民法院起诉，诉请常某某继续履行《文学作品独家授权协议》，创作协议作品；停止为他人创作非协议作品；停止实施为非协议作品的推广活动；停止公开发表不利于阅文公司形象、名誉的言论并对微博账号中已发表的诋毁阅文公司形象、名誉的言论进行删除；赔偿违约金及经济损失人民币 1000 万元。

上海市浦东新区人民法院经审理确定，鉴于阅文公司、常某某间的两份协议均于 2019 年 1 月 24 日到期，其权利义务关系因合同期限届满而终止，因此阅文公司的前三项诉请已无合同依据，不予支持，并判决常某某删除 3 条涉案微博；支付阅文公司违约金人民币 1259697 元；驳回原告的其余诉讼请求。

后常某某向上海知识产权法院上诉，上海知识产权法院于 2019 年 9 月 27 日判决维持原判。

【争议焦点】

(1)《文学作品独家授权协议》是委托合同还是授权许可合同？

一种观点认为是委托创作合同。该案中，上海阅文公司与常某某在合同中对著作权归属作了明确约定，约定常某某在合同期间创作的所有作品的著作财产权归阅文公司使用，而阅文公司也按照合同中约定的方式使用并且支付常某某报酬，并且双方在合同中约定使用期间为协议作品发表之日起至每部作品著作财产权保护期满之日，这正是双方约定著作财产权归阅文公司所有的表现。

另一种观点认为属于著作权授权许可合同。首先从协议名称分析，《文学作品独家授权协议》是关于文学作品的独家授权协议，其属著作权授权许可合同。其次关于协议约定的具体权利义务，其中约定了常某某将创作的协议作品相关著作权授权给阅文公司的具体内容，因此就其权利义务性质判断，属于协议作品的著作权授权许可。同时，在协议中未体现阅文公司委托常某某创作作品的相关权利义务及内容。因此，涉案协议的性质属著作权授权许可合同。

（2）著作权人重复授予他人独占许可使用权后如何处理？

一种观点认为应该优先保护在先权利人的独占许可使用权利，另一种观点认为不能一概而论，如果在后的独占许可被许可人是善意的，其利益也应该保护。

【案例分析】

（1）《文学作品独家授权协议》是委托合同还是授权许可合同？

根据《著作权法》第二十四条关于许可合同内容的规定以及《著作权法实施条例》第二十四条可知，我国将著作权许可使用分为专有使用和非专有使用，专有使用又可细分为独占许可使用和排他许可使用。独占许可使用的权利人不仅拥有可以排除第三人使用而且也可以排除著作权本人使用的权利，排他许可使用的权利人仅拥有可以排除第三人使用的权利，并且在独占许可使用中，被许可使用人有权以自己的名义提起侵权之诉。该案中，常某某和阅文公司签订的《文学作品独家授权协议》中均约定独占许可使用授权，阅文公司获得在合同期间常某某所有作品的独占许可使用权，有权排除第三人以及著作权人常某某在内使用。

对于独占许可使用，在许可使用双方当事人的权利义务方面，许可方的权利及义务为：获得报酬权；完整的著作人身权；不得就同样的权利授予不同使用者的独占使用权；对许可的权利有瑕疵担保义务。被许可方的权利及义务有：依合同使用被许可作品的权利；排除他人使用被授予独占许可的权利；支付著作权人报酬的义务；不得侵犯著作权人的人身权利。在该案中，双方所签订的合同显示：常某某有权就其协议作品获得报酬，拥有协议作品的完整的著作人身权，常某某已将约定期间所有作品著作财产权的独占许可使用授权给了阅文公司，因此就不能再与第三人签订相同类型的合同，常某某对许可的权利有瑕疵担保义务即保证其作品不能违反法律、不得是抄袭作品等。而被许可方即阅文公司依照合同行使权利，支付了常某某报酬，不得侵犯常某某的著作人身权。

综上，常某某和阅文公司签订的《文学作品独家授权协议》是授权许可合同。

（2）著作权人重复授予他人独占许可使用权后如何处理？

在实践中，无论在著作权领域还是商标领域，常有独占使用许可再授权的问题。在该案中，阅文公司和常某某签订的独家授权协议已经成立并生效，合同内容也已实际履行，常某某工作室和掌阅文化公司签订的独占许可协议也已经成立并且生效。那么应该怎么处理呢？在商标法领域处理重复授权可以参照备案制度，如果进行了备案，可以对抗善意第三人。在司法实务中，针对原著作权人的重复独占许可使用授权，法院通常保护在先权利人的独占许可使用权利，法院认为原著作权人在合同约定的范围内无权就同样的权利进行二次处分。在该案中，法院认定掌阅文化公司非善意第三人，所以在后的独占许可使用权不能排除在先的独占许可使用权，由于在先的独占许可使用权已经到期，所以法院并未支持原告使常某某继续履行《文学作品独家授权协议》的诉请。

但是，由于著作权人将作品的使用权以独占许可方式许可给被许可人后，并不意味着著作权人的著作权权利转移，独占被许可人只是取得了使用权，著作权仍属于著作权人，著作权人仍可以行使其相应的权利。虽然《著作权法实施条例》第二十四条规定："著作权法第二十四条规定的专有使用权的内容由合同约定，合同没有约定或者约定不明的，视为被许可人有权排除包括著作权人在内的任何人以同样的方式使用作品；除合同另有约定外，被许可人许可第三人行使同一权利，必须取得著作权人的许可。"可是，合同是具有相对性的，且著作权的客体是无形的，也没有许可登记制度，此种情况下，著作权人将作品再许可给第三人独占使用，如果在后独占使用许可合同的被许可人是善意第三人，应该如何处理呢？这是笔者今后进一步研究的问题。

第七章　著作权集体管理

第一节　著作权集体管理概述

问题与思考

　　音乐作品著作权人与音乐著作权协会签订著作权许可使用合同后，该著作权人如果发现自己的作品被侵权使用，是否可以提起诉讼？

典型案例

57. 武汉斗鱼网络科技有限公司与中国音乐著作权协会著作权权属侵权纠纷案❶

【基本案情】

　　2007 年 8 月 28 日，中国音乐著作权协会（以下简称音著协）获得戚某某授权，管理戚某某拥有著作权的音乐作品（现有和今后的所有音乐作品）；戚某某在签署合同后，不得自己行使或委托第三人代其行使在合同有效期内约定由音著协行使的权利；音著协有权以自己的名义向侵权使用者提起诉讼。2015 年 2 月 27 日，音著协与车某某（车行）签订《音乐著作权合同》，内容同音著

---

　　❶ 北京市东城区人民法院民事判决书（2018）京 0101 民初 15268 号，北京知识产权法院民事判决书（2019）京 73 民终 1668 号。

协与戚某某所签一样。音著协发现斗鱼公司经营的斗鱼直播平台主播冯某某播放了车行作词、戚某某作曲的歌曲《好运来》，直播结束后，此次直播视频被主播制作并保存在斗鱼直播平台上，观众可以通过登录斗鱼直播平台随时随地进行播放观看和分享。音著协向北京市东城区人民法院起诉，称被告侵犯了其所管理的音乐作品的著作权，请求判决斗鱼公司赔偿音著协涉案歌曲著作权使用费3万元。斗鱼公司辩称音著协无权管理涉案歌曲。

北京市东城区人民法院查明，斗鱼公司与所有主播都签有《斗鱼直播协议》，约定直播方在斗鱼公司平台提供直播服务期间产生的所有成果的全部知识产权属于斗鱼公司；约定打赏收益在斗鱼公司与主播之间按比例进行分配。北京市东城区人民法院审理后认定斗鱼公司侵犯原告对涉案歌曲的信息网络传播权。斗鱼公司不服，向北京知识产权法院上诉，称一审法院没有查清事实，音著协诉讼主体不适格；一审法院适用法律错误。涉案视频的作者是主播，斗鱼公司基于合同受让获得视频的知识产权，并非侵权；斗鱼公司不构成共同侵权、帮助侵权或单独侵权。北京知识产权法院认定斗鱼公司直接提供了包含涉案歌曲《好运来》的涉案视频，侵犯了音著协享有的信息网络传播权，于2019年11月26日判决驳回上诉，维持原判。

【争议焦点】

（1）音著协是否有权提起本案诉讼？

一种观点认为音著协不是著作权人，无权就涉案歌曲的著作权侵权提起诉讼；另一种观点认为音著协作为著作权集体管理组织，接受了音乐作品著作权人的授权后，就有权对所管理的音乐作品的侵权问题以自己的名义提起诉讼。

（2）斗鱼公司是否侵犯原告对涉案歌曲的信息网络传播权？

一种观点认为，斗鱼公司主张，主播为包含涉案歌曲的涉案视频的作者，斗鱼公司通过合同转让行为取得涉案作品的有关著作权，合同转让行为不构成侵权，且斗鱼公司仅提供信息存储服务，并事前进行合理审查，事后采取合理措施，对侵权涉案歌曲无主观过错。所以，斗鱼公司没有侵犯原告对涉案歌曲的信息网络传播权。

另一种观点认为，包含涉案歌曲的涉案视频保存在斗鱼公司的直播平台供用户点开观看或分享，涉案视频属于斗鱼公司，所以，斗鱼公司侵犯原告对涉案歌曲的信息网络传播权。

【案例分析】

（1）音著协是否有权提起本案诉讼？

《著作权法》第十一条第四款规定："如无相反证明，在作品上署名的公民、法人或者其他组织为作者。"❶ 该案中，根据百度百科及相关网站，《好运来》载明词作者为车行，曲作者为戚某某。根据《著作权集体管理条例》第二条的规定："本条例所称著作权集体管理，是指著作权集体管理组织经权利人授权，集中行使权利人的有关权利并以自己的名义进行的下列活动：（一）与使用者订立著作权或者与著作权有关的权利许可使用合同（以下简称许可使用合同）；（二）向使用者收取使用费；（三）向权利人转付使用费；（四）进行涉及著作权或者与著作权有关的权利的诉讼、仲裁等。"著作权人可以将自己的著作权授权于著作权集体管理组织，著作权集体管理组织获得授权后，可以以自己的名义行使权利人所授予的权利，并以自己的名义进行涉及著作权及邻接权相关诉讼。该案中，音著协已与涉案歌曲的著作权人签订《音乐著作权合同》，有权对涉案歌曲的著作权进行管理，并以自己的名义对侵犯涉案歌曲著作权的行为提起诉讼。

------

❶ 新修订的《著作权法》第十二条将此条修改为"在作品上署名的自然人、法人或者非法人组织为作者，且该作品上存在相应权利，但有相反证明的除外"。

（2）斗鱼公司是否侵犯原告对涉案歌曲的信息网络传播权？

涉案歌曲的使用有两个阶段，一个是主播在斗鱼直播平台直播时的播放，另一个是主播直播结束后将录制的直播视频保存于斗鱼公司直播平台供用户点开观看或分享。

在第一个阶段，主播在斗鱼平台直播时，播放涉案歌曲《好运来》。《著作权法》第十条第一款第（九）项规定："表演权，即公开表演作品，以及用各种手段公开播送作品的表演的权利。"主播通过网络向用户播放涉案歌曲的行为，属于"用各种手段公开播送作品的表演"，是著作权人的表演权控制的范围。主播未经著作权人或著作权人授权的音著协许可在直播中播放涉案歌曲，侵犯了著作权人的表演权。因著作权人授权音著协进行管理，也可以说侵犯了音著协对涉案歌曲的表演权。在此阶段，斗鱼公司作为网络服务提供者在与主播签约时虽然已经要求主播不得侵犯他人知识产权，但是，根据斗鱼公司与主播签订的《斗鱼直播协议》，"约定了斗鱼公司虽不参与创作，但直播方在直播期间产生的所有成果均由斗鱼公司享有全部知识产权、所有权和相关权益，可见主播虽然与斗鱼公司之间不存在劳动或劳务关系，但主播实质上系为斗鱼公司创作涉案视频，因此，两者不同于通常意义上的网络服务提供者与不特定的网络用户，而是存在较为深入的合作关系"。斗鱼公司作为直播平台的经营者，应该知道主播经常可能会使用他人作品，具有较高的侵犯他人著作权的风险，其应该比一般网络服务提供者具有更高的注意义务。斗鱼公司在平台首页虽然设置有畅通的侵权投诉渠道，但这是法律规定一般网络服务提供者应该做的。因此，对于主播播放涉案歌曲的行为，斗鱼公司主观上存在过错，构成了帮助侵权，侵犯了音著协对涉案歌曲享有的表演权。但是由于音著协没有对此提起诉讼，法院也就不予评判。

在第二个阶段，主播播放涉案歌曲结束后，将视频保存在直播平台上，实际存储于提供直播平台运营商的服务器上，用户可以在其个人选定的时间和地点获得该直播视频，当然，该视频中包括他人作品及涉案歌曲。这种行为侵犯了音著协对涉案歌曲的信息网络传播权。虽然直接侵权人是主播，案中展示的证据显示直播平台经营者斗鱼公司没有参与直播的策划和安排，其只是网络直播技术的提供者。但是，根据斗鱼公司与主播签订的《斗鱼直播协议》，如法院所述，两者之间是深度合作关系，涉案视频系斗鱼公司与主播合作的营利活动的直接成果，且最终各项权益均归属于斗鱼公司，显然不同于不特定网络用户随机将自有的内容上传至网络平台的情况。《侵权责任法》第三十六条❶前半段规定："网络用户、网络服务提供者利用网络侵害他人民事权益的，应当承担侵权责任。"斗鱼公司作为直播平台，是包含涉案歌曲《好运来》的直播视频的权利人，其客观上与主播一起构成共同侵权。因此，斗鱼公司侵犯了音著协对涉案歌曲的信息网络传播权。

第二节　著作权集体管理范围

问题与思考

音乐著作权协会是否可以管理非会员的音乐作品？

---

❶　将《侵权责任法》第三十六条编纂进去的《民法典》第一千一百九十四条规定："网络用户、网络服务提供者利用网络侵害他人民事权益的，应当承担侵权责任。法律另有规定的，依照其规定。"

典型案例

58. 和县历阳镇星汇娱乐城、重庆索隆音乐文化传播有限公司知识产权权属侵权纠纷案❶

【基本案情】

北京天浩盛世文化传播有限公司（以下简称天浩盛世公司）对《一个人走》《孤城》《如果你真的爱我》《月弯弯》《与我同行》《那时的光》《死于寂寞》（*God Like*）《今夜二十岁》《生命像块石头》《我没你想的那么坚强》《闪耀》共 12 部音乐电视作品享有著作权，在国家版权局登记为类电作品。2017 年 10 月 15 日，天浩盛世公司与重庆索隆音乐文化传媒有限公司（以下简称重庆索隆公司）签订一份《音乐作品著作权转让协议》，约定天浩盛世公司将包括涉案 12 部音乐电视作品的复制权、表演权、放映权、出租权永久转让给重庆索隆公司。重庆索隆公司在 2018 年 11 月 11 日请安徽省亳州市亳州公证处公证了安徽省和县历阳镇星汇娱乐城（以下简称星汇娱乐城）经营的 KTV 放映涉案 12 部音乐电视。重庆索隆公司随后向马鞍山市中级人民法院起诉，称星汇娱乐城侵犯了其依法享有的放映权等著作权。星汇娱乐城辩称其已经与中国音像著作权集体管理协会（以下简称音集协）签订了《著作权许可协议》，且依约缴纳费用，已经尽到尊重他人著作权的合理注意义务，主观上并不存在任何过错，即使认定星汇

---

❶　安徽省马鞍山市中级人民法院民事判决书（2019）皖 05 民初 134 号，安徽省高级人民法院民事判决书（2020）皖民终 721 号。

娱乐城构成侵权，也不应承担侵权赔偿责任。

马鞍山市中级人民法院审理认定被告侵犯原告放映权。被告不服，向安徽省高级人民法院提起上诉。安徽省高级人民法院于2020 年 7 月 30 日判决驳回上诉，维持原判。

【争议焦点】

经过音集协许可后播放音乐电视作品的行为是否侵犯音乐电视作品著作权人放映权？

一种观点认为星汇娱乐城与音集协的许可协议中有专门设定的兜底条款，该兜底条款包括了所有音乐电视作品，故星汇娱乐城获得音集协许可后播放音乐电视作品的行为不侵犯所有音乐电视作品著作权人的放映权。

另一种观点认为星汇娱乐城与音集协虽然签订了使用音乐电视作品的许可协议，且许可协议中有专门设定的兜底条款，但是，我国著作权集体管理组织不是延伸管理，所以，音集协只能许可其会员的音乐电视作品，对于不属于其会员的音乐电视作品其无权许可。星汇娱乐城获得音集协许可后播放音乐电视作品的行为不侵犯音集协会员的放映权，但是播放非会员的音乐电视作品仍然侵犯非会员的放映权。

【案例分析】

《著作权集体管理条例》第二条规定：著作权集体管理组织仅有权对向其授权的著作权人的作品进行管理，如与使用者订立许可使用合同，无权管理未向其授权的著作权人作品。如果使用人获得著作权集体管理组织的同意，只能使用该组织管理的作品，不能使用不属于该集体组织管理的作品，若使用则侵犯非会员著作权人的著作权。《著作权法》第十条第一款第（十）项规定："放映权，即通过放映机、幻灯机等技术设备公开再现美术、摄影、电影和以类似摄制电影的方法创作的作品等的权利。"该案中，星汇娱乐城未经重庆索隆公司许可，在其经营的 KTV 提供涉案音乐电视作品的点播服务，属于通过技术设备公开再现类电作品的行为，侵犯了重庆索隆公司的放映权。星汇娱乐城辩称其已与音集协签订了著作权许可协议，已尽到了合理的注意义务，无需承担赔偿责任。涉案音乐电视作品著作权人没有加入音集协，其涉案音乐电视作品不在音集协管理的作品之中，而我国法律也没有规定著作权集体管理组织可以进行延伸性集体管理，所以即使有该协议，也不能免除星汇娱乐城的注意义务，星汇娱乐城仍应承担侵权责任。

第八章

著作权侵权与救济

第一节　著作权直接侵权

问题与思考

著作权直接侵权的构成条件有哪些？

典型案例

59. 晋江市东兴电子玩具有限公司、熙华世（南京）科技有限公司侵犯其他著作财产权纠纷案❶

【基本案情】

2010 年 6 月 30 日，晋江市东兴电子玩具有限公司（以下简称东兴公司）与宝高（南京）教育玩具有限公司（以下简称宝高公司，宝高公司于 2012 年 7 月 26 日更名为熙华世（南京）科技有限公司）签订《合作生产塑料积木玩具协议》，该协议约定宝高公司委托〕东兴公司生产玩具，由宝高公司提供生产图像及模具，并负责产品销售。协议还约定东兴公司不得在宝高公司委托之外擅自生产、销售宝高公司玩具产品。

---

❶ 江苏省南京市中级人民法院民事判决书（2015）宁知民初字第 126 号，江苏省高级人民法院民事判决书（2016）苏民终 482 号，中华人民共和国最高人民法院民事裁定书（2017）最高法民申 4814 号。

2012 年 2 月 21 日，宝高公司与东兴公司合作协议解除后，东兴公司仍然非法占有宝高公司的玩具生产模具，并且大量生产和销售涉案的玩具产品。东兴公司授权南京金宝莱工贸有限公司（以下简称金宝莱公司）为中国大陆地区总经销商，授权其在 2012 年 9 月 20 日至 2020 年 12 月 30 日内经销涉案的玩具产品，还在其官方网站上向不特定第三方公开销售涉案玩具产品。

宝高公司认为东兴公司在合同解除后制作、销售及与金宝莱公司（2010 年 11 月 8 日，宝高公司与金宝莱公司曾签订过供销合同）销售涉案玩具的行为侵犯了其对玩具实物、24 项玩具整体造型及外包装平面设计的著作权，其向江苏省南京市中级人民法院起诉。金宝莱公司辩称宝高公司对涉案的玩具不享有著作权，其销售涉案玩具有东兴公司授权。东兴公司辩称宝高公司涉案玩具抄袭"乐高"，不是作品，不受著作权法保护，其制作、销售行为不侵权。

江苏省南京市中级人民法院审理查明，宝高公司享有作品 1 – 17、19、20 的著作权。涉案作品均为拼接玩具立体造型，其载体为造型及包装盒设计图、包装盒正面图示及玩具实物。东兴公司的生产行为，构成对宝高公司作品 1 – 17、19、20 的复制。金宝莱公司、东兴公司销售被控侵权产品，侵犯宝高公司的发行权。两被告主观均明知侵权，因此判决东兴公司赔偿宝高公司经济损失及制止侵权合理开支共计 400 万元，金宝莱公司赔偿宝高公司经济损失及制止侵权合理开支共计 50 万元，且东兴公司对判令金宝莱公司承担的赔偿义务负连带责任。

原被告均不服，向江苏省高级人民法院提起上诉。二审期间东兴公司仍然通过淘宝网对外销售侵犯涉案作品著作权的商品。江苏省高级人民法院维持原判。东兴公司不服，向最高人民法院申请再审，最高人民法院驳回东兴公司的再审申请。

【争议焦点】

（1）涉案玩具是否受著作权法保护？

一种观点认为涉案玩具抄袭乐高玩具，不具有独创性，不能受著作权法保护；另一种观点认为涉案玩具具有独创性，受著作权法保护。

（2）东兴公司生产销售、金宝莱公司销售涉案玩具的拼装颗粒是否侵犯著作权？

第一种观点认为，宝高公司受著作权法保护的是涉案玩具的整体造型，而东兴公司被诉侵权产品拼装之后的立体造型与宝高公司涉案作品一致，应当属于宝高公司产品的复制件，被告的行为侵犯原告的著作权。金宝莱公司的销售行为也是侵权行为。

第二种观点认为，拼装积木作为组合零件，本身并不构成作品，因此，其复制销售行为并不侵犯著作权。

第三种观点认为，该塑料积木需要通过消费者购买以后，根据说明书进行拼装才能成为最终形态，而组合成的最终形态与原告享有著作权的作品在实质上具有相似性。由此可以看出，侵权行为实际上是由一系列行为构成的，即厂家生产拼装件——消费者购买——消费者组装，因此被告的销售行为实际上构成帮助侵权。

【案例分析】

（1）涉案玩具是否受著作权法保护？

宝高公司的涉案玩具有多种造型，独创性较高，虽然东兴公司认为，宝高公司的涉案作品系抄袭案外人的"乐高"作品，不具备新颖性和独创性，不能获得著作权法的保护。但是，经过一审法院比对，被告提供的乐高玩具与涉案相关作品存在实质性差异。另外，被告辩称，原告曾对涉案玩具的部分拼装颗粒享有外观设计权，但是纠纷发生时，原告的外观设计权已经过期。外观设计权与著作权是两种不同的权利,涉案玩具的部分拼装颗粒即使不受外观设计法保护,也不影响其著作权法的保护,涉案玩具的部分拼装颗粒曾被授予外观设计专利权,但其保护范围与涉案作品的保护范围存在实质性差异,宝高公司仍然可以就由拼装颗粒组成的玩具整体造型获得著作权法的保护。综上,涉案玩具具有独创性,也符合作品的构成条件,受著作权法保护,依据相关证据,宝高公司对涉案玩具享有著作权。

(2)东兴公司生产销售、金宝莱公司销售涉案玩具的拼装颗粒是否侵犯著作权?

著作权侵权行为包括直接侵权和间接侵权。任何没有合法依据进入著作权人和邻接权人权利领域的行为都属于直接侵权行为。著作权间接侵权行为是指行为人并未直接实施受专有权控制的行为,如果其行为与他人的直接侵权行为之间存在特定关系,且行为人具有主观过错,也可基于公共政策原因而被法律规定为侵权行为。也就是说,著作权间接侵权行为包括两个方面:一是行为人的行为帮助和导致了直接侵权行为的发生,因而对权利人造成损害,亦称"二次侵权";二是指行为人并没有从事任何侵权行为,但由于特定社会关系的存在,依法须对他人的侵权行为承担一定的责任。[1] 该案中,东兴公司虽然生产的是涉案玩具的塑料积木组件,这些组件不属于作品,但是将这些组件拼装起来形成的玩具整体与原告的玩具整体构成实质性相似,所以,其生产行为是复制。而其与原告的合作合同已经解除,不属于合法授权生产受著作权法保护的作品,其行为属于直接侵权,侵犯了原告的复制权,其销售侵权积木玩具的行为侵犯了原告的发行权。

有观点认为对侵权积木拼装颗粒的销售属于间接侵权,因

---

[1] 司晓. 网络服务商知识产权间接侵权研究 [M]. 北京:北京大学出版社,2016:19.

为，积木拼装颗粒不能构成作品，不受著作权法保护。上文已经分析，虽然拼装颗粒不是作品，但是这些拼装颗粒拼装之后与原告的玩具作品实质性相似，而原告的玩具是受著作权法保护的作品，所以生产拼装颗粒的行为是复制，生产的这些拼装颗粒属于侵权产品。被告销售侵权产品的行为是明知的故意销售，其行为构成直接侵权，侵犯原告的发行权。不能因为是消费者安装拼装颗粒而认为消费者直接侵权，所以销售者的行为是间接侵权。

第二节　著作权间接侵权

问题与思考

网络直播平台的主播边播放 2020 年上映的电影《再见吧！少年》边解说，请问，该主播的行为侵权吗？如果侵权，侵犯的什么权利？主播播放讲解结束后将直播的视频保存在直播平台，用户可以随时点开观看打赏。主播与平台签订协议约定直播视频知识产权属于平台，直播获得的用户打赏按一定比例分成。请问该直播平台是否存在著作权侵权行为？如果侵权，侵犯的是什么权利，是直接侵权还是间接侵权？

典型案例

60. 苗某某与优酷信息技术（北京）有限公司侵犯作品信息网络传播权纠纷案[1]

【基本案情】

苗某某作为著作权人投资录制《王华买爹》并享有维权主体资格。2018年9月，苗某某在夏邑县公证处公证人员见证下通过特快专递向优酷信息技术（北京）有限公司（以下简称优酷公司）邮寄了告知函、版权证明。告知函内容有：苗某某作为著作权人投资录制了河南地方戏曲《王华买爹》音像制品，现发现优酷公司经营的网站上有苗某某享有权利的音像制品的网络播放服务，要求优酷公司立即删除、屏蔽、断开链接。2018年10月，登录"优酷网"仍可以搜索到《王华买爹》视频链接，并可以正常播放，且播放内容和录像制品《王华买爹》的内容一致。苗某某向河南省商丘市中级人民法院起诉，请求判令优酷公司停止侵权行为并赔偿经济损失。

河南省商丘市中级人民法院经审理后认为：苗某某对录像制品《王华买爹》享有通过信息网络向公众传播并获得报酬的权利。该案中，苗某某发出了符合法定条件的通知，优酷公司并未及时删除和屏蔽链接。虽然优酷公司称其公司后来已经删除，但其侵权行为已经即时发生，优酷公司依法应当承担停止侵害、赔

---

[1] 河南省商丘市中级人民法院民事判决书（2018）豫14民初530号，河南省高级人民法院（2019）豫知民终231号民事判决书，中华人民共和国最高人民法院民事裁定书（2020）最高法民申634号。

偿损失的民事责任。

一审宣判后，优酷公司向河南省高级人民法院提出上诉。河南省高级人民法院另查明，优酷公司运营的"优酷网"网站上的涉案被控侵权视频是网络用户个人自行上传，"优酷网"网站不构成直接侵权，且优酷公司不具有明知或者应知的过错，不构成帮助侵权，优酷公司的行为不构成侵害苗某某享有的涉案作品的信息网络传播权。苗某某不服二审判决，向最高人民法院提出再审申请，最高人民法院审理后于 2020 年 7 月 3 日驳回再审申请。

【争议焦点】

优酷公司是否侵犯了涉案视频的信息网络传播权？

一种观点认为，该案中，苗某某发出了符合法定条件的通知。优酷公司收到该告知函后应当及时在网上删除和屏蔽侵权作品的链接，但在告知函发出至苗某某采取公证方式取证期间，优酷公司并未及时删除和屏蔽链接。虽然优酷公司称其公司后来已经删除，但其公司的侵权行为已经即时发生，优酷公司依法应当承担停止侵害、赔偿损失的民事责任。

另一种观点认为，涉案侵权视频是网络用户个人自行上传，优酷公司提供的是信息存储空间服务，信息存储空间服务属于为服务对象通过网络提供作品给予技术支持和帮助的网络服务行为，不构成向公众提供作品的行为，因此优酷公司的行为不属于直接侵权。且优酷公司不具有明知或者应知的过错，不构成帮助侵权，优酷公司的行为不构成侵犯苗某某享有的涉案视频的信息网络传播权。

【案例分析】

《信息网络传播权保护条例》第十四条规定："对提供信息存储空间或者提供搜索、链接服务的网络服务提供者，权利人认为其服务所涉及的作品、表演、录音录像制品，侵犯自己的信息网络传播权或者被删除、改变了自己的权利管理电子信息的，可以向该网络服务提供者提交书面通知，要求网络服务提供者删除该作品、表演、录音录像制品，或者断开与该作品、表演、录音录像制品的链接。"此条明确规定，网络服务提供者如果不是自己直接向公众提供侵权作品，而是为公众通过其网络提供作品给予技术上的便利，那么，如果公众提供的作品为侵权作品，公众为直接侵权人，网络服务提供者不是直接侵权，但是，其帮助行为可能构成间接侵权行为。该案中，涉案侵权视频是网络用户个人自行上传，优酷公司提供的是信息存储空间服务，其是网络服务提供者，因此，优酷公司的行为不构成直接侵权。

优酷公司的行为是否构成间接侵权？

（1）网络服务提供者行为构成间接侵权的构成要件。

《侵权责任法》第九条（《民法典》第一千一百六十九条）规定，"教唆、帮助他人实施侵权行为的，应当与行为人承担连带责任"。网络服务提供者为用户提供信息存储空间，而用户上传侵权作品，此种情况下网络服务提供者是否作为间接侵权人与用户承担连带责任？由于网络服务提供者提供的信息存储服务是侵权行为发生的条件，属于为侵权提供了帮助的行为。如果网络服务提供者主观上没有过错，则不构成间接侵权。但是，如果其主观有过错，明知或应当知晓侵权行为的存在，其仍然提供信息存储空间的行为则构成间接侵权。一般判断网络服务提供者是否构成对权利人信息网络传播权间接侵权需要根据以下要件判断：网络用户利用网络服务侵害他人著作权；网络服务提供者主观上具有过错，未采取必要屏蔽或删除措施。其中，网络服务提供者主观上具有过错是认定网络服务提供者构成帮助侵权的关键。过错包括明知和应知，具体分析如下。

（2）优酷公司主观上是否"明知"？

"明知""已知""确知"均属于"认定知道"，行为人均已预见到了自己行为或与其相互关联行为（如被帮助的行为）的后果。"明知"是指行为人对于自身或相关联的行为的性质、损害可能性等方面明白无误的知悉（但仍然执意作为或不作为）。"明知"不仅强调了认识因素，还隐含了一定的意志性因素（执意），因此道德层面上具备较强的可谴责性，隐含价值判断。"已知"较之于"明知"更加强调网络服务提供者已经知道这一事实。《最高人民法院关于审理侵害信息网络传播权民事纠纷案件适用法律若干问题的规定》第十三条规定，网络服务提供者接到权利人以书信、传真、电子邮件等方式提交的通知，未及时采取删除、屏蔽、断开链接等必要措施的，人民法院应当认定其明知相关侵害信息网络传播权行为。根据上述规定，网络服务提供者是否"明知"，通常理解为网络服务提供者确切知道网络用户在其网络上传播的特定作品是侵犯他人信息网络传播权的作品，而对该侵权作品没有及时采取必要措施。当网络服务提供者收到了权利人的"通知"时，一般认定为网络服务提供者确切知道在其网站上存在侵权内容。但是，《信息网络传播权保护条例》第十四条还规定，通知书应当包含下列内容："（一）权利人的姓名（名称）、联系方式和地址；（二）要求删除或者断开链接的侵权作品、表演、录音录像制品的名称和网络地址；（三）构成侵权的初步证明材料。权利人应当对通知书的真实性负责。"可见，该通知还应符合法律的规定。该案中，苗某某虽然向优酷公司发送了告知函，但告知函内容为"苗某某投资录制了河南地方戏曲《王华买爹》音像制品，现在发现优酷公司经营的网站上有苗某某拥有权利的音像制品的网络播放服务，要求优酷公司立即删除、屏蔽、断开链接"。告知函并未列明要求删除、屏蔽或断开链接的侵权音像制品的网络地址，苗某某也未举证证明在优酷公司网站上仅通过名称即可确定侵犯涉案作品。因此，二审法院认定该告知函不符合

《信息网络传播权保护条例》中关于通知书的规定，因此，优酷公司不具有"明知"的过错。再审法院支持了二审法院的这一认定。

（3）优酷公司主观上是否应知？

我国司法实践中应知的认定标准大量存在，判定网络服务提供者应知的前提条件是网络服务提供者的注意义务。然而，网络服务提供者是否负有注意义务饱受争议。主要包括以下两个方面。

一是部分学者认为，网络服务提供者注意义务与其无事先审查义务相违背。网络服务提供者不负事先审查义务不仅是我国立法的选择，也是世界上主要国家和地区的普遍选择。二是注意义务的来源不明，网络服务提供者注意义务的解释和论证有待细化。我国对网络服务提供者著作权帮助侵权责任的规定主要有《民法典》《信息网络传播权保护条例》及《最高人民法院关于审理侵害信息网络传播权民事纠纷案件适用法律若干问题的规定》（以下简称《信息网络传播权司法解释》）。此外，各地的法院或版权执法机关也会提供与保护信息网络传播权相关的司法解释或者指导意见。例如，北京市版权局发布《信息网络传播权保护指导意见（试行）》，其中有涉及网络服务提供者帮助侵权责任的条款。《侵权责任法》第三十六条第三款规定，网络服务提供者知道网络用户利用其网络服务侵害他人民事权益，未采取必要措施的，与该网络用户承担连带责任。❶ 该规定对网络服务提供者帮助侵权责任的主观过错认定为知道。《信息网络传播权保护条例》清楚地规定网络服务提供者承担帮助侵权责任的主观过错为"明知"或者"应知"，但是该条例未进一步具体解释何为"应知"。《信息网络传播权司法解释》在遵循《信息网络传播权保护条例》基

---

❶ 《侵权责任法》第三十六条第三款的规定被编纂进《民法典》第一千一百九十七条："网络服务提供者知道或者应当知道网络用户利用其网络服务侵害他人民事权益，未采取必要措施的，与该网络用户承担连带责任。"

本原则的基础上，进一步细化了条例中的相关规定。《信息网络传播权司法解释》在第九条、第十条、第十二条具体列举认定网络服务提供者应知侵权的一系列要素。包括网络服务提供者提供服务的性质及管理信息的能力；传播作品的类型、知名度及侵权的明显程度；网络服务提供者是否主动对作品进行选择、编辑、推荐等；网络服务提供者是否积极采取了预防侵权的合理措施；网络服务提供者是否设置了通知删除程序；网络服务提供者是否针对统一用户的重复侵权行为采取了合理措施等。我国法院在判定网络服务提供者对在其网络中是否存在直接侵权行为的应知时，除了根据该司法解释上述因素进行判定外，网络服务提供者是否直接获得经济利益、侵权作品类型、作品知名度、网络服务提供者的身份和专业能力等也被纳入考量因素。该案中，二审法院认为有关传统戏剧"王华买爹"的视频有不同版本，优酷公司仅通过名称很难确定在其网站上的"王华买爹"是否为侵权作品；再综合考虑涉案作品的知名度、侵权视频数量、侵权视频的浏览量、优酷公司所应当具有的管理能力，优酷公司不具有"应知"的过错。

综合以上分析，优酷公司对用户上传到其视频网站的侵权作品因主观上不知道是侵权作品，故不构成间接帮助侵权，优酷公司没有侵犯苗某某对涉案作品的信息网络传播权。

61. 杭州刀豆网络科技有限公司诉长沙百赞网络科技有限公司、 深圳市腾讯计算机系统有限公司侵犯作品信息网络传播权纠纷案❶

【基本案情】

2016 年 8 月 31 日，得到公司将其旗下"得到"App 上发布的

---

❶ 杭州互联网法院民事判决书（2018）浙 0192 民初 7184 号，杭州市中级人民法院民事判决书（2019）浙 01 民终 4268 号。

其享有著作权的专栏作品《武志红的心理学课》的复制权、发行权、信息网络传播权排他授权给杭州刀豆网络科技有限公司（以下简称刀豆公司），并授权刀豆公司有权针对中国境内侵犯得到公司信息网络传播权等的行为以自己的名义进行维权。刀豆公司发现长沙百赞网络科技有限公司（以下简称百赞公司）运营的微信小程序"在线听阅""咯咯呜""回播"中有武志红的心理学栏目，其中节目"命运""自我的稳定性与灵活度"音频内容与"得到"App上《武志红的心理学课》作品一致。

刀豆公司遂向杭州互联网法院提起诉讼，请求判令：百赞公司删除其小程序上的涉案作品，要求深圳市腾讯计算机系统有限公司（以下简称腾讯公司）因帮助侵权而下架涉案小程序。百赞公司辩称其不侵权，腾讯公司辩称其是基础技术服务，不构成帮助侵权。

杭州互联网法院判决百赞公司侵犯刀豆公司对涉案作品享有的信息网络传播权，腾讯公司不构成帮助侵权。一审判决以后，刀豆公司不服判决提起上诉。杭州市中级人民法院认为应当适用《侵权责任法》第三十六条规定，但认为刀豆公司没有通知腾讯公司，所以腾讯公司对百赞公司的侵权行为不构成间接侵权。

【争议焦点】

腾讯公司为百赞公司提供框架、组件、接口等行为是否构成间接侵权？

一种观点认为腾讯公司不构成间接侵权。虽然一审法院和二审法院适用法律略有不同，但都认为不构成间接侵权。一审法院认为，腾讯公司提供的是基础的网络服务，客观上无法知道存在侵权行为，且并不具备定位清除侵权内容的技术手段，因此只有一般意义的注意义务，并不构成间接侵权。二审法院认为，刀豆公司并未向腾讯公司发出侵权通知请求其采取措施，腾讯公司在并未收到通知且对于百赞公司的侵权行为并非明知的情况下，并不具有主观过错，所以不构成间接侵权。

另一种观点认为是否构成间接侵权，取决于对腾讯公司提供的网络服务类型的认定。腾讯公司提供的服务属于基本的互联网服务，如上述第一种观点，不构成间接侵权。然而，如果将腾讯公司提供的服务看作开放平台的服务，那么腾讯公司与第三方的关系就会比基础服务与第三方的关系更为紧密，所承担的注意义务也就更为严格，也就极有可能构成间接侵权。

【案例分析】

微信小程序是一种不需要下载安装即可使用的应用，它实现了应用"触手可及"的梦想，用户扫一扫或者搜一下即可打开应用。❶ 据微信公众平台上介绍，微信小程序是一种新的开放能力，技术实现原理总体包括"架构"和"接入"两方面。"架构"相当于一个框架，可以被开发者运用，开发者可以在该"架构"上快速地开发一个小程序，小程序开发者通过小程序提供的连接服务直接向用户提供其页面和内容。腾讯公司提供技术，使开发的小程序能接入微信运行，无须安装。通过以上介绍可知，开发者服务器数据不保存于腾讯公司，开发者通过小程序直接向用户提供数据和服务。腾讯公司属于小程序开发者和用户之间的桥梁，是桥梁的搭建方。根据我国《信息网络传播权保护条例》第二十条、第二十一条、第二十二条、第二十三条规定，网络服务提供者包括自动接入和自动传输、自动存储、提供信息存储空间、提供搜索或者链接服务四种类型。无论前期腾讯公司在百赞公司小程序的搭建过程中给予怎样的技术支持，其最终目的只是丰富微信平台，巩固其用户基础。在后期运营过程中，微信用户单方选择涉案小程序，由涉案小程序开放方（百赞公司）为用户提供服

---

❶ 百度百科 [EB/OL]. [2020 – 08 – 20]. https：//baike. baidu. com/item/% E5% B0%8F% E7%A8%8B% E5%BA% 8F.

务。对腾讯微信平台小程序的运行原理以及以上网络服务提供者的类型比较，可以得出，微信小程序仅提供开放技术接口及支持，属于供其他第三方应用开发者通过应用开发为用户提供服务的开放平台服务。小程序所提供的服务类型并不属于《信息网络传播权保护条例》中规定的四种网络服务类型，而更像是提供开放平台的服务。因此，二审法院依据《侵权责任法》第三十六条对此案进行审理。

《侵权责任法》第三十六条第二款和第三款规定，网络用户利用网络服务实施侵权行为的，被侵权人有权通知网络服务提供者采取删除、屏蔽、断开链接等必要措施。网络服务提供者接到通知后未及时采取必要措施的，对损害的扩大部分与该网络用户承担连带责任。网络服务提供者知道网络用户利用其网络服务侵犯他人民事权益，未采取必要措施的，与该网络用户承担连带责任。根据二审法院查明的事实，刀豆公司是以诉讼方式告知腾讯公司、百赞公司的侵权事实，并未在事先就百赞公司涉案小程序存在侵权行为通知腾讯公司，并要求其采取相关措施。因此，不能适用《侵权责任法》第三十六条规定的"通知—删除"规则。因此，腾讯公司的行为不构成间接侵权。

62. 阿里云计算有限公司与北京乐动卓越科技有限公司信息网络传播权案❶

【基本案情】

原告北京乐动卓越科技有限公司（以下简称乐动公司）于2015 年 8 月发现 http：//www. callmt. com 网站提供《我叫 MT 畅

---

❶ 北京市石景山区人民法院民事判决书（2015）石民（知）初字第 8279 号，北京知识产权法院民事判决书（2017）京 73 民终 1194 号。

爽版》IOS 版、安卓版，从该网站下载的该游戏在游戏图标、界面、文字、规则和人物形象等方面和原告的手游《我叫 MT online》完全相同。原告经过技术手段没有查到涉案网站经营人的信息，但发现《我叫 MT 畅爽版》游戏内容存储于"阿里云"服务器，并通过该服务器向用户提供游戏。原告于 2015 年 10 月 10 日和 30 日两次发函阿里云计算有限公司（以下简称阿里云公司），要求其删除侵权游戏，并提供"云服务"租赁人联系方式。阿里云公司没有理会，于是原告向北京市石景山区人民法院起诉，称阿里云公司的行为构成共同侵权，请求法院判令：（1）阿里云公司断开链接；（2）停止为涉案侵权游戏继续提供服务器租赁服务；（3）将储存在其服务器上的游戏数据库信息提供给乐动公司；（4）赔偿经济损失共计 100 万元。

北京市石景山区人民法院审理查明，《我叫 MT 畅爽版》游戏存储于阿里云公司提供的服务器中，原告发现侵权后向被告发出的通知符合法律规定，阿里云公司对于乐动公司的通知一直持消极态度。因此，北京市石景山区人民法院于 2017 年 5 月底判决阿里云公司作为云服务器提供商构成侵权，对通知后的不作为造成的损失扩大承担赔偿责任。在诉讼过程中，2016 年 6 月 2 日阿里云公司关闭了涉诉 IP 主机服务，并向法院提供了云服务器租用人信息。阿里云公司不服一审判决，向北京知识产权法院提起上诉，称一审法院没有区分《我叫 MT 畅爽版》游戏的客户端软件和服务器软件，客户端软件没有存储于阿里云公司服务器。一审法院对乐动卓越公司通知合格的认定错误，阿里云公司所提供的服务不属于一审法院适用的《侵权责任法》第三十六条规定的网络服务提供者，且不能采取该条规定的删除、屏蔽、断开链接等必要措施。在该案中认定阿里云公司承担侵权责任将产生恶劣社会效果和不良司法导向，必将影响网络运行安全。乐动公司进行了抗

辩。2018 年 4 月底，北京知识产权法院审理了此案，2019 年 6 月
20 日，该案宣判，撤销一审判决，驳回一审原告全部诉讼请求。

【争议焦点】

阿里云公司作为云计算服务器提供商，在提供单纯的服务器
空间租赁业务情况下是否能够审查用户数据，是否会构成著作权
共同侵权？

北京市石景山区人民法院和一些学者认为，阿里云作为云计
算服务器提供商在著作权人发出通知后应该删除侵权内容，否则
承担共同侵权责任。理由是依据《侵权责任法》第三十六条和
《信息网络传播权保护条例》第十四条阿里云作为服务器提供商，
虽然其不具有事先审查被租用的服务器中存储内容是否侵权的义
务，但在他人重大利益因其提供的网络服务而受到损害的时候，
其作为服务器的提供者应当承担其应尽的义务，采取必要的、合
理的、适当的措施积极配合权利人的维权行为，防止权利人的损
失持续扩大。该案中阿里云公司对于乐动公司的通知一直持消极
态度，其主观上未意识到损害后果存在过错，客观上导致了损害
后果的持续扩大，阿里云对此应当承担相应的法律责任。

另外一些学者认为，阿里云公司没有权利审核用户存储在作
为基础设施服务器云端的数据，且提供基础设施服务时不再是
《信息网络传播权保护条例》中的信息存储提供者，因此，不应
该适用《信息网络传播权保护条例》，当然也不承担共同侵权责
任。理由主要是两方面：其一是该案阿里云在提供的租赁服务中
能够控制的是计算能力，而非存储和服务的内容。因此，云计算
平台的法律责任应该与存储空间平台的网络服务提供者责任分开，
不能简单地将云计算误认为就是网络服务提供者，将云服务器误
认为是云盘。❶ 其二是作为提供基础设施服务器的云计算服务商对

---

❶ 江华宇. 云计算：究竟是种什么服务？[N]. 检察日报，2017 – 06 – 21 (05).

客户负有安全义务，不能审查或删除用户数据，否则数据安全就没有办法保障。

【案例分析】

（1）云计算服务器提供商的 IaaS 服务（基础设施即服务）。

云计算是一种降低用户储存数据和利用软件成本，由网络服务商将传统软件开发模式中的硬件、软件和开发平台等提供给用户使用的技术。云计算包括软件即服务（SaaS）、平台即服务（PaaS）、基础设施即服务（IaaS）三种服务模式。IaaS 是云计算服务商将支撑软件运行的基础设施作为服务租给客户，包括服务器、操作系统、磁盘存储、数据库、信息资源、内存、I/O 设备等，并整合成为一个虚拟化的资源池为整个业界提供所需要的存储资源和虚拟化服务器等服务。从云服务器提供的功能来看，其应属于第一类增值电信业务中的互联网数据中心业务，并不是第二类增值电信业务中的信息服务业务。在服务层级上属于底层技术服务，与内容服务无关，并不涉及更上层的内容服务，性质上类似于电信运营商提供的基础电信服务。由此可见，信息存储空间服务提供商的相关义务不适用于云服务器服务。❶ Iaas 是云计算技术在商业领域较早的应用，它使用户摆脱了传统硬件的束缚，可以随时随地使用在云端的基础设施服务。

（2）Iaas 模式云计算服务器提供商不是提供信息存储空间的服务商。

因该案涉及的是信息网络传播权侵权问题，而对此有规定的法律是《信息网络传播权保护条例》和《侵权责任法》第三十六条。《信息网络传播权保护条例》对网络服务商行为及责任的规

---

❶ 云服务商侵权案二审引关注"转通知"或最佳解决方案［EB/OL］.（2018 - 04 - 28）［2019 - 03 - 12］. http：//tech. sina. com. cn/it/2018 - 04 - 28/doc - ifzvpatq 6617843. shtml.

定更细致一些，主要规范了自动接入与自动传输、自动缓存服务、提供信息存储空间以及提供搜索链接服务的四类网络服务提供者，《侵权责任法》第三十六条规定的主体范围大于《信息网络传播权保护条例》的四类网络服务提供者，内容更概括一些。而日常生活中，网络服务提供者更多的是上述四类，同时基于上述理由，司法部门更多地首先适用《信息网络传播权保护条例》解决信息网络传播权侵权纠纷。笔者也按照此思路进行分析。

Iaas 模式云计算服务器提供商没有提供信息存储空间。信息存储空间是《信息网络传播权保护条例》中网络服务商承担版权间接侵权责任标准中的一个重要概念。信息存储空间的服务商对于存储于其空间的文件、信息等拥有在后台进行转换格式、删除等管理的权限，这表明这种信息空间存储商对服务对象上传或存储的侵犯版权的文件能够进行一定的监控。为了防止大量存储的网络侵权，法律给提供此种信息存储空间的服务商设定了"避风港"规则及相应的间接侵权责任。云计算服务器作为服务器的一种，当服务器提供商只是提供服务器租给用户作为基础设施使用，也就是如案例中阿里云所提供的服务一样，这是云计算的 Iaas 模式。这种模式下服务器与传统存储技术、网盘技术相比是进行计算的服务器，云计算服务器提供商如阿里云此时能够控制的是服务器的计算能力，而非存储的内容，其仅有技术能力对服务器进行整体关停或空间释放（即强行删除服务器内全部数据），而对用户利用云基础设施开设的网站和网络应用中存储的具体信息无法进行直接控制。租用了云计算服务器的承租者提供了信息存储空间，对信息存储空间能够进行掌控。所以，在云计算服务商提供云计算服务器在线存储作为基础设施给承租者使用的情形下，服务商提供云计算服务器的行为不是《信息网络空间传播权保护条例》中的提供信息存储空间的行为。

（3）Iaas 模式云计算服务器提供商不是提供自动接入、自动传输和自动缓存服务的网络服务提供者。

二审法院认为，根据《信息网络传播权保护条例》规定，自动接入和自动传输服务是指网络服务提供者根据服务对象的指令提供网络自动接入服务，或者对服务对象提供的作品、表演、录音录像制品提供自动传输服务。自动缓存服务是指网络服务提供者为提高网络传输效率，自动存储从其他网络服务提供者获得的作品、表演、录音录像制品，根据技术安排自动向服务对象提供。云服务器租赁服务在对具体内容控制能力方面接近于自动接入、自动传输和自动缓存服务，即通过关停服务器、停止传输、清除缓存等方式对存储、传输或缓存的内容进行无甄别的整体处理。但是，云服务租赁服务与自动接入、自动传输和自动缓存服务在技术特征上有明显不同。云服务器租赁服务被用于搭建网站、网络平台和网络应用，云服务器承租人存储在云服务器中的指定内容将专门提供给云服务器承租人以外的其他网络用户。而相对于自动缓存服务，云服务器承租人租用云服务器的运营目的显然不是为"提高网络传输效率，自动存储从其他网络服务提供者获得的作品、表演、录音录像制品"，而主要是用于向其他网络用户提供网站、网络平台和网络应用，进而提供作品、表演、录音录像制品等内容。因此，二审法院认为阿里云公司提供的云服务器租赁服务也不同于无需承担"通知—删除"义务即可免责的自动接入、自动传输和自动缓存服务。云服务器租赁服务与搜索、链接服务具有明显差异，也不能适用上述条例关于搜索、链接服务的相关规定。

（4）阿里云公司属于《侵权责任法》第三十六条规定的网络服务提供者。

《侵权责任法》第三十六条第二款规定，网络用户利用网络服务实施侵权行为的，被侵权人有权通知网络服务提供者采取删除、屏蔽、断开链接等必要措施。网络服务提供者接到通知后未及时采取必要措施的，对损害的扩大部分与该网络用户承担连带责任。网络服务提供者知道网络用户利用其网络服务侵害他人民事权益，未采取必要措施的，与该网络用户承担连带责任。该条规范的网络服务提供者的范围不仅仅是上述四类服务提供者，还包括其他网络服务提供者，其规范的行为是所有网络服务行为。因此，该案可以适用此条规定。

（5）阿里云公司是否侵犯乐动公司的信息网络传播权？

《侵权责任法》第三十六条第二款规定的是"通知""删除"的避风港规则以及网络服务提供者承担间接侵权责任的主观过错。二审法院认为《侵权责任法》对于"通知"方式、内容和程序没有规定，可以结合《信息网络传播权保护条例》和《最高人民法院关于审理利用信息网络侵害人身权益民事纠纷案件适用法律若干问题的规定》第五条的规定，分析乐动公司的通知是否合法、合格。相关法律的规定说明了通知是否合格的关键在于"能否使网络服务提供者准确识别权利人、准确快速定位侵权内容并易于对侵权行为作出判断"。由于乐动公司的三份通知"不能引导阿里云公司识别其主张权利的软件是服务器端部分，也无法引导阿里云公司定位服务器端部分在阿里云公司出租的云服务器中的具体 IP 地址"，最终，二审法院认定通知不合格，属于无效通知，并指出网络服务提供者就通知合格与否判断准确，并相应采取措施或拒绝采取措施，可依法免责。网络服务提供者就通知合格与否判断错误，则应依法承担责任。

数据安全需要对云计算服务器提供商的版权侵权责任进行严格限定。数据安全是云计算服务商的首要义务，云计算服务需要用户将数据提供给云计算服务商，由服务商对数据进行保管，或者租用服务器存储数据，此时用户的数据都在云计算服务商的

"保险柜"中，如果不对云计算服务商设定一些限制性义务如确保数据安全或隐私安全，则用户很可能担心云计算服务商利用其数据或者将其隐私泄露。另外，有些恶意的用户可能会利用一些技术操纵云计算服务器的漏洞从而设法获取存储数据用户的机密或者重要数据。所以，数据安全是云计算服务商的首要义务。《信息安全技术云计算服务安全指南》（中华人民共和国国家标准 GB/T31167—2014）第 7.3.2 条规定，云服务商未经客户授权，不得访问、修改、披露、利用、转让、销毁客户数据，并应采取有效管理和技术措施确保客户数据和业务系统的保密性、完整性和可用性。案例中的阿里云仅提供租赁的云服务器空间，因储存在服务器中的数据可能涉及用户商业秘密，服务器提供者不能直接对数据进行审查、删除等行为。况且，云计算的安全性是客户租用某个云计算服务商服务器首要考虑的因素。传统存储模式下，企业存储数据需要购买服务器、存储和网络等硬件设备，需要维护服务器和精通硬件的人员，而采用租用云计算服务器的，以上的这些服务器、硬件设备、需要的人员都可以节省，则投入、运营和维护的成本大大降低，所以，现代许多企业采用租用云计算服务器方式存储数据。但是，用户在选择云计算服务商时，通常首要考虑的就是数据的安全性和保密性。如果租用的服务器的服务商随时都有可能审查或删除租用者的数据，将会引起租用者担心甚至是造成损失。因此，从数据安全方面考虑，阿里云也不能对原告承担间接侵权责任。

综上，阿里云对于他人利用租赁其云计算服务器进行侵权的行为不构成帮助侵权，不承担侵权责任。二审法院最终撤销了一审判决，驳回乐动公司的全部诉讼请求。

63. 武汉斗鱼网络科技有限公司与北京麒麟童文化传播有限责任公司侵犯录音录像制作者权纠纷案❶

【基本案情】

由彭某、李某共同创作的歌曲作品《小跳蛙》被收录在北京麒麟童文化传播有限责任公司（以下简称麒麟童公司）制作的专辑《我们爱音乐》中，麒麟童公司享有该专辑及其全部歌曲的录音制作者权。麒麟童公司发现在武汉斗鱼网络科技有限公司（以下简称斗鱼公司）运营的直播平台上，主播鱼子酱啦演唱《小跳蛙》至少 1 次，且播放包含涉案歌曲原版伴奏，直播结束后形成的相应直播视频被制作并保存在斗鱼视频网站及互联网应用平台上，粉丝及网络用户均可以随时随地对该侵权直播演唱视频进行播放、下载和分享。麒麟童公司遂起诉至北京互联网法院，称斗鱼公司侵犯其录音制作者权。斗鱼公司辩称，其仅提供中立的信息存储技术服务，不是涉案行为的实施主体，且其在平台首页设置有畅通的侵权投诉渠道，已尽到了平台的监管责任，自己无过错，无须承担侵权损害赔偿责任。北京互联网法院查明，《斗鱼直播协议》约定，除双方另有约定外，直播方使用斗鱼平台开播、提交、上传或者发布直播、录播、视频剪辑作品的行为即代表你方有权且同意授予斗鱼平台使用、传播、复制、修改、再许可、翻译、创建衍生作品、出版、表演及展示此等内容，有权代替直播方追究作品侵权人相关责任。另外还约定了双方对用户赠送礼物分成办法。北京互联网法院审理后认为，斗鱼公司不仅是网络服务的提供者，还享有平台上音视频产品的独家授权许可，其行

---

❶ 北京互联网法院民事判决书（2019）京 0491 民初 29103 号，北京知识产权法院民事判决书（2020）京 73 民终 1252 号。

为侵犯原告录音制作者权。被告不服，向北京知识产权法院提起上诉，诉称其是中立的信息存储技术，对涉案行为的发生不存在过错。一审法院认为上诉人享有对涉案视频的独家使用权，故应当对涉案视频中存在的侵权内容承担侵权责任，此观点缺乏法律依据。北京知识产权法院认为："斗鱼公司应当有义务审查被许可使用的直播视频内容是否侵犯他人的知识产权。斗鱼公司未尽到合理的审查义务，将网络主播使用涉案歌曲《小跳蛙》的视频内容通过网络进行播放和分享，使公众可以在选定的时间和地点进行观看和分享，侵犯了麒麟童公司对涉案歌曲《小跳蛙》录音制品的信息网络传播权，应当承担侵权的法律责任。"2020 年 9 月 21 日北京知识产权法院作出判决：驳回上诉，维持原判。

【争议焦点】

（1）斗鱼公司对于主播在直播间演唱歌曲及播放歌曲伴奏的行为是否应当承担侵权法律责任？

一种观点认为承担侵权责任，另一种观点认为录音制作者对录音制品无表演权，所以主播的行为不侵权，作为直播平台的经营者也不侵权。

（2）斗鱼公司对于主播直播涉案录音制品后存储于其直播平台及其他网络平台的行为是否承担侵权责任？

一种观点认为斗鱼公司为网络服务提供者，仅当其主观有过错的情况下承担间接侵权责任；另一种观点认为斗鱼公司不仅是网络服务提供者，而且还是侵权内容的权利人，其对主播侵权使用作品、录音制品的行为及之后的网络传播行为承担侵权责任。

【案例分析】

随着各大网站直播的兴起，主播在直播平台利用他人作品进行表演的现象越来越多。如果主播在直播间未经作品著作权人许可演唱他人歌曲或者播放他人视频，是主播承担侵权责任，还是直播平台承担侵权责任，还是两者共同承担侵权责任，这是当前需要解决的问题。

（1）主播在直播间演唱歌曲《小跳蛙》和播放歌曲伴奏的行为是否侵犯麒麟童公司的录音制作者权，斗鱼公司对此是否承担侵权责任？

《著作权法》第四十二条规定："录音录像制作者对其制作的录音录像制品，享有许可他人复制、发行、出租、通过信息网络向公众传播并获得报酬的权利。"录音制作者对录音制品享有复制、发行、出租和信息网络传播权四种权利。主播鱼子酱啦在斗鱼直播平台演唱歌曲《小跳蛙》并播放歌曲伴奏，其演唱行为为表演音乐作品，涉及的是音乐作品《小跳蛙》著作权人的表演权，录音制作者不控制对作品的表演行为。另外，第十条第（九）项规定："表演权，即公开表演作品，以及用各种手段公开播送作品的表演的权利。"表演权控制的行为为公开表演作品和公开播送作品。主播虽然通过直播平台播放歌曲伴奏，确实是在播放录音制品，但是，录音制作者权只有复制、发行、出租和信息网络传播权，没有表演权，即录音制作者不控制对录音制品的公开播送行为。因此，主播演唱歌曲《小跳蛙》和播放歌曲伴奏的行为不侵犯麒麟童公司的录音制作者权。那么，作为提供直播平台的斗鱼公司当然也不侵权。但是，新修订的《著作权法》增加了录音制作者的"传播权"，该法第四十五条规定："将录音制品用于有线或者无线公开传播，或者通过传送声音的技术设备向公众公开播送的，应当向录音制作者支付报酬。"此案如果发生在2021年6月1日《著作权法》生效之后，则主播播放歌曲伴奏的行为侵犯麒麟童公司的录音制作者权。

（2）斗鱼公司对于主播直播涉案录音制品后存储于其直播平台及其他网络平台的行为是否承担侵权责任？

该案中，主播演唱歌曲及播放歌曲伴奏结束后，将视频保存在直播平台上，实际存储于提供直播平台运营商的服务器上，用户可以在其个人选定的时间和地点获得该直播视频，当然，该视频中包括他人作品及涉案录音制品。这种行为侵犯了麒麟童公司对涉案录音制品的信息网络传播权，但是，虽然直接侵权人是主播，案中展示的证据显示直播平台经营者斗鱼公司没有参与直播的策划和安排，其只是网络直播技术的提供者。但是，根据斗鱼直播平台运营情况，其与提供信息存储空间服务的一般网络服务提供者不一样，因为其直播平台的签约主播通常会提供游戏解说、表演歌舞等服务从而获得其他用户打赏，直播和平台都能从打赏中获利。作为这样的直播平台，主观上应该知道主播的服务必然会涉及对他人作品的使用，具有较高的侵犯他人著作权的风险，应该比一般网络服务提供者具有更高的注意义务。况且，根据一审法院查明的事实，斗鱼公司与主播签订的《斗鱼直播协议》中，详细约定双方的权利义务、服务费用结算以及直播方应承担的违约责任，同时更重要的是约定了斗鱼公司享有直播视频文件排他的、不可撤销的、免费的授权许可。这个协议表明斗鱼公司不仅是负有比一般网络服务提供者更高的注意义务，而且还是包含《小跳蛙》录音制品的直播视频的专有许可中的被许可人，其享有排除包括许可人在内的其他任何人以同样方式使用作品的权利，地位类似著作权权利人，有审核主播使用他人作品是否侵犯著作权的义务。斗鱼公司在平台首页虽然设置有畅通的侵权投诉渠道，但是，这是法律规定一般网络服务提供者应该做的。作为提供直播平台的网络服务提供者，二审法院认为应该"有义务审查被许可使用的直播视频内容是否侵犯他人的知识产权"，而不是一般的提示义务。由于斗鱼公司未尽到合理的注意和审核义务，致使涉案录音制品在网络上存放，使公众能够在自己选定的时间和地点播放和传播，侵犯了麒麟童公司对《小跳蛙》录音制品的信息网络传播权。

64. 优酷信息技术 （北京） 有限公司与上海宽娱数码科技有限公司侵犯信息网络传播权案❶

【基本案情】

优酷信息技术（北京）有限公司（以下简称优酷公司）享有影片《我不是药神》的独占性信息网络传播权，其发现在上海宽娱数码科技有限公司（以下简称宽娱公司）经营的 bilibili 网站上，用户上传了《我不是药神》的纯音频至"影视 > 影视剪辑"栏目中，并将标题编辑为"【1080P】我不是药神 影视原声"。优酷公司向北京互联网法院起诉，称被告宽娱公司侵犯其对涉案电影音频享有的信息网络传播权。被告辩称，其平台用户上传的只是电影原声的音频，由于该涉案电影音频没有出现电影画面，没有实质性地体现出作品的完整表达方式，使用的形式和内容非常有限，不侵犯著作权人的权利。被告是信息网络存储空间服务提供者，很难发现这样的音频是一部作品而给予高度注意，不存在应知或明知用户侵犯他人著作权的情形，因此，被告不应承担赔偿侵权责任。

北京互联网法院审理后认定，涉案音频是涉案电影作品的完整伴音，属于涉案电影作品独创性表达的重要部分，用户上传的行为属于通过互联网提供涉案电影供公众在个人选定的时间或地点使用或分享的行为。被告应当知晓网络用户利用其网络服务侵犯原告信息网络传播权的行为，构成帮助侵权。

---

❶ 龚娉，李绪青. 用户在 B 站上传《我不是药神》纯音频，法院一审认定：听电影，侵权！[EB/OL]. （2020 - 06 - 30）[2020 - 07 - 05]. http：//www. zhichanli. com/article/9215. html.

【争议焦点】

用户仅上传电影《我不是药神》的纯音频至提供信息存储空间的网络服务商提供的网络中，用户的行为是否侵犯该电影作品著作权人的信息网络传播权？提供网络存储空间服务的宽娱公司是否承担帮助侵权责任？

一种观点认为，著作权法保护的是完整的作品，不保护作品的部分，因此，用户上传的涉案电影音频不受著作权法保护，用户的行为不侵犯电影作品著作权人的权利，提供网络空间服务的被告也就不成立帮助侵权。

另一种观点认为，涉案音频是电影作品不可分割的部分，属于表达，著作权法保护表达，作为电影作品的部分也受著作权法保护，被告对于明显的侵权行为应该尽到注意义务，因此应该承担帮助侵权责任。

【案例分析】

此案首先需要解决的是电影的纯音频是否受著作权法保护。必须明确的是，著作权法对作品的保护，是保护作品的表达，只要是作品的独创性表达都会受到著作权法的保护。《著作权法实施条例》第四条第（十一）项规定："电影作品和以类似摄制电影的方法创作的作品，是指摄制在一定介质上，由一系列有伴音或者无伴音的画面组成，并且借助适当装置放映或者以其他方式传播的作品。"可见，类电作品主要由两部分组成：伴音和画面。这两部分都是电影作品的独创性表达。北京互联网法院认为，对《著作权法》第十条第（十二）项规定的"以有线或者无线方式向公众提供作品"的行为，不应狭隘地理解为向公众提供的是完整的作品，因为著作权法保护的是独创性的表达，只要使用了作品具有独创性表达的部分，均在作品信息网络传播权的控制范围之内。该案中，涉案音频系涉案电影作品的完整伴音，该伴音是涉案电影不可分割的组成部分，属于涉案电影独创性表达的重要部分。用户将涉案音频上传至被告的网络空间，构成对电影作品伴音加画面的传统传播形式的实质性替代，因此，用户的行为侵犯了原告对电影作品的信息网络传播权。除此以外，笔者认为，电影的纯音频是导演、演员、音乐作品、录音、剪辑等多环节多作品融合在一起的独创性成果，完全符合作品的构成条件，可以成为一个单独的作品而受著作权法保护。因此，用户未经纯电影音频著作权人许可而上传至网络空间供他人使用分享的行为侵犯电影著作权人的信息网络传播权。

著作权法理论界根据著作权法的相关规定，总结出在著作权间接侵权领域存在着红旗规则，即在网络服务提供者的网站中，存在着明显的侵犯著作权的行为，网络服务商应该采取措施，删除该侵权作品，如果网络服务提供者没有采取措施，则构成帮助侵权。这一红旗规则仍然强调网络服务提供者承担间接侵权责任的主观为明知或应知。一般根据行业惯例和基本常识，"个人网络用户很难对专业制作的电影作品获得相应的权利，权利人一般也不会允许个人用户将其作品上传分享到网络上，供公众在线播放观看"。该案中，（1）电影《我不是药神》具有极高知名度，其完整原声音频该电影著作权人不可能自己上传或者允许他人上传至网络空间；（2）涉案电影经院线上映后，该用户就上传了涉案音频，此时原告还没有将涉案电影放置其经营的优酷网；（3）用户上传涉案音频的时间正值涉案电影的热播期；（4）用户上传的涉案音频放置在"影视＞影视剪辑"栏目中，并将标题编辑为"【1080P】我不是药神 影视原声"；（5）"【1080P】我不是药神 影视原声"标题位于涉案电影名称搜索结果的第一位；（6）涉案音频长达两小时。作为提供网络空间服务的提供者，专门设置"影视＞影视剪辑"栏目，就应该知道一般用户不可能对电影享有著作权，上传至此空间的电影剪辑存在侵犯著作权的可能性非常大，就应该有高度的注意义务，况且，涉案电影音频还存在以上 6 方面综合起来的明显的侵权，尤像红旗一样明显，而被告却没有采取任何措施，足见被告主观上对侵权行为的存在是有过错的，因此，其应该承担帮助侵权责任。

第三节　著作权侵权救济的程序保障

问题与思考

著作权诉前行为保全的条件有哪些？

典型案例

65. 优酷信息技术 （北京） 有限公司与上海千杉网络技术发展有限公司申请诉前停止侵犯知识产权案●

【基本案情】

优酷信息技术（北京）有限公司（以下简称优酷公司）对真人秀节目《这！就是街舞》享有独立著作权，其营利模式为当用户在优酷播放视频时，在视频播放前、暂停时以及在播放

● 上海市浦东新区人民法院民事裁定书 （2018） 沪 0115 行保 1 号。

页面周边播放广告以收取广告费，或者向用户提供付费会员服务，或者对特定视频单独收费等。上海千杉网络技术发展有限公司（以下简称千杉公司）未经优酷公司授权通过其平台"电视猫视频"向用户提供《这！就是街舞》节目视频的在线点播，千杉公司利用技术手段破坏优酷公司对涉案视频的技术保护措施从优酷网站盗取、嵌套进其运营的云视听平台"电视猫MoreTV"提供点播，并在视频播放过程中屏蔽了置入视频中的全部广告。优酷公司认为千杉公司的上述行为严重侵犯了优酷公司享有的著作权和合法的经营利益，构成侵犯著作权和不正当竞争，如果不及时制止该行为将给优酷公司造成无法挽回的重大损失，因此，优酷公司向上海市浦东新区人民法院申请诉前行为保全，请求裁定被申请人立即停止在"电视猫MoreTV"软件链接播放涉案视频的不正当竞争行为。

上海市浦东新区人民法院经审查认为，申请人优酷公司的申请符合作出诉前行为保全的条件，裁定被申请人千杉公司立即停止在经营的"电视猫MoreTV"软件链接播放来源于优酷网视频时绕开申请人优酷公司在优酷网设置的片前广告、视频暂停时广告的行为。

【争议焦点】

该案情形是否符合申请诉前行为保全的条件？

一种观点认为不符合申请诉前行为保全的条件；另一种观点认为符合申请诉前行为保全的条件。

【案例分析】

《著作权法》第五十条规定："著作权人或者与著作权有关的权利人有证据证明他人正在实施或者即将实施侵犯其权利的行为，如不及时制止将会使其合法权益受到难以弥补的损害的，可以在起诉前向人民法院申请采取责令停止有关行为和财产保全的措施。"❶《民事诉讼法》第一百零一条规定："利害关系人因情况紧急，不立即申请保全将会使其合法权益受到难以弥补的损害的，可以在提起诉讼或者申请仲裁前向被保全财产所在地、被申请人住所地或者对案件有管辖权的人民法院申请采取保全措施。申请人应当提供担保，不提供担保的，裁定驳回申请……"以上规定表明，诉前行为保全应当符合以下几个条件：（1）申请主体，申请人必须是著作权人或利害关系人，"利害关系人"包括著作权许可使用合同的被许可人和著作权财产权利的合法继承人等；（2）他人正在实施或者即将实施侵犯申请人权利的行为；（3）情况紧急，不及时采取措施将会使申请人合法权益受到难以弥补的损害；（4）向有管辖权法院提起，申请人可以在起诉前向被申请人住所地对著作权侵权案件有管辖权的法院提出申请；（5）申请人应该提供相应的担保；（6）提交符合条件的申请书及相关证据，向法院申请行为保全时，应当递交申请书及相关证据，包括申请书、有关著作权证明、证明被申请人正在实施或者即将实施侵犯知识产权行为的证据。对于上述条件中的"情况紧急"，依据2018年12月12日最高人民法院发布的《最高人民法院关于审查知识产权纠纷行为保全案件适用法律若干问题的规定》（以下简称《知识产权保全规定》）第六条规定："有下列情况之一，不立即采取行为保全措施即足以损害申请人利益的，应当认定属于民事诉讼法第一百条、第一百零一条规定的'情况紧急'：（一）申请人的商业秘密即将被非法披露；（二）申请人的发表

---

❶　新修订的《著作权法》第五十六条规定："著作权人或者与著作权有关的权利人有证据证明他人正在实施或者即将实施侵犯其权利、妨碍其实现权利的行为，如不及时制止将会使其合法权益受到难以弥补的损害的，可以在起诉前依法向人民法院申请采取财产保全、责令作出一定行为或者禁止作出一定行为等措施。"

权、隐私权等人身权利即将受到侵害；（三）诉争的知识产权即将被非法处分；（四）申请人的知识产权在展销会等时效性较强的场合正在或者即将受到侵害；（五）时效性较强的热播节目正在或者即将受到侵害；（六）其他需要立即采取行为保全措施的情况。"对于上述条件中"难以弥补的损害"，《知识产权保全规定》第十条规定："在知识产权与不正当竞争纠纷行为保全案件中，有下列情形之一的，应当认定属于民事诉讼法第一百零一条规定的'难以弥补的损害'：（一）被申请人的行为将会侵害申请人享有的商誉或者发表权、隐私权等人身性质的权利且造成无法挽回的损害；（二）被申请人的行为将会导致侵权行为难以控制且显著增加申请人损害；（三）被申请人的侵害行为将会导致申请人的相关市场份额明显减少；（四）对申请人造成其他难以弥补的损害。"

　　另外，法院在审查行为保全申请时，也应当综合考虑以下因素：第一，申请人的请求是否具有事实基础和法律依据，特别是请求保护的知识产权效力是否稳定；第二，不采取行为保全措施是否会使申请人的合法权益受到难以弥补的损害或者造成案件裁决难以执行等损害；第三，不采取行为保全措施对申请人造成的损害是否超过采取行为保全措施对被申请人造成的损害；第四，申请人胜诉的可能性；第五，采取行为保全措施是否损害社会公共利益。对于申请人提出的责令停止侵权行为的申请，法院经审查后符合法定条件的，应在 48 小时内作出书面裁定，责令被申请人停止侵权行为，且应当立即开始执行，并在至迟不超过 5 日的时间内及时通知被申请人。❶

　　该案中，申请人优酷公司对《这！就是街舞》享有独立著作

---

❶　王迁. 知识产权法教程［M］. 6 版. 北京：中国人民大学出版社，2019：14.

权，根据申请人提供的证据材料，可初步证明被申请人未经权利人许可，经营的"电视猫 MoreTV"软件在链接播放来源于优酷网的数百部影视作品时绕开了申请人在优酷网设置的片前广告、视频暂停时广告。被申请人的上述行为实质上是将优酷网视频内容与申请人设置的与视频内容共同播放的片前广告、视频暂停时广告相分离，足以使既不愿意观看广告也不愿意支付申请人相应费用的消费者转而使用"电视猫 MoreTV"软件，被申请人此行为损害了申请人的合法权益。因此，被申请人的行为有可能构成不正当竞争。优酷网系国内领先的在线视频平台，"电视猫 MoreTV"软件也拥有大量用户，若不及时制止上述被控侵权行为，可能对申请人的竞争优势、市场份额造成难以弥补的损害。申请人已提供有效担保，提交了符合条件的申请书及相关证据，况且被申请人侵权行为明显，申请人胜诉的可能性非常大，采取保全措施不会损害社会公共利益。综上，法院认为申请人优酷公司的申请符合诉前行为保全条件，裁定被申请人立即停止在经营的电视猫视频软件链接播放来源于优酷网视频时绕开申请人在优酷网设置的片前广告、视频暂停时广告的行为。

关于保全措施的程序性救济途径及其他规定，法律规定当事人对行为保全裁定不服的，可以在收到裁定后申请复议，复议期间不停止裁定的执行，在法院采取行为保全措施后，申请人应当在 30 日内对被申请人提起诉讼或申请仲裁，否则法院应当裁定解除行为保全，以在保障申请人合法利益的同时，防止申请人滥用保全机制，促使争议双方提出充分证据以便于案件整体事实的查明。申请人在采取行为保全措施后 30 日内如未提起诉讼或仲裁的，将失去行为保全利益，若其请求保护的权利被宣告不受法律保护，被诉侵权行为被认定为不构成侵权时，先前的行为保全措施系错误，则会导致申请人对被申请人的赔偿。

第四节　侵权诉讼中的举证

问题与思考

　　文学作品被侵权，该文学作品的著作权人应该如何证明自己的作品被他人复制或改编？

典型案例

66. 汉华易美（天津）图像技术有限公司与南京康贝佳口腔医院有限公司侵犯作品信息网络传播权纠纷案[❶]

【基本案情】

　　"视觉中国"子公司汉华易美（天津）图像技术有限公司（以下简称汉华易美公司）发现南京康贝佳口腔医院有限公司（以下简称康贝佳医院）在其官方微博中使用了视觉中国网站上的五张摄影作品，汉华易美公司认为该医院侵犯了自己作品的著作权，遂诉至江苏省南京市鼓楼区人民法院。原告称美国 Getty Images 公司是全球最大的图片影像供应商，视觉中国创立于 2000

---

　　❶ 江苏省南京市鼓楼区人民法院民事判决书（2018）苏 0106 民初 6263 号，江苏省南京市中级人民法院民事判决书（2019）苏 01 民终 997 号。

年 6 月，是中国领先的视觉影像内容和整合营销传播服务提供商。原告经美国 Getty Images 公司授权，享有在中华人民共和国境内展示、销售和许可他人使用相关图像的权利，并有权以自己的名义就任何未经授权使用相关摄影作品的侵权行为进行索赔。被告康贝佳医院辩称，本案原告主体不适格，无足够的有效证据证明美国 Getty Images 公司系涉案图片的著作权人，无足够有效证据证明本案原告已取得真正著作权人的授权，诉权的转让在中国法律体系下无法律依据。被告主观上无侵权故意，无从知晓使用涉案图片是否构成侵权，同时也没有得到及时的侵权告知。

　　江苏省南京市鼓楼区人民法院认为，被告未经授权，在其微博中使用原告享有著作权的图片，侵犯了原告依法享有的信息网络传播权，应当停止侵权。被告不服，向江苏省南京市中级人民法院提起上诉。江苏省南京市中级人民法院认为，康贝佳医院自认使用涉案图片没有获得授权，系从互联网上取得，但汉华易美公司主张康贝佳医院侵犯其涉案作品的信息网络传播权，缺乏权利依据，对其要求康贝佳医院承担侵权责任的诉讼请求，江苏省南京市中级人民法院未予支持。最终于 2019 年 4 月 17 日判决撤销一审判决，驳回了上诉人汉华易美的诉请。

　　关于本案的证据，江苏省南京市鼓楼区人民法院认定：原告汉华易美公司提供的两份公证书载明，其经授权享有"展示、销售和许可他人使用"涉案图片的权利，并有涉案图片网页截图及网址佐证，因此，对涉案图片享有著作财产权。而江苏省南京市中级人民法院提出不同意见，其认为：虽然汉华易美公司提交的 www. vcg. com 视觉中国网站展示的涉案图片有该公司和 Getty Images 公司水印并附有版权声明，且 Getty Images 公司官网有涉案图片展示，但结合全案证据，Getty Images 公司为涉案五张图片著作权人的证据不足，对其著作权权利主张不予认可。

【争议焦点】

汉华易美公司是否享有涉案图片的信息网络传播权？

一审法院依据公证书表述的"其经授权享有'展示、销售和许可他人使用'涉案图片的权利"及涉案图片的网页截图认定汉华易美公司享有涉案图片的著作财产权，但对具体认定理由未予论述。

二审法院通过全面审查涉案相关主体之间的关系及涉案图片的初始来源，提出对汉华易美公司的图片著作权益主张不予认可，理由为：（1）Fotosearch 网站以及 www.vcg.com 视觉中国网站均对涉案图片标示了水印。"Quangjing 全景"网亦曾展示并销售一张涉案图片。可见不只是一个主体在涉案图片上标有水印，或出售涉案图片，宣示著作权。（2）汉华易美公司所提交的 Getty Images 公司及 www.vcg.com 视觉中国网站展示的涉案图片，均未显示有关拍摄或制作时间等图片原始信息，亦未有上传时间显示。作为证据提交的 Getty Images 公司网站、www.vcg.com 视觉中国网站网页截图，其截图时间与对康贝佳医院微博进行证据保全的时间相同，双方当事人均提交的 Getty Images 公司网站截图则形成于该案审理期间。汉华易美公司主张 Getty Images 公司为涉案五张图片的著作权人，应能够提交 Getty Images 公司或被授权的汉华易美公司早于康贝佳医院获取或使用涉案图片的证据，但直到二审没有提交相关证据。汉华易美公司依据 Getty Images 公司的授权主张其享有涉案图片的信息网络传播权，现法院未认定 Getty Images 公司为涉案图片著作权人，故对其享有涉案图片信息网络传播权的事实主张亦不予认定。

【案例分析】

依据相关法律法规及司法实践经验，证明著作权及邻接权权利归属的证据一般包括：（1）作品（包括未发表的）底稿、原件、原著、创作素材、史料；图书出版者、录音录像制作者等提供的合法出版物；（2）计算机软件侵权案件，提交软件源程序、目标程序及文档；（3）著作权证明文件（包括计算机软件登记证明文件及作品发表的报纸、杂志、图书、网页、数字化制品、版权认证机构的认证书及其他合法载体）；（4）合作作品创作过程和完成创作时间的证据；（5）著作权转让、许可合同；（6）其他证据。而依据民事诉讼法一般归责原则及著作权法所规定的举证责任规则，著作权案件中的权利主张人至少应当提供以下证据：（1）证明是作品的著作权人（创作人、合作作品的创作人、职务作品的权利人、享有作品部分全能的继承权或受让权）的证据；（2）证明享有主张权利证据（著作权人或其授权人、继承人、受让人），职务作品尤其需要明确权利人及权限划分；（3）证明侵权人实施了侵权行为的证据（属于法定的侵权情节），排除正当使用或许可使用的证据责任则由被告承担；（4）侵权情节证据（侵权实施情况、影响范围、受害情况、损害程度等），包括经济损害和精神损害；（5）损害大小、侵权人获利大小等请求赔偿证据。而作为被控侵犯著作权的被告一方，若要抗辩其不存在侵权行为或其行为不构成著作权侵权，则一般需要提供以下证据：（1）自己是合法著作权人的证据（创作在先、授权使用、继受取得等情况）；（2）自己合法使用的证据（包括合理使用、合法使用、正当使用等情况）；（3）原告不享有著作权的证据；（4）没有获利、没有造成损失的证据。

　　根据上述举证责任分配原则来分析该案，案例中的涉案五张图片都加注了"视觉中国"和合作方"Getty Images"的水印，并附有版权申明，但二审中康贝佳医院提交了涉案图片的一些其他版本，图片上打着其他网站的水印，而不是"视觉中国"的水印。南京市中级人民法院知识产权庭的法官对此进行了说明："侵权方提供了一些其他网站上的涉案图片，这些网站也展示了涉案图片，并且图片上有自己网站的水印，所以在本案就出现了这种情况，也就是相同的图片有不止一个主体，都以水印的方式标识自己是著作权人，所以仅凭原告自己的水印已经不能证明他是著作权人。"在这种情况下，不能仅凭图片上的水印来认定著作权归属，而汉华易美公司也无法提供图片的原图、最早上传图片的时间等证据。南京市中级人民法院同时指出："原告作为著作权人或者著作权相关权利人，他是有能力，而且完全可以也应当能够提交，最起码是早于被告使用这个图片或者上传图片的证据，而且他还应该能够提供有关原图等能证明他是权利人的信息，或者证据，但他一概没有能够提交。"最终导致法院不予认定汉华易美公司的著作权益主张，驳回了其诉请。

北京市高级人民法院法官认为，以署名的方式对权利人进行推定或者以上述证据对权利归属进行证明的，可以被逆转、被推翻。以署名的方式认定作者的身份毕竟是一种推定，在有相反证据足以证明署名人并非作者的情况下，这种推定可以被逆转。作品的底稿、原件、合法出版物等证据不能查证属实，或者被告举出了相反的证据予以反驳的也可以推翻原告的主张。基于法律规定，关于权利人认定的举证责任分配的规则是：权利人只要举出能证明自己是权利人的初步证据就达到了证明要求；对方对权利人提出异议的，应由对方举证证明；对方不能提供证据或者提供的证据不充分的，应当确认主张权利人享有权利。然而，举证规则的运用还应注意结合案件的具体情况，署名以及涉及著作权的底稿等必须查证属实，即使原告举出了涉及著作权的底稿等证据，但结合其他证据或者案情，对上述证据存在合理怀疑的，还可以进一步要求原告举证证明权利归属。

回到该案，如上文二审法院对汉华易美公司的著作权益主张不予认定的理由部分所述，署名及涉及图片著作权底稿的情况下，须查证实际的著作权原始归属及明确的授权路径，若存在著作权归属的合理怀疑，则需原告或权利主张人进一步举证证明权利归属。汉华易美公司在二审阶段相对充分地证明了单一路径的相关图片著作权来源，但在法庭呈现全面事实即互联网上已存在多个不同来源的相同涉案图片来源且均早于汉华易美公司对涉案图片的被授权时间的情况下，其未能做到进一步证明其被授权是涉案图片的唯一合法著作权来源或证明其授权路径的单一性，其举证未达到较高的盖然性标准，更未达到排除对著作权归属的合理怀疑的程度，故其未完成自身举证责任，应承担相应不利后果。

从司法实践层面来看，事实上，视觉中国起诉的全部图片侵权案中，其胜诉率高达 96%。早在 2017 年，视觉中国就已经研发了"鹰眼"系统，实现精准营销，公司并不追求直接判决赔偿，主要是为了将维权变为销售，转被告为独家签约客户。该行为实际以超出了著作权法立法所意图保护的正当权益，异化为一种"商业维权"，背离了著作权法立法宗旨不应在程序上通过过于原则性的举证责任规则予以保护，而是应当在新的更加灵活具体的举证责任规则的安排设置下发挥著作权法律本应承担的对合法著作权益的保护作用。

67. 黄某某与辽宁广播电视音像出版社等著作权权属侵权纠纷案❶

【基本案情】

《大帅府》系黄某某创作的一部以张作霖、张学良等历史人

---

❶　北京市海淀区人民法院民事判决书（2016）京 0108 民初 19685 号，北京知识产权法院民事判决书（2018）京 73 民终 90 号。

物为题材的小说。该小说的第一部、第二部由长江文艺出版社分别于 2011 年 5 月、2013 年 4 月出版发行。该小说以"一个大帅府，两代东北王"为主线，以平实、优美的文笔，描述了发生在张作霖大帅府中的两代东北王与家人、兄弟、日本人的感情纠葛、悲欢离合、斗争故事。2014 年 9 月，电视剧《少帅》由长影集团有限责任公司办理电视剧拍摄立项备案、发行手续，由北京世纪伙伴文化传媒有限公司（以下简称世纪伙伴公司）投资拍摄，剧本由江某某负责创作编写。该电视剧侧重讲述张学良的成长史，显示其本是玩世不恭的纨绔子弟，经过血与泪的洗礼，终于在历史长卷上留下浓墨重彩一笔的传奇人生。2016 年 1 月，北京卫视、东方卫视播出了《少帅》电视剧，著作权人授权在爱奇艺、腾讯等视频网站播放，并由辽宁广播电视音像出版社发行《少帅》DVD。黄某某向北京市海淀区人民法院起诉，称电视剧《少帅》与其小说《大帅府》在故事主线、叙事脉络、主要人物关系设计、原创情节、具体语句五大方面存在相同或相似之处，《少帅》电视剧存在抄袭、改编《大帅府》小说的侵权行为。被告逐一进行反驳。北京市海淀区人民法院审理后判决被告没有侵犯原告对《大帅府》享有的著作权。

黄某某向北京知识产权法院上诉，称《大帅府》的故事主线、故事开篇的叙事脉络、主要内容、相关人物关系的设计及表达、故事情节、张氏父子的拧巴关系、张学良与于凤至的关系发展等属于独创性表达，涉案侵权作品《少帅》在这些方面与《大帅府》"实质性相似"，构成侵权。江某某、制片人及其他被上诉人答辩：《少帅》剧本及电视剧是在特定历史题材下独立创作的作品，受我国著作权法的保护，从故事主线、开篇叙事脉络及内容、人物关系设计、情节、具体语句表达这五个方面比对，对小说《大帅府》均不构成任何抄袭和改编。北京知识产权法院于

2019 年 4 月 1 日判决《少帅》与《大帅府》不构成实质性相似，驳回上诉，维持原判。

【争议焦点】

世纪伙伴公司等的《少帅》是否侵犯了黄某某对《大帅府》享有的著作权？

一种观点认为，《少帅》剧本及电视剧是以特定历史题材为基础独立创作的作品，从故事主线、开篇叙事脉络及内容、人物关系设计、情节、具体语句表达这五个方面比对，与《大帅府》不构成实质性相似，故没有侵犯黄某某对《大帅府》享有的著作权。

另一种观点认为，《大帅府》《少帅》虽然都是以特定的历史题材为基础创作的，但是，《大帅府》在故事主线、故事开篇的叙事脉络、主要内容、相关人物关系的设计及表达、语句表达、故事情节、张氏父子的拧巴关系、张学良与于凤至的关系发展等属于独创性表达，《少帅》在这些方面都与《大帅府》构成实质性相似。因此，《少帅》的编剧、制片人等的行为属于侵权。

【案例分析】

对于侵犯作品的复制权和改编权的证明，往往采用"接触 + 实质性相似"的认定顺序。接触的证明只需要原告证明被控侵权人有"接触的合理可能性"即可，包括：在先作品已经被广为传播或发行；被控侵权作品与在先作品之间存在着"令人吃惊的相似度"，以至于排除了被告基于巧合独立创作出相似作品的可能性；如果与被告有密切联系的第三人获得了原告作品，根据举证，被告通过该第三人接触过该作品。在接触的证明完毕后，原告就需要证明被告的在后作品与自己的在先作品存在实质性相似。实质性相似的判断方法比较多，但是司法实践中，大多采用两种方法，即"抽象 + 过滤 + 比较"的方法与整体观感法。"抽象 + 过

滤 + 比较"的方法首先是利用思想、表达二分法进行层层抽象，剥离出思想部分；将作品中不属于著作权法保护对象的部分（思想、公知领域等）过滤掉；最后将剩余的部分也就是具有独创性的表达部分进行比较，最终确定是否构成实质性相似。整体观感法就是以一般观众的视角从整体上判断两部作品是否存在实质性相似。这两种方法往往结合使用。

该案中，小说《大帅府》的第一部和第二部出版的时间分别为 2011 年 5 月、2013 年 4 月，而《少帅》2014 年 9 月开拍，2016 年 1 月播出。《大帅府》发表的时间在《少帅》之前，原告证明了这一点，也就完成了被告"接触"《大帅府》的证明。

关于两部作品是否实质性相似，原告从五方面将被告的作品与《大帅府》进行了比对，证明存在实质性相似。被告对每一个方面进行反驳，以证明不存在实质性相似。一审、二审法院按照"抽象 + 过滤 + 比较"的方法及综合判断法进行了分析和判断，"判断作品是否构成实质性相似，一般采用综合判断的方法，应比较作者在作品表达中的取舍、选择、安排、设计等是否相似，不应从主题、创意、情感等思想层面进行比较。一般考虑如下因素：（1）台词、旁白等是否相似；（2）人物设置、人物关系是否相似；（3）具体情节的逻辑编排是否相似；（4）是否存在相同的语法表达、逻辑关系、历史史实等错误；（5）特殊的细节设计是否相同；（6）两作品相似的表达是否属于原告主张权利作品的核心内容"。一审法院主张综合判断考虑的因素为"作品语言表达的异同、内容的相似程度及原因、在后作者对在先作品所载事件属于史实还是文学创作的辨别能力和信赖程度、同类题材其他作品的相关记载等因素"。按照这个思路，一审、二审法院对比了黄某某主张构成实质性相似的部分。

首先，应该排除黄某某主张相似部分中《大帅府》作品属于思想范畴的部分。两部作品都是以历史人物张学良、张作霖的人生故事为题材创作的作品。依照场景原则，对同一历史题材进行创作，往往必须描述相同的历史事件，都有相同的发展主线，这些都可以归入思想范畴；就同一类主题进行创作时，不可避免地采用相同的历史事件、人物关系、人物性格、风土人情、场景等，这种表现特定主题不可或缺的表达也不受著作权法保护。排除这些属于思想和公共领域的表达后，最后，比较的就是《少帅》剧是否使用了小说《大帅府》在描述相关历史时的独创性表达。

法院经过比对，"在呈现独创性表达的具体情节编排、特殊的细节设计、具体语言运用等方面，两者差异明显""关于黄某某主张张氏父子之间的拧巴关系、张学良与于凤至关系发展等独特创意或设计，属于创意、情感等思想层面的因素"。因此，《少帅》与《大帅府》不构成实质性相似。因此，《少帅》的编剧、制片人等没有侵犯黄某某的著作权。

第五节　侵犯著作权的法律责任

问题与思考

1. 著作权人的作品被他人侵权后损害赔偿的计算方法有哪些？

2. 侵犯著作权可能会涉及哪些犯罪？

典型案例

68. 北京字节跳动科技有限公司与江苏现代快报传媒有限公司、江苏现代快报传媒有限公司无锡分公司等著作权权属侵权纠纷案[●]

【基本案情】

江苏现代快报传媒有限公司（以下简称现代快报公司）、江苏现代快报传媒有限公司无锡分公司（以下简称现代快报无锡分公司）发现北京字节跳动科技有限公司（以下简称字节跳动科技公司）运营的"今日头条"手机新闻客户端未经许可使用其享有著作权的《9旬老太恢复中国国籍》等6篇新闻作品，于是向江苏省无锡市中级人民法院起诉，称今日头条侵犯其著作权。字节跳动科技公司主张涉案4篇作品系从其他合作方获得授权而链接，故不构成侵权。

2017年7月28日，江苏省无锡市中级人民法院作出一审判决，认为字节跳动科技公司未经许可，在其经营的今日头条客户端上使用了涉案4篇作品，侵犯了现代快报公司的信息网络传播权，应当对其侵权行为承担相应的法律责任。字节跳动科技公司主张其仅提供链接服务，证据不足；且即使字节跳动科技公司确实仅提供链接服务，因其主观上存在过错，构成"应知"，也不能免除赔偿责任。因此依法判决字节跳动科技公司赔偿现代快报公司及无锡分公司经济损失10万元及合理费用10 100元。

[●] 江苏省无锡市中级人民法院民事判决书（2015）锡知民初字第00219号，江苏省高级人民法院民事判决书（2018）苏民终588号。

字节跳动科技公司不服一审判决向江苏省高级人民法院提起上诉，2018 年 10 月 8 日，江苏省高级人民法院作出二审判决，认为字节跳动科技公司主张其对涉案 4 篇文章仅提供链接服务的辩解不能成立。今日头条系业内具有相当影响力的媒体，经营规模大，涉案文章通过网络进行传播，受众多，影响范围广，字节跳动科技公司主观上具有一定的过错。综合考虑以上相关因素，一审法院酌情判决字节跳动科技公司赔偿现代快报公司、现代快报无锡分公司经济损失 10 万元及为维权支出的合理费用 10 100 元并无不当。江苏省高级人民法院驳回上诉，维持原判。

【争议焦点】

（1）涉案文章是否构成著作权法意义上的作品，现代快报公司是否对其享有著作权？

一种观点认为，现代快报公司所诉的这些文章，大部分均篇幅短小，仅采用记述的方式载明了事件的发生过程，不具有独创性，属于不受著作权保护的时事新闻，而非作品。

包括一审法院在内的反对方则认为，时事新闻是单纯事实消息，对新闻事件的简短描述因不满足独创性的要求故不构成作品。而涉案的文章均是有记者评价的书面语言表达形式，并无任何证据证明其与其他作品有着实质上的相同或者相似之处，亦无其他证据表明存在其他作者。因而属于记者个人基于其职务的独立创作，符合著作权法所规定的作品要件。

（2）今日头条的深度链接是否构成侵权？

从国际上看，目前多数发达国家的司法判决不认同深度链接本身构成侵权。以今日头条为代表的一方认为，今日头条作为一种新闻聚合平台，只是提供了深度链接，并未在其服务器中存储被链接的文章，因而并非存在信息网络侵权行为，不应承担相应的侵权责任。

一审、二审法院则认为，即使今日头条对涉案的 4 篇文章仅提供深度链接也构成侵权。虽然该案中的《为能多见见孙子……》《女子民政局……》两篇文章系从与其有许可协议的中国江苏网及东方网链接而来，但是其合作协议明确约定可设链转载的内容为两家网站的"自有版权内容"。《为能多见见孙子……》一文中虽有"中国江苏网"的字样，但是文章首页首段明确标明"现代快报记者 薛晟 通讯员 苟连静"，字节跳动公司应该注意到，并尽到合理的审查义务，因此主观上存在过错，故而应当承担相应的侵权责任。况且其提供的证据只能证明其与第三方网站存在以链接方式进行作品传播的协议，并不能进一步证明其对涉案文章确实仅提供链接服务，而未将涉案文章保存至其服务器中，同时它也无法证明用户阅读今日头条客户端中的涉案作品时存在跳转或链接到第三方网站的情形。

（3）赔偿额是否过高？

一种观点认为对 4 篇侵权文章判赔 10 万元，有些过高。另一种观点认为对于主观具有过错的新媒体，其传播范围广，侵权情节较严重，判赔 10 万元能起到惩罚作用。

【案例分析】

（1）涉案文章是否构成著作权法意义上的作品？现代快报是否对其享有著作权？

涉案文章不是简单地记载单纯的客观消息，而是记者采访调研后对获得的事实和消息进行加工处理，形成的带有一些评价和情感的表达，也具有独创性，属于新闻评论性文章，受著作权法保护，采访撰写这几篇文章的记者是原告的职工，签署了作品归属协议，约定记者的职务作品都归属于原告，记者有署名权。因此，现代快报公司对涉案文章享有著作权。

（2）今日头条的深度链接是否构成侵权？

深度链接是指设链网站所提供的链接服务使得用户在未脱离

设链网站页面的情况下即可获得被链接网站上的内容，此时页面地址栏里显示的是设链网站的网址，而非被链接网站的网址。但该内容并非储存于设链网站，而是储存于被链接网站。根据我国《信息网络传播权保护条例》第二十条、第二十一条、第二十二条、第二十三条的规定，网络服务提供者包括自动接入和自动传输、自动存储、提供信息存储空间、提供搜索或者链接服务四种类型。依据该条例第十四条的规定，对于提供信息存储空间、提供搜索或者链接服务的网络服务提供者适用"通知""删除"的避风港规则。一审法院经过审理，认为《打工妹……》《9 旬老太……》2 篇文章是成都商报和汉网用户上传，字节跳动公司提供的是信息存储空间服务。原告在起诉前没有向被告发出要求采取措施的通知，被告主观上不知道在其网站存在侵权作品。同时，依据《信息网络传播权保护条例》第二十二条规定："网络服务提供者为服务对象提供信息存储空间，供服务对象通过信息网络向公众提供作品、表演、录音录像制品，并具备下列条件的，不承担赔偿责任：（一）明确标示该信息存储空间是为服务对象所提供，并公开网络服务提供者的名称、联系人、网络地址；（二）未改变服务对象所提供的作品、表演、录音录像制品；（三）不知道也没有合理的理由应当知道服务对象提供的作品、表演、录音录像制品侵权；（四）未从服务对象提供作品、表演、录音录像制品中直接获得经济利益；（五）在接到权利人的通知书后，根据本条例规定删除权利人认为侵权的作品、表演、录音录像制品。"字节跳动公司符合前五项条件，同时，在该案诉讼中，被告收到江苏省无锡市中级人民法院送达的起诉材料通知后立即删除了有关文章。故被告对此 2 篇文章不承担间接侵权责任。

对于《为能多见见孙子……》等其余涉案的 4 篇文章，虽然字节跳动公司提供了链接服务，但是，用户在今日头条网分别点开4篇标题后就能看到内容，并没有链接或跳转到第三方网站，即使是被告提供的后台信息，也无法证明用户点开这4篇文章不在今日头条客户端。同时，这4篇文章点开后的页面首页首段后标明"现代快报记者某某通讯员某某"，被告对此应该有足够的注意，但是没有尽到审查义务。因此，被告在主观上具有过错，应该承担间接侵权责任。

（3）赔偿额是否过高？

《著作权法》第四十九条规定："侵犯著作权或者与著作权有关的权利的，侵权人应当按照权利人的实际损失给予赔偿；实际损失难以计算的，可以按照侵权人的违法所得给予赔偿。赔偿数额还应当包括权利人为制止侵权行为所支付的合理开支。权利人的实际损失或者侵权人的违法所得不能确定的，由人民法院根据侵权行为的情节，判决给予五十万元以下的赔偿。"以上规定了3种赔偿的计算方式：一是按照权利人的实际损失计算赔偿额；二是按照侵权人的违法所得计算赔偿额；三是适用法定赔偿金。以上赔偿方式是有先后顺序的，只有当前两种方式不能确定实际损失和违法所得时才可以适用法定赔偿。法院在适用法定赔偿时，往往从作品类型、合理的使用费、侵权行为性质、后果等方面综合考虑。该案中，原告因实际损失难以计算，而被告的违法所得也难以确定，所以请求法院按照法定赔偿进行判决。一审法院认为今日头条系业界具有相当影响力的媒体，经营规模大，涉案文章通过网络多次进行传播，受众多，影响范围较广，且字节跳动科技公司未尽到充分的审查义务，在算法技术能做到的情况下并未通过设置关键词等方式对合作网站不享有信息网络传播权的作品进行筛选甄别，进而避免所链接的作品不是其合作网站自有版权作品的情况出现，因而主观上具有一定的过错。综合考虑侵权方的影响力、传播范围和主观过错，一审法院作出了10万元的赔偿数额，二审法院予以支持。

该案是典型的传统媒体诉现代流媒体的案件，无论是传统媒介的损失还是流媒体的获利在事实层面都很难用证据加以确定。北京市高级人民法院《关于确定著作权侵权损害赔偿责任的指导意见》，在网络新媒体与传统媒体的侵权纠纷情况下，法院可以参照国家行政机关稿酬标准上限的 2 至 5 倍判赔。根据 2014 年 9 月 23 日国家版权局和国家发改委颁布的《使用文字作品支付稿酬办法》第十三条规定：报刊依照《中华人民共和国著作权法》的相关规定转载、摘编其他报刊已发表的作品，应当自报刊出版之日起 2 个月内，按每千字 100 元的付酬标准向著作权人支付报酬。这一判赔标准，明显没有体现对于恶意侵权者的惩罚性赔偿，如果按照这一标准进行赔付，对于今日头条这样的企业就无法起到所应有的惩戒作用。在流媒体迸发的时代，知识产权的侵权更加常见，也更容易给权利人造成更加严重的损害。新修订的《著作权法》第五十四条将法定赔偿额的上限由 50 万元提高到 500 万元，体现了惩罚性赔偿。在该案中，江苏省无锡市中级人民法院对 4 篇侵权文章判被告赔 10 万元，体现了法院惩罚性赔偿的考虑，具有较为深刻的现实意义。

69. 达索系统股份有限公司与上海同捷科技股份有限公司侵犯计算机软件著作权纠纷案❶

【基本案情】

达索系统股份有限公司（以下简称达索公司）注册地在法国，是 CATIA 系列计算机软件作品的著作权人。原告达索公司发

---

❶ 上海知识产权法院民事判决书（2017）沪 73 民初 208 号。

现一家汽车工程技术公司即上海同捷科技股份有限公司（以下简称同捷公司）在各大人才招聘网站发布招聘熟练运用 CATIA 软件的专业技术人员信息。达索公司认为，有证据表明同捷公司存在大量非法使用其 CATIA 系列软件，故起诉至上海知识产权法院，判令被告停止侵权，赔偿原告经济损失 1500 万元，并向法院申请诉前证据保全。被告辩称其是众多学校的实习基地，其使用涉案软件是合理使用，即使赔偿数额也应该在 50 万元以下。

上海知识产权法院经审查后作出裁定，以抽样检查方式对同捷公司实际办公地址处所有电脑进行检查并进行录像。根据现场保全的结果，同捷公司的电脑数量为 180 台，执行法官以 10% 的比例进行抽查。在抽检的 18 台电脑中仅有 2 台电脑没有安装过 CATIA 系列软件的记录。在证据保全过程中，法官发现同捷公司有删除电脑中 CATIA 系列软件的行为。

基于上述事实，达索公司认为，同捷公司在其办公场所内的电脑上商业使用达索公司享有著作权的 CATIA 系列计算机软件的行为构成软件著作权侵权，请求法院判令同捷公司立即停止侵犯达索公司 CATIA 系列计算机软件著作权的行为，赔偿达索公司经济损失 1500 万元和合理费用 10 万元。上海知识产权法院经审理后于 2018 年 6 月 29 日作出一审判决，判决同捷公司停止侵权行为，并赔偿达索公司经济损失及合理费用 1505 万元。

【争议焦点】

法院判决被告承担 1505 万元的法定赔偿是否合理？

一种观点认为，法院以抽查作为计算依据不符合常理，被告使用涉案软件是作为工具软件，本身不会产生直接经济利益，即使被告构成侵权也应在法定赔偿上限的 50 万元内承担赔偿责任。

另一种观点认为，被告侵害了原告享有的 CATIA 系列计算机软件著作权。虽然原告的实际损失和被告的违法所得均难以确定，但结合原告提供的现有证据已经可以证明原告因侵权所受到的损失超过了著作权法规定的法定赔偿数额的上限50万元，因而在综合考虑各种因素的情况下给予超过50万元的赔偿数额是合理的。

【案例分析】

该案中，法院认定同捷公司未经达索公司许可，在其经营场所内的电脑上安装了原告主张著作权的涉案软件，侵犯了原告对涉案软件享有的复制权。故而应该自判决之日起立即停止侵权行为。

在证据保全现场，同捷公司有180台电脑，法院抽查了其中18台电脑，发现其中16台安装有涉案软件。按比例计算，被告安装侵权软件的数量为160套。原告达索公司庭审中提交了一份销售CATIA软件的合同和一张交易价格为252 770元一套的增值税发票。原告的实际损失难以计算，原告主张按侵权人的侵权所得计算，即252 770元/套×160套，至少3000万元以上的赔偿额。但是，被告认为市场上一套CATIA软件价格不超过10万元，并且被告使用涉案软件是作为工具软件，本身不会产生直接经济利益，即使被告构成侵权也应在法定赔偿上限（50万元）内承担赔偿责任。此种情况下，原告实际损失难以计算，被告侵权所得也难以确定，法院按照法定赔偿确定赔偿额。但是，已有的证据可以证明原告因侵权所受到的损失超过了案发时2010年《著作权法》规定的法定赔偿数额的上限50万元，因此，法院综合考虑以下因素确定赔偿额：（1）侵权数量。被告安装侵权软件的数量为160套。（2）原告CATIA系列软件的价格。达索公司提交的证据显示涉案软件售价在20万元左右，被告提交的证据显示涉案软件的价格在10万元左右。（3）侵权期间。同捷公司自2006年以来再没有购买过涉案软件。（4）被告的主观恶意。被告作为商业经营者，明知未经许可使用他人软件侵权还大量安装使用，主观恶意明显。因此，法院判被告赔偿原告经济损失及合理费用共计1505万元。